基督教文化研究丛书

主编 何光沪 高师宁

三编 第 **3** 册

黑格尔神学思想研究

熊径知 著

花木兰文化事业有限公司

国家图书馆出版品预行编目资料

黑格尔神学思想研究／熊径知 著 -- 初版 -- 新北市：花木兰
文化事业有限公司，2017〔民106〕
目 4+206 面；19×26 公分
（基督教文化研究丛书 三编 第 3 册）
ISBN 978-986-485-128-7（精装）
1. 黑格尔（Hegel, Georg Wilhelm Friedrich, 1770-1831）
2. 学术思想 3. 神学
240.8   106013524

ISBN-978-986-485-128-7

9 789864 851287

基督教文化研究丛书
三编 第三册   ISBN：978-986-485-128-7

黑格尔神学思想研究

作　　者 熊径知
主　　编 何光沪 高师宁
执行主编 张　欣
企　　划 北京师范大学基督教文艺研究中心
总 编 辑 杜洁祥
副总编辑 杨嘉乐
编　　辑 许郁翎、王筑　美术编辑 陈逸婷
出　　版 花木兰文化事业有限公司
社　　长 高小娟
联络地址 台湾235 新北市中和区中安街七二号十三楼
　　　　 电话：02-2923-1455 ／传真：02-2923-1452
网　　址 http://www.huamulan.tw 信箱 hml810518@gmail.com
印　　刷 普罗文化出版广告事业
初　　版 2017 年 9 月
全书字数 187875 字
定　　价 三编 6 册（精装）台币 11,000 元

遥感光谱分析原理研究

熊利荣　著

作者简介

熊径知，男，1986 年生，汉族，籍贯重庆。于 2016 年在四川大学道教与宗教文化研究所取得哲学博士学位。主要研究方向包括宗教学、西哲、美学等。主要论著有：《作为有限与无限辩证存在的世界》（《文教资料》2011 年）、《从"代宗教"到"类宗教"》（台湾《宗教哲学季刊》2016 年）、《论"精神"概念在黑格尔神学思想中的地位》（《宗教学研究》2016 年）、《都市文化的肉身与拯救》（《都市文化研究》2016 年）等。目前就职于成都信息工程大学政治学院。

提　要

　　本文立足于黑格尔的哲学体系，从黑格尔的主要著作入手，来展开和分析黑格尔独特的神学话语和思想。本文对于黑格尔哲学的研究，并不是简单地将黑格尔的诸学说一一地展开和解读，而是将其放在系统神学的背景之中，以基督教神学的主题来对黑格尔哲学进行剖析、阐释和重组。

　　在黑格尔的神学思想中，"精神"乃是一个灵魂式的概念，黑格尔的整个神学思想体系可以说都建立在"精神"概念的辨析和展开之上。黑格尔将精神作为上帝、自然和人类的共同本质，并以精神自我演化的过程来诠释基督教的信仰主题。通过精神的自我发展，上帝从自身中展开自己，并经过自我分离、自我对立等一系列过程，最终再次回归到自身之中，成为真正的无限性和绝对的精神。这个过程是精神辩证发展的过程，也是基督教神学的一系列主题——创世、堕落、救赎、末世得到黑格尔式解读的过程。正是在这个意义上，黑格尔的哲学才能够被称之为神学。而本文的目的，就在于分析和展现这个过程，或者更具体地说，就是通过将黑格尔之于精神的发展历程放在传统神学视域中，对其进行重组和再现来展现黑格尔神学的脉络和本质。而这个展开、分析和重述的过程，就构成了本文的主要内容。

"基督教文化研究丛书"总序

何光沪 高师宁

  基督教产生两千年来，对西方文化以至世界文化产生了广泛深远的影响——包括政治、社会、家庭在内的人生所有方面，包括文学、史学、哲学在内的所有人文学科，包括人类学、社会学、经济学在内的所有社会科学，包括音乐、美术、建筑在内的所有艺术门类……最宽广意义上的"文化"的一切领域，概莫能外。

  一般公认，从基督教成为国教或从加洛林文艺复兴开始，直到启蒙运动或工业革命为止，欧洲的文化是彻头彻尾、彻里彻外地基督教化的，所以它被称为"基督教文化"，正如中东、南亚和东亚的文化被分别称为"伊斯兰文化"、"印度教文化"和"儒教文化"一样——当然，这些说法细究之下也有问题，例如这些文化的兴衰期限、外来因素和内部多元性等等，或许需要重估。但是，现代学者更应注意到的是，欧洲之外所有人类的生活方式，即文化，都与基督教的传入和影响，发生了或多或少、或深或浅、或直接或间接，或片面或全面的关系或联系，甚至因它而或急或缓、或大或小、或表面或深刻地发生了转变或转型。

  考虑到这些，现代学术的所谓"基督教文化"研究，就不会限于对"基督教化的"或"基督教性质的"文化的研究，而还要研究全世界各时期各种文化或文化形式与基督教的关系了。这当然是一个多姿多彩的、引人入胜的、万花筒似的研究领域。而且，它也必然需要多种多样的角度和多学科的方法。

  在中国，远自唐初景教传入，便有了文辞古奥的"大秦景教流行中国碑颂并序"，以及值得研究的"敦煌景教文献"；元朝的"也里可温"问题，

催生了民国初期陈垣等人的史学杰作；明末清初的耶稣会士与儒生的交往对话，带来了中西文化交流的丰硕成果；十九世纪初开始的新教传教和文化活动，更造成了中国社会、政治、文化、教育诸方面、全方位、至今不息的千古巨变……所有这些，为中国（和外国）学者进行上述意义的"基督教文化研究"提供了极其丰富、取之不竭的主题和材料。而这种研究，又必定会对中国在各方面的发展，提供重大的参考价值。

就中国大陆而言，这种研究自 1949 年基本中断，至 1980 年代开始复苏。也许因为积压愈久，爆发愈烈，封闭越久，兴致越高，所以到 1990 年代，以其学者在学术界所占比重之小，资源之匮乏、条件之艰难而言，这一研究的成长之快、成果之多、影响之大、领域之广，堪称奇迹。

然而，作为所谓条件艰难之一例，但却是关键的一例，即发表和出版不易的结果，大量的研究成果，经作者辛苦劳作完成之后，却被束之高阁，与读者不得相见。这是令作者抱恨终天、令读者扼腕叹息的事情，当然也是汉语学界以及中国和华语世界的巨大损失！再举一个意义不小的例子来说，由于出版限制而成果难见天日，一些博士研究生由于在答辩前无法满足学校要求出版的规定而毕业受阻，一些年轻教师由于同样原因而晋升无路，最后的结果是有关学术界因为这些新生力量的改行转业，后继乏人而蒙受损失！

因此，借着花木兰出版社甘为学术奉献的牺牲精神，我们现在推出这套采用多学科方法研究此一主题的"基督教文化研究丛书"，不但是要尽力把这个世界最大宗教对人类文化的巨大影响以及二者关联的方方面面呈现给读者，把中国学者在这些方面研究成果的参考价值贡献给读者，更是要尽力把世纪之交几十年中淹没无闻的学者著作，尤其是年轻世代的学者著作对汉语学术此一领域的贡献展现出来，让世人从这些被发掘出来的矿石之中，得以欣赏它们放射的多彩光辉！

2015 年 2 月 25 日
于香港道风山

目

次

绪　论

　　从本文的标题来看，主要的关键词有两个：黑格尔，神学。无论是对于西方学界还是汉语学界而言，黑格尔都是一个再熟悉不过的研究对象，一方面，这是出于他在哲学史上的重要地位——可以说，即便我们将一切对于哲学家的溢美之词加于黑氏的头上，也是毫不为过的：德国古典哲学的最高峰，西方传统哲学之集大成者，等等。黑格尔的著述涵盖了传统哲学、宗教、伦理学、历史学、政治学、美学、自然科学等诸多方面，几乎成其为一套巨大的百科全书。在保罗·蒂利希看来，他不仅是哲学领域综合的完成者，更是"直接或间接地影响着整个二十世纪的一个世界历史运动的中心和转折点"[1]。另一方面，则是由于国内特殊的政治语境，即马克思主义为主导的政治意识形态。由于黑格尔哲学被视为马克思思想的主要来源之一，因此前者一直被作为马克思的"前辈"而受到国内学界的重视，即便是在"文革"等特殊时期，这样的地位是其他的西方哲学家很难"享受"到的。对于黑格尔哲学的译介和研究工作几乎贯穿了整个二十世纪，一直到今天都还未停止。

第一节　黑格尔研究综述与本文创新

一、中外黑格尔研究概述

　　作为德国古典哲学乃至西方传统哲学的集大成者，关于黑格尔的研究自

1　【德】保罗·蒂利希：《基督教思想史》，尹大贻译，香港：道风书社，2004 年，第 521 页。

—1—

然是种类繁多，汗牛充栋。当黑格尔还在世的时候，他就开始影响其同时代的人，如谢林、克尔凯郭尔等。黑格尔去世后，他的追随者被称为"青年黑格尔派"，并开始分裂为左派和右派两个对立的阵营，黑格尔左派中最著名的当属施特劳斯、费尔巴哈和马克思，而右派中则包括加布勒、辛里克斯、罗森克朗茨等。众所周知，左派最终抛弃了黑格尔的客观唯心主义内核，从而走向了唯物主义和无神论，其中以马克思主义为典型代表，而其中的主流马克思主义（包括苏联和中国的）和稍后的西方马克思主义（包括卢卡契、布洛赫等）都可以被视为黑格尔影响下的马克思主义；而右派（又称为老年黑格尔派）则继承和坚持了黑格尔的唯心主义体系，将黑格尔哲学与基督教神学结合到了一起。从十九世纪起，黑格尔主义开始在欧美盛行。许多近现代的哲学家和哲学流派都直接受到了黑格尔的影响。譬如法兰克福学派、弗洛伊德、存在主义哲学、怀特海、杜威和维特根斯坦等。十九世纪下半叶开始，新黑格尔主义（neo-Hegelianism）逐渐兴起，这个哲学思潮一方面继承了黑格尔的客观唯心主义和辩证法，另一方面也对黑格尔的理性主义进行了批判。该哲学思潮的关注点不仅在于传统的认识论上，也同时与神学和社会政治学紧密联系。新黑格尔主义是由英国的 J.H.斯特林发起的，随后 T.H.格林、布拉德雷和鲍桑葵等也先后加入；在美国，W.T.哈里斯、罗伊斯和布兰夏德是新黑格尔主义的杰出代表；在德国和意大利，则以克罗纳与克罗齐为代表。进入二十世纪以后，黑格尔哲学开始对近现代诸多新教神学家，如汉斯·昆、卡尔·巴特和潘能伯格等也产生了巨大的影响——尽管多数人对于黑氏都采取了批判态度，即将自己学说建立在对于黑格尔哲学的批判之上，然而这无非也是一种反面性的继承。除了直接的继承和发展外，欧美学界对于黑格尔哲学本身的研究也是长期进行着的，虽然曾经历了 1848 年的黑格尔派"解体"的危局，但却在二十世纪下半叶得到了全面的复兴。一方面，经过上百年的努力，黑格尔的全部著作得以整理和出版；另一方面，对于黑格尔本人以及青年黑格尔派的评价和研究工作也是持续进行。这些研究和批判工作几乎涵盖了西方现代哲学的所有领军人物[2]，包括二十世纪初期的狄尔泰（他于 1907 年发表的《青年黑格尔史》一书被视为 20 世纪黑格尔研究的起点），存在主义哲学的代表海德格尔、萨特，西方马克思主义学派的卢卡契、阿多诺、哈贝马斯等，诠释学派的伽达默尔，以及实证主义派的波普尔、泰

2　这里主要介绍的是那些对于黑格尔进行全面性研究的学者。

勒等。在二十世纪五十年代中后期，成立了《黑格尔著作集》编辑委员会，之后又建立了黑格尔档案馆，并在之后的数十年间出版了黑格尔著作全集，足见欧美学界对于黑格尔的重视。1993 年, Frederick C. Beiser 等人主编了《剑桥黑格尔指南》一书，介绍了黑格尔哲学研究的最新思潮。而在 2003 年，耶西克主编出版了《黑格尔手册》一书，全面介绍了最新的研究成果，为黑格尔生平、著作和学派方面提供了许多可靠的材料。这也是近年来最优秀的黑格尔综合性研究著述。

而在国内，自二十世纪初严复、马君武、梁启超等开始对黑格尔进行译介以降，百年来国人对于黑格尔的介绍、翻译和研究进行了大量的工作。在1931 年，亦即黑格尔逝世百年之际，《哲学评论》刊出了由贺麟、朱光潜等人所撰写的《黑格尔专号》文集。而第一位全面介绍黑格尔哲学的是郭本道，他曾于 1934 年出版《黑格尔》一书，系统地阐释了黑氏的哲学全书。此后，又相继涌现了张颐、朱谦之等黑格尔研究者。同时，国内学者也着手开始翻译黑格尔著作，至抗战前夕，王灵皋翻译的《黑格尔历史哲学纲要》、张铭鼎翻译的《伦理学》、王造时与谢诒征合译的《历史哲学》先后面世。不过，此时的译著皆是转译而来，因此价值并不太高。建国之后，由于意识形态方面的要求，黑格尔哲学被作为马克思主义的"辅助性"工具而得到大量的译介与研究。到文革前，已有九部黑氏著作得到翻译和出版，另外还有针对黑氏哲学的五部研究专著和五十余篇论文问世。其中张世英于 60 年代发表的两本著作《黑格尔哲学》和《精神现象学评述》被认为是黑格尔哲学的启蒙读物。在这些翻译家中，贺麟的工作最为突出，他翻译的著作包括《小逻辑》、与王太庆合译的《哲学史讲演录》、以及与王玖兴合译的《精神现象学》。另外，朱光潜担纲了《美学》的翻译，此外还有杨一之翻译的《逻辑学》、梁志学与薛华、钱广华、沈真合译的《自然哲学》、薛华翻译的《黑格尔政治著作选》、范扬与张企泰合译《法哲学原理：自然法和国家学纲要》、苗力田翻译的《黑格尔通信百封》，以及韦卓民译《精神哲学》等。与建国前的译介相比，这些作品基本上都是从原文翻出，且翻译者多通晓多门外语，对黑格尔哲学本身也有长期而深入的研究，因此其质量与价值不可谓不高。不过，此时的这些译介工作，基本上是围绕着政治意识形态服务的，正如王树人所言，这些工作"乃是把马、恩、列的评价，既当做出发点，又当做归宿。或者说，把黑格尔哲学研究变成围绕马、恩、列的评价兜圈子，变成他们对于评价的图解。

不难看出，这是由僵化马克思主义而僵化黑格尔哲学的双重僵化。"[3]改革开放后，学术界重新恢复了活力，黑格尔哲学的译介与研究也逐渐走上了自由与正常的轨道。长河翻译的《宗教哲学讲座·导论》、贺麟翻译的《黑格尔早期神学著作》和《黑格尔早期著作集》、燕宏远译《宗教哲学讲演录》、杨祖陶翻译的《精神哲学》、以及王造时翻译的《历史哲学》得以面世。到目前为止，除极个别著作外，黑格尔的主要作品均已翻译出版。在研究方面，黑格尔哲学的诸方面，如逻辑哲学、精神哲学、自然哲学、本体论、辩证法等，均得到了细致入微的专项研究。目前比较重要的研究著述包括1991年问世的、由张世英主编的《黑格尔辞典》，以及由汝信和姜丕之于 1986 年开始主编出版的专刊《康德黑格尔研究》等。而在今天，邓晓芒、赵林等新一代的黑格尔研究者也开始涌现。分别由梁志学和张世英牵头的"黑格尔全集翻译工程"已在近年启动，不日我们将能够看到翻译为中文的全套黑格尔著作。

二、黑格尔神学思想的研究

值得注意的是，尽管无论是西方学界还是国内学界，无论从宏观角度还是微观角度，黑格尔哲学的诸方面都已得到了长期的、广泛的、细致入微的研究，然而，相对于黑格尔哲学中的辩证法思想、法哲学、美学等方面，黑格尔的神学思想所受到的关注却相对较少。在西方学界，从神学角度探究黑格尔思想的著述数量并不算多，但也足以显示出人们并未忽视黑格尔的神学思想。实际上，这类研究基本在二十世纪中期以后才逐渐起步，具有代表性的著述包括皮特·C·哈德森的《黑格尔与基督教神学：对于宗教哲学讲演录的解读》，以《宗教哲学讲演录》为基础对黑格尔神学进行了分析；马丁·J的《黑格尔与神学》，结合黑格尔的精神哲学、宗教哲学与神秘主义对黑格尔神学进行了分析，并深入探讨了黑格尔神学的影响；阿兰·M·奥尔森的《黑格尔与精神：作为圣灵学的哲学》，从圣灵学的角度，结合了虔信主义、超越性、辩证法、启蒙思想和绝对精神等方面来对黑格尔的精神概念进行了神学分析；大卫·柯布的《黑格尔宗教哲学研究的新视野》，专门探讨了黑格尔的宗教哲学，以及当代所进行的一些新的讨论和观点、文森特·A·麦卡锡所主编的《基督哲学化的问题：关于罗素、康德、黑格尔与施莱尔马赫的基督教与哲学》，对将黑格尔的宗教哲学与其他一些哲学家进行了纵向比较研究；赛

3　王树人.:《散论黑格尔哲学研究》,《哲学研究》,1989 年第 9 期, 第 77 页。

利尔·O·里甘的《黑格尔的异端性》，就黑格尔神学的争议性进行了专门探讨；以及彼得·A·里德帕斯的《梦游者的变装舞会：从笛卡尔到黑格尔的先知神学》，论述了从笛卡尔到黑格尔时代的理性主义及神学思想的发展，并结合它们来对现代哲学的短板和局限性进行了批判。在这些著作中，最值得注意的当数汉斯·昆于1970年发表的《上帝的道成肉身》一书，在这部著作中，汉斯·昆针对黑格尔的基督论，结合传统基督论、启蒙运动后的基督观进行了讨论，在其中他细致入微地论述了黑格尔辩证法在基督论中的运用。综上所述，这一系列的著述对黑格尔神学思想的诸方面进行了不同角度的比较和研究。不过遗憾的是，尽管人们已逐渐意识到了黑格尔哲学同神学之间的紧密联系，却几乎没有人把整个黑格尔哲学体系放在神学的视域中进行系统而完整的查考、阐释，或者说我们很难看到从系统神学的角度来对黑格尔展开研究的著述，而大多是把黑格尔哲学中的某些部分提取出来进行神学性的探讨。这不能不说是西方黑格尔研究中的一个重大缺憾。

相比之下，汉语学界却对于黑格尔神学思想的关注就更是凤毛麟角，甚至可以说是基本为零，亦没有任何国内学者将黑格尔同"神学家"这个词联系在一起，或者是将黑格尔哲学同神学联系在一起。在上世纪初张颐注意到了黑格尔哲学与宗教的关系，不过他并不认为黑氏哲学可以与神学直接等同起来。后来，陈果所写的硕士论文《寻找通往"真理"之路——青年时期黑格尔基督教宗教学思想发展》，对《黑格尔早期神学著作》一书进行了论述。此外，武汉大学的赵林博士于九十年代出版过《黑格尔的宗教哲学》一书，对黑格尔的宗教哲学思想进行了全面的介绍。但是，陈果的研究只停留在青年黑格尔的神学思想，而赵林则并未将黑格尔的宗教哲学同神学联系起来，更遑论从黑格尔哲学的整体性入手来探讨其神学思想了。2007年，复旦大学哲学院张汝伦教授曾发表《黑格尔在中国———一个批判性的检讨》一文，在其中他谈到了黑格尔的上帝概念，不过他却认为我们不能以宗教神学的角度去看待黑格尔哲学。当然，究其根本原因，还是源于建国之后的学者多是将黑格尔作为马克思主义的预备来进行研究的，这种惯性思维直到今天还或多或少地影响着学术界，并使得人们极难注意到黑格尔哲学同神学之间的联系。

三、本文创新性与结构

因此，本文正是试图通过对整个黑格尔哲学的宏观解读，来展现"精神"

的全部发生和发展过程，并最终揭示出黑格尔是如何将自己的神学理念贯穿在其哲学体系之中、并将基督教神学理性式地合理化解读的。更具体地讲，就是真正将整个黑格尔的哲学体系放在基督教神学的视域中的查考，从系统神学的传统主题来分析黑格尔哲学。换言之，就是在神学话语中对黑格尔思想进行解读和再阐释，以再现一个作为神学家的黑格尔，以及作为神学的黑格尔哲学。同时，也将展现黑格尔是如何运用他的方法论来解决那些关键的神学问题，如有限与无限、人与上帝之间的过渡是如何得以成为可能的。在神学的维度对整个黑格尔哲学体系进行全面的解析和阐释，不仅弥补了国内黑格尔研究在神学方面的空白，也弥补了西方黑格尔研究在系统神学中进行全面论述的空白，这就是本文写作的目的和意义所在，也是本文的创新性和价值所在。

在研究的对象上，主要是黑格尔本人的著作，包括《精神现象学》、《小逻辑》、《自然哲学》、《精神哲学》、《历史哲学》、《黑格尔早期神学著作》、《逻辑学》（大逻辑）、《美学》、《哲学史讲演录》、《宗教哲学讲演录》等，另外，也对黑格尔前后的一系列学说进行纵向研究，包括理性神学的前后发展，以及黑格尔影响下的新教神学思想等。同时亦辅之以一系列研读黑格尔宗教哲学、神哲学的著作，以及其他一些相关的哲学、神学、史学等著述，来对黑格尔哲学进行全方位的神学式宏观解读。

在研究路线上，主要是紧紧把握黑格尔的"精神"概念这一核心内涵，探索并展现它是如何发展或自我展开的，从而厘清黑格尔的理性神学之思路。本文一共分为九个部分、六个主要章节，其中每章各包含数节，每一节下面又将分为若干部分，层层递进，最终得出预期的结论。首先是序言，介绍国内外黑格尔研究的历史和现状，以及本文的创新性和结构；然后是导论，介绍神学的涵义、神学与哲学的关系以及神学的意义；导论之后开始进入主要部分，第一章回顾黑格尔之前理性神学的发展历程；第二章对黑格尔哲学体系作总体性的介绍，这里的介绍乃是严格按照"精神"的发展线索展开的；第三章将介绍黑格尔的精神神学概论，对黑格尔的精神神学思想进行总体性展现；第四章和第五章为本文的核心部分，将重点阐述黑格尔的神学思想，因此作为上下两篇进行，上篇介绍黑格尔的上帝论和人论，下篇介绍黑格尔的基督论、圣灵论和末世论，来展现在黑格尔的哲学话语中，基督教神学的诸关键性问题是如何得以解决的；第六章介绍黑格尔神学的影响和评价；最后是结论。

第二节 神学之辨

一、什么是"神学"

在了解黑格尔神学之前，我们首先要明确一个概念，就是什么叫做"神学"。这个概念源于古希腊语的 Θεολογια 一词，它是由 Θεος 和 λογος 两个词组成的，前者意为"神"，而后者意为"话语"，亦即，这个词的原义就是"关于神的言语"，起初，它被用来指代神话的传颂，因此也被称为（诗人的）"神话学"。在柏拉图看来，Θεολογια 就是诗人言说吟咏中的通报神明消息的逻格斯（λóyos）。而到了亚里士多德那里，"神学"开始被用来指代关于作为第一原理的神圣者的学说，它是属于三种理论哲学之一，也是世间最高的学科："1. 神原被认为是万物的原因，也被认为是世间第一原理；2. 这样的一门学术或则是神所独有，或则是神能超乎人类而所知独多。"[4] 实际上，这里所说的"神学"就是后来我们所熟知的形而上学。而在斯多亚学派那里，"神学"被用来专门研究神明本身，而与神话学或政治神学完全地区分开来。[5] 而在基督教产生之后，"神学"（拉丁文：theologia）一词被教父们用来专门表示关于上帝及其诸方面的学说。亚历山大里亚的克莱门提出了"不逝的逻格斯的神学"，认为神学不仅是一种关于逻格斯的学说，也是对于逻格斯所代表的上帝的宣讲，而神学家就是受到圣灵感动而宣讲属灵真理之人，神学就是其宣讲的内容。然而，如果神学仅仅是停留在对于上帝自身的言说上，就会出现一个棘手的问题——作为信仰对象的上帝不能是仅仅居于自身之内的隐秘的上帝，而是应该向人们启示自身，让人类得以认识自己的上帝。因此，神学所关注的范围就逐渐被扩展到了其他的事物上，比如人类和世界，更确切地讲，是与上帝联系在一起的事物上。当然，我们在神学之中讨论和认识其他事物，其目的还是为了更好、更完整地认识上帝本身。因此，这就是一种从造物主到被造物，又从被造物到造物主的循环的认识过程。这样一来，神学的主题就得到了大大的丰富。[6] 经过上千年的发展，基督教神学已经成为了一门理论

---

4 【古希腊】亚里士多德：《形而上学》，吴寿彭译，北京：商务印书馆，1995 年，第 6 页。

5 【德】潘能伯格：《系统神学》（卷一），李秋零译，香港：道风书社，2013 年，第 5 页。

6 【德】潘能伯格：《系统神学》（卷一），李秋零译，香港：道风书社，2013 年，第 5-10 页。

性、专业性、系统性的学科。从时间范围上来看，基督教神学不仅包括早期的教父哲学和中世纪的经院哲学[7]，也包括近代以来一切跟基督教密切相关的思想，譬如启蒙运动时期的一些观念，以及宗教改革时期的思潮，当然，二十世纪以后的当代天主教神学、新教神学和东正教神学也无疑是包括在内的。值得注意的是，现代语境中的"神学"就是对于基督教神学的特指，尽管在其他宗教那里，也存在着犹太教神学、伊斯兰教神学、佛教神学之类的形态。然而正如艾伯林所指出的那样，与神学相关的诸科目乃是开始于新约的研究，这也就是说，"神学"最开始乃是专属于基督教的神学。对于基督教学者而言，对于神学的研究不能是外在的，亦即必须在植根于自我信仰的基础上来进行反思的，对于他们而言，神学（theology）就是基督教的神学。[8] 因此当我们从狭义上谈到"神学"这个词时，它的所指就唯独是基督教神学。

在传统的分类法中，神学被分为圣经神学、历史神学、系统神学和教牧神学四种。而施莱尔马赫则放弃了这种分法，而提出了一种新的"三分法"，即将圣经研究、教会历史与教义学并入"历史神学"，即探究历代基督教的信仰之表述；同时，他提出了"实用神学"，包括教会体制、宣教学与教牧学，这是为神学教育服务的；最后则是"哲学性神学"，包括护教学与辩证学，它是为着探索历代教会所呈现出的信仰本质，并对之进行规范性的研究。这种划分是基于一种体系性的定位。尽管存在着诸多问题，但施莱尔马赫的这种新的划分方法还是被认为迄今最富原创性与最全面的方案。与此相对，朗纳根（B. Lonergan）则提出了一种功能性的定位，即神学的功能定位要进行专门化，其要承担的功能应该有以下八种，即研究、诠释、历史、辩证、基础、教义、系统与传通。[9]而艾伯林则对这些说法进行了综合，认为神学的本质和定位应该是基于神学本身的教会性、科学性和历史性的。因此，神学不仅应

7　实际上整个中世纪的欧洲哲学（主要是经院哲学）就可以完全等同于基督教哲学，尽管这一时期内也存在着其他的一些哲学形态，比如阿拉伯哲学等。"基督教哲学"这个概念是由吉尔松提出的，在他看来，哲学在中世纪所呈现的一切形态都应当被归于"基督教哲学"的范畴中，因为当时的所有思想都只能在基督教的语境中得到理解。

8　【德】艾伯林：《神学研究——一种百科全书式的定位》，李秋零译，香港：道风书社，1999 年，第.20 页。

9　【德】艾伯林：《神学研究——一种百科全书式的定位》，李秋零译，香港：道风书社，1999 年，第 xxix-xx 页。

当要继承传统，注重信仰生活的实践，同时也要向着当下的世界开放，成为一门具有科学性的学科，也就是要"重新确立基督教神学在现代知识学中的地位"[10]。

　　无论依据何种方法进行划分，神学所探讨的固定对象都始终离不开以下几种：上帝及其属性（主要是三位一体论），圣经（释经学、教义学），上帝与人的关系（罪性、创世、救赎、审判等）。以汤姆·华森（Thamas Watson）的《系统神学》一书为例，内容被划分为神、神的创造、人的堕落、神的救赎之恩典，以及死亡与复活几大版块。这也就是说，神学一方面关注的是上帝本身，包括他三位一体的基本属性，作为其本质的爱，以及他的创造和拯救的工作（这些工作是从上帝的不同位格中分别引出，而后又彼此联结的）；另一方面则是关注人本身，主要是人的属性（作为属肉体的罪性和属灵的本真性）；最后是人与上帝的关系，即人对上帝的拒斥（通过犯罪堕落）和回归（通过上帝的拯救、人的悔改认信，到最后的复活重生）。而当我们纵览黑格尔汗牛充栋的著述，从表面上是几乎看不到任何与"神学"的这些对象直接相关的着墨的，然而，如果稍作深入，我们就不难发现其实上述的对象实际上是渗透在其论述的每个角落的，甚至是深入骨髓的。或者说，在黑格尔谈论其哲学理念之处，实际上都是在谈论他自己的神学。并且，经过黑格尔的改造和发挥，成为了一套与众不同的思辨神学。事实上，不仅是黑格尔，几乎每一位哲学家都与基督教神学存在着或多或少的关联，因为神学本身就是从哲学的方法论中脱胎而出，而后又与其相互贯通交融的。即便在基督教神学逐渐式微的近现代，哲学家们也依然难以完全脱离前者的语境来独立开展自己的思想，可以看到的是，在当下的存在主义哲学、语言分析哲学、科学哲学里，也依然活动着基督教神学的"幽灵"。因此，反过来讲，当我们在谈论神学时，也是绝对不能脱离西方哲学的历史和语境来进行的。

二、神学的目的与意义

　　自启蒙运动以降，传统基督教神学开始受到越来越多的质疑、挑战和冲击，在许多人看来，想要重建中世纪时期的那种完整而正统的、具有绝对真理性和权威性的系统神学似乎是再也不可能了。而进入二十世纪后，神学所

---

10 【德】艾伯林：《神学研究——一种百科全书式的定位》，李秋零译，香港：道风书社，1999 年，第.xxiv 页。

面临的环境变得更为复杂：自然科学的发展日新月异，多元思想的涌现此起彼伏，现代主义和后现代主义相继兴起，在这个时代中所诞生的各种思潮不可避免地渗透到了神学界中。因此，许多前所未有的神学思想也先后出现，一连串新奇甚至不可思议的名词开始出现在人们的眼前：自由主义神学、存在主义神学、女性主义神学、政治神学、解放神学、基要主义等等。表面上看来，新世纪的神学似乎进入了百家争鸣的繁荣期，这对于启蒙运动后不断步入黄昏期的神学来说，仿佛是迎来了新的转机。但是，在这里我们要追问的是，这种转机的产生，对于神学本身而言真的就是一件好事吗？

要回答这个问题，我们就首先要明白一件事：神学存在的意义究竟是什么？人们研究神学的目的到底何在？前面提到过，神学乃是基督教的专属学科，它是以哲学化的方式对基督教信仰的主题进行研究、辨析和阐释。这样看来，神学本身不等同于信仰，但却是服务于信仰，对信仰的诸对象进行研究和诠释，并使信仰的诸主题获得其合理化的理论依据，从而深化基督徒对于信仰的理解、接受和内化。数千年来基督教信仰的维持和发展，是始终离不开神学这个支柱的。因此，不同于哲学，神学不能成为思想的游戏，不能容忍任何的内在矛盾或模棱两可，而必须一以贯之地澄明信仰的要义和真理，来使得基督徒对于自身的信仰能够有更加深入和确凿的理解和确信。这就是神学之所以存在的目的和意义。当我们回过头来察看那些层出不穷、却多数昙花一现的神学思潮时，就不难发现它们或多或少都存在着这样的问题：脱离了神学的目的本身。实际上，这些新的神学思想所讨论的其实还是传统神学的一些基本主题——它们不过是偏向于强调这些主题的某一个方面，并将其同现当代哲学的某些思想结合起来探讨罢了。

如果说这种做法还仅仅是体现了大多数现代神学的毫无创新之处的话，那么更严重的问题还在后面：很多的神学思潮，尤其是自由主义神学，为着迎合世俗思想的潮流，以及消除与非信仰群体的对立，竟然篡改甚至否定基督教信仰的一些基本原则，或是取消圣经文本的历史实在性或启示真理性，或是否定或回避上帝的超越性，或是否定某些信仰的传统原则。而这些思想产生的缘由，要么是为着使神学服务于自我的诉求[11]，要么则是试图使神学与当代世俗思想调和起来[12]（实际上则往往是通过"改造"前者来屈就和迎合后

---

11 譬如女性神学宣扬上帝乃是女性，黑人神学要求神学的服务对象为黑人。

12 这其中最典型的例子就是自由主义神学。

者）。不可否认，神学乃是为大众的信仰服务的，同时神学也不能总是闭门造车，而拒绝与当下的世界对话。但是，神学本身一旦步入歧途，一旦偏离信仰的基本原则，它对于信仰的危害就是巨大的，其后果乃是不堪设想的。如果取消圣经启示的真理性或历史实在性，圣经本身的价值就会被否定，基督教信仰就从而会失去最根本的基础；同样地，如果圣经中的某一条基本原则或教导可以被人为地剔除和否定，那么取消其他所有的原则也就具有了"合法性"——这会成为一个否定性泛化的起点；如果否认基督救恩的绝对性和唯一性，那么基督教本身存在的价值基础就会遭到侵蚀[13]；如果否定上帝的超越性，那么信仰就再也不能成其为真正的信仰，而沦为一种普通的人文主义。因此，无论是梵蒂冈教会或教宗，无论是神学家或普通信众，都无权在信仰的这些基本层面进行任何人为的"改造"、"增删"或"革新"。正如汉斯·昆所指出的那样，所有的神学建构都必须要"从基督教的本源出发，保持以基督教为中心的观念之神学，背景却为今日的世界"[14]。或许这里有人会想到马丁·路德在十六世纪的宗教改革，实际上，他的改革从本质上来讲并非新的创造，反倒是对一些关键性信仰原则的恢复，这一点我们下一章会详细谈到。因此，在这里可以肯定的是，唯有那些真正致力于基督教信仰之维护的人，那些致力于持守信仰之基本原则、并力图对信仰真理进行"去蔽"的人，那些真正致力于对信徒的灵性生命起到造就作用的人，才能够称得上是神学家，他的学说才能够称得上是神学。古往今来，正是无数具有这些抱负的神学家不断投身到基督教神学的建构之中，基督教信仰的生命力才能够日久弥新。而其他的那些所谓的"神学"思想，至多只能被称为哲学或"基督教研究"。当然，神学家也是人，他们也无法保证自己的观点能够"绝对无谬误"，但是只要能够真正从上述的这些原则出发，那么他的神学思想依然是有价值的。

因此，当我们进入黑格尔时，就要始终运用这些原则来对其思想进行检验，以看清他的学说究竟只是一种客观唯心主义哲学——就像许多人所看到的那样，还是符合基督教信仰的基本原则，从而能够称得上是神学思想的。如果黑格尔只是一个纯粹的哲学家，其学说只不过对基督教有所涉及，那么

---

13 譬如广义上的"普世神学"提出基督教并非唯一的得救之道，其他宗教也可以作为通向天国的道路；以及卡尔·拉纳所提出的所谓"匿名的基督徒"，即指那些没有信仰基督的人也可以凭借其良好的行为而被上帝视为基督徒，从而得救。

14 Hans Küng, Thelology for the Third Millennium, An Ecumenical View, trans. Peter Heinegg. New York and London; Doubleday, 1988, p.106.

这篇论文的写作价值也就荡然无存了。因此证明黑格尔哲学的本质乃是神学，并从系统神学的角度对黑格尔哲学进行再诠释和重新解读，将是本文所要进行的主要任务。

三、神学与哲学

如前所述，神学从一开始就是处于与哲学的相互交融、彼此协行之中的。虽然神学所谈论的对象乃是以超自然、超理性的上帝为中心的，但是作为一门学科，神学的架构和方法论都是从哲学那里继承过来的，在哲学的基础上完成了自身的建构之后，神学又反过来对哲学进行了巨大的影响和推动。因此当我们在谈论西方哲学时，如果将其从同神学的这种交融之中剥离，乃是不明智的。另一方面，也没有任何一种神学是可以不诉诸于理智哲学的方法论，而只是献身于神秘性的。诚如潘能伯格所言：

> 没有对哲学的全面认识，人们就既不能理解基督教的学说如何历史地形成，也不能达到对基督教学说在当代的真理断言的一种独特的、有根据的判断。缺少了有哲学素养的意识，人们就不难恰如其分地——在向独立形成判断的过渡的意义上——完成《圣经》的历史批判诠释向系统神学的过渡。[15]

当然，神学与哲学之间并不是始终处于一种和谐并生的关系之中。即便是在基督教神学诞生伊始，也有一些教父认为神学与哲学是彼此对立、毫不相干的，比如德尔图良。另一种观点则认为二者虽有关联，但神学作为上帝的启示，乃是高于哲学的，后者只能服务前者，这就是中世纪著名的论断"哲学是神学的婢女"，此说法来源于达米安（Petrus Damiani）主教。与此相似的一种观点则认为，虽然哲学与神学并不是彼此对立的，但是二者存在着明确的分工或界限——神学的对象乃是属于上帝的启示，是超越于自然之上的，相比之下哲学则是一种"补充"，即是用于认识受造物的，乃是一种"自然理性"，因此二者是相互补充的。这个观点在托马斯·阿奎那那里得到了集中的阐述，约五百年后在康德那里我们也看到了类似的观念。与此相反，另一些人则认为基督教神学乃是真正的哲学，如亚历山大的克莱门，他认为古希腊哲学不仅是上帝赋予希腊人的赠礼，也是基督教神学的预备，而信仰则是判断

---

15 【德】潘能伯格：《神学与哲学》，李秋零译，北京：商务印书馆，2014 年，第 4 页。

哲学的标准。哲学所爱和所追寻的无非是智慧[16]，而智慧则是源于上帝的启示。因此，基督教神学就是真正的哲学。

然而无论这些观念如何彼此相异和对立，至少存在着一个铁一般的事实是人们无法否认的，这就是神学与哲学之间的联系始终都是无法分割的，神学必须要依赖于哲学的方法论来建构自身。然而这样一来，也就对神学渐渐产生了一种消极的影响——神学一方面认为自己作为神启示的结果，其权威性乃是凌驾于理性之上的，因此它就开始怀疑自己在那些属于理性的领域之上的合法性，并由此渐渐放弃了这些领域；另一方面，神学依然有着不断构建自身的需要，而这种构建又不得不向哲学的、理性的方法论求助，因此它就逐渐将自身的合法性交给了哲学，换言之，神学作为一个独立体系的成立，是必须要经过理性的检验的。与此同时，随着启蒙运动的到来，理性要求脱离神学而自律的呼声又越来越高，并逐渐扬弃了宗教的观念。这样一来，神学就不得不走向了个人化、感性化，即退缩到属于个体的事务和体验中，放弃了它对于物质世界的解释权。而哲学则逐渐摆脱了神学的束缚，不再屈从于后者婢女的地位，而获得了自立和权威自予的状态。[17]

因此，当黑格尔在十八世纪后期的哲学界脱颖而出时，他所面临的就是这样一种局面：基督教神学一方面已不再像它在中世纪时那样统领一切，掌握着整个世界的话语权，另一方面它自己的检验标准已出让给了它昔日的婢女——哲学理性，仿佛完成了主奴身份的倒转。因此如果人们要试图理解和把握宗教，必须离开业已僵化封闭的神学，而进到哲学中去理解和诠释宗教的概念，亦即要把宗教的内容用哲学来进行概念性的阐述，将其提升到概念的形式。这种工作是"通过既在宗教表象相互之间的联系进行思维，也在与宗教主体的关系中进行思维的把握和贯通来实现的"[18]。而这种用哲学式的概念来把握宗教之内容的工作，在黑格尔看来乃是当下神学必须要完成的工作，这就是黑格尔将要着重在他的整个哲学体系中来进行的。

---

16 正如我们所熟知的那样，希腊文"哲学"一词（Φιλοσοφία）是由Φιλο（爱）和 σοφία（智慧）组成，因此哲学就是对于智慧的爱。

17 【德】潘能伯格：《神学与哲学》，李秋零译，北京：商务印书馆，2014年，第18-27页。

18 【德】潘能伯格：《神学与哲学》，李秋零译，北京：商务印书馆，2014年，第31页。

　　基于这些原因，要确切地理解黑格尔的神学思想，我们必须先了解黑格尔哲学，并由此首先要了解黑格尔思想的源头与发展脉络，因为黑格尔的思想并不是一个腾空而出的楼阁，如同所有的神学家或哲学家一样，黑格尔哲学理念也是时代的产物，是漫长思想史的茎络延伸而出的花朵。诚如没有柏拉图就没有奥古斯丁，没有亚里士多德就没有托马斯-阿奎那，如果没有肇始于古希腊的逻格斯主义，中世纪的经院哲学，近代的启蒙运动，以及黑格尔的诸前辈和同辈，如康德、费希特、谢林和施莱尔马赫等人，哲学史上也很难诞生出黑格尔。同时，如果没有教父神学、奥古斯丁、托马斯·阿奎那、经院神学和后来的理性主义神学，黑格尔的神学思想也不可能产生。我们将首先回顾这些思想的脉络，以展现黑格尔哲学的产生原因和条件。

第一章 "前黑格尔时期"：理性神学的历史

第一节　前神学时期

　　这一章所要讨论的，主要是基督教产生前后的神学思想发展。这一时期的主要特征就是"希腊化"，即犹太教与初生的基督教信仰对于希腊化哲学的吸收。我们之所以把这段时期称作"前神学时期"，不仅是由于古希腊哲学是整个西方哲学的发端，也是因为这段时期乃是基督教神学的预备期。保罗·蒂利希将希腊化时期称作是基督教的预备，即希腊化哲学作为一种前期性的铺垫，为基督教出现的"凯逻斯"提供了可能，并为之后的基督教神学基础的奠定打下了观念论和方法论的基础。并且，正如我们将会在后面所看到的那样，在黑格尔神学思想的发展中，希腊哲学同样也扮演了一个极其重要的环节。

　　从整体上来看，对基督教神学产生了重大影响的希腊化哲学主要有四种：柏拉图主义、斯多亚主义、新柏拉图主义和亚里士多德主义。在基督教神学发展的不同阶段，这四种哲学曾分别"各领风骚数百年"，当然，有的时候它们也是共存共生的。接下来我们将详细查考它们在基督教神学之中所产生的这些影响。

一、柏拉图主义

　　在冈察雷斯看来，对于早期的基督教而言，柏拉图有四种观念是极其重要的，即"两个世界"论、灵魂不朽说、认识论、以及理念论。正是这些学说，使得柏拉图成为了基督教在理论上的"先知"。

对于柏拉图而言，我们所生活着的这个世界是物质世界，与之相对的还存在着一个理念世界。物质世界是可知的、短暂的，处于其中的都只是个体，是处于变动之中的、有生有灭的。而在物质世界之外则存在着一个无法感知到的理念世界，它也是前者的本原，是万物永恒的原型，且是自在自为的、具有实体性的。而前者只不过是后者的"摹本"而已。因此，理念世界是要远远高于物质世界的。而《圣经》反复强调的一个重点则是，天地万物作为受造物，是都要废去的，唯有上帝与他的国度长存。因此在这一点上柏拉图哲学便和基督教神学结合起来了。护教者们用柏拉图对于物质世界的轻视来强调世界的堕落性、罪性，并在此基础上来宣扬神国度的将临。由于这种观点的过度消费，在某些人那里世界被彻底地否定，并进而发展为了苦行主义或禁欲主义。

柏拉图的另一个重要观念则是灵魂不朽说。由于我们能够思考理念世界，而这个世界乃是肉体凭借感官所无法触及的，因此唯一的可能是，是曾经看到过理念世界的灵魂觉醒后思想到的。因此，灵魂在肉体产生之前就已存在，且是曾居住在永恒的理念世界中的。但是由于它追求感官世界的欲望，于是下降到物质世界，被囚禁在肉体之内。如果灵魂能够克制住肉体的欲望，待肉体消亡，它是能够回到从前的永恒世界的；如果克制失败，则会继续沉沦下去，进入轮回。不言而喻，这种灵魂不朽说跟基督教的灵魂观是非常契合的——灵魂不死，来生可回归永恒世界。因此它在很早就被引入到了护教学之中。

柏拉图的认识论乃是基于他的"两个世界"论的：由于肉体的局限性，只能停留在物质世界的层面，而无法感知到理念世界，因此它的知识也就停留在了前者那里。然而，正因为永恒的理念才是万物的本原和原型，因此唯有关于理念世界的知识才是真正的知识或真理。换言之，感官的感知或关于此世的知识就是不真的。当这种观念为基督教所接受时，就产生了影响深远的怀疑论。

而柏拉图理念论则大大影响了基督教对于上帝的理解。在柏拉图看来，在理念世界中，存在着许许多多的理念，但它们之间却不是杂乱无章的，而是按照一定的秩序彼此联系在一起的。在诸理念之上存在着一个最高的理念，这就是"善的理念"。这个"善的理念"即是逻格斯，它不仅是诸理念的本原，也是整个宇宙的最终目的。由于理念才具有实体性，因此善的理念就是最真

实的实在。此外，在这个世界之中存在着一个智慧的设计者，他"模仿'善的理念'的美，把形式赋予本来不具形式的质料"[1]我们看到，尽管在柏拉图这里，理念是独立存在的、永恒的，但是这种思想被吸收入了后来的基督教神学之中，并得到了极大的改造。尤其是亚历山大的斐洛，他将理念设定为上帝的思想，是上帝借以创造世界的范型。而柏拉图所谓"善的理念"，亦即逻格斯，则被斐洛直接同约翰福音中的"道"等同了起来。经过斐洛的改造，柏拉图的理念论开始在此后的漫长岁月中对基督教神学产生了核心性的影响。

二、斯多亚主义

斯多亚学派对于基督教神学影响最大的乃是它的宇宙论。根据赫拉克利特的说法，宇宙的本原是火，火同时也作为灵魂的本质而存在。斯多亚学派继承了这一观点，认为正是火作为推动宇宙运行的根本动力，在火的作用下，宇宙以一种美好的秩序进行运转，并产生生命。同人一样，整个宇宙也是一个美善的、有理性和智慧的存在者，其中的每一个部分都像人体中的器官那样是有机地联系在一起的。宇宙的这个理性就是逻格斯，是物质世界的灵魂，亦是人类理性的本原。正是由于我们的理性源于且从属于宇宙理性，我们才会拥有认知和理性的能力。斯多亚的这种逻格斯让人很快联想到新约中的逻格斯（即道）学说，正如在我们所熟知的《约翰福音》第一章中所叙述的那样：

> 太初有道，道与神同在，道就是神。这道太初与神同在。万物是藉着他造的；凡被造的，没有一样不是藉着他造的。（约 1：1-3）

这里的"道"即逻格斯（λóyos），在这里被用来指代基督，且是作为万物的根源与秩序而存在的。因此，斯多亚的逻格斯学说被护教者用来解释作为"道"的基督，并由此成为了基督教神学中的逻格斯主义。

另外，由于斯多亚派把逻格斯看成是维持宇宙秩序的力量，认为宇宙中天然地便具有其自身的神圣法则（即自然法），这种自然法就是逻格斯所赋予的。如果人只是随从自己肉体的、感性的欲望，就是违背这种神圣法则的、非理性的。因此，一个有理智的、有道德的人，应当克己复礼，自觉遵行自然法。因此早期护教者们自然联想到上帝对于世界秩序的维护、对于道德秩

---

1 【美】梯利：《西方哲学史》，葛力译，北京：商务印书馆，2009 年，第 43 页。

序的维护，并将斯多亚派的自然法引用为信仰生活中的伦理法则——人们应当治死肉体的私欲，遵循上帝所制定的神圣道德律法，这才是人应当具有的样式。

三、新柏拉图主义

如果说柏拉图主义和斯多亚主义是为基督教神学预备道路的施洗者约翰的话，那么公元三世纪的新柏拉图主义就是希腊化哲学与基督教真正融合的开始。在新柏拉图主义（Neo-Platonism）中，柏拉图主义、亚里士多德主义、斯多亚主义被融为一体，并且带上了鲜明的神秘主义色彩。这种思想是由亚历山大的阿摩尼阿斯·萨卡斯（Ammonius Saccas）提出，并由他的学生普罗提诺发扬光大。普罗提诺认为，世界上存在着三大本体或原则，即太一、奴斯与灵魂。太一是世界的本原、原因和根基，也是最高的善；它就是上帝本身，是永恒的、无限的、自我完善的；它是超越于万物之上的绝对的"一"而非"多"，作为万物的源头，它在自身之中流溢出诸本体。太一本身并不是任何"是"（being），但是藉着它，万物才成其为所是。换言之，作为有形质的世界，它必须要依赖于上帝而存在。值得注意的是，这里的"流溢"并不能等同于有意识的创造，世界的生成只不过是上帝之无限"满溢"而出的必然结果。另外，我们无法依靠理智认识太一，只能在道德活动中去观照它。而在太一的流溢中，最先产生的本体是奴斯，亦即心灵或理智。奴斯即太一在其中自我观照、自我彰显的原则，是上帝的自我思维。而上帝在奴斯中的自我观照就是理念，是一切存在之本质性的可能性，这些理念在物质世界中对应着具体的对象。因此相对于作为绝对之"一"的太一，奴斯是"一"与"多"的结合。而灵魂则是太一流溢的第二阶段，是源于奴斯的。它是奴斯的摹本，也是实体运动的原则。灵魂不仅使动植物和人类活动，而且也驱动着整个宇宙运动。当灵魂趋向于感官与欲望时，就是趋向于物质，成为物质世界的灵魂——这乃是缘于灵魂是太一流溢的第二阶段，因此它距离上帝更远，以至于完美性进一步降低。而当灵魂趋于沉思时，它就是世界灵魂，而人的灵魂则隶属于世界灵魂。在最初，它是与上帝同在的，是完全自由的。而当它趋向于物质与肉体时，便开始了堕落，从而失去了自由，变为了罪身。因此人必须要克服肉体的欲望，转向沉思永恒的善，才能够脱离肉体的束缚，回到上帝那里。

可以看到，太一、奴斯与灵魂三大本体乃是处于一种有机的联系之中的。奴斯和灵魂源于太一、从太一中分出，是一个由完善到不完善的过程。同时，灵魂要想克服自身的不完善，就必须向上帝回归。这个架构乃是继承了柏拉图的元一、理智和灵魂的学说。这些学说后来经过奥古斯丁的改造，形成了基督教神学中举足轻重的"三位一体"论。

四、亚里士多德主义

作为柏拉图的弟子，亚里士多德的许多学说实际上是从柏拉图那里继承过来，并加上了自己的进一步改造的。这其中重要的改造包括柏拉图的"共相"论和灵魂说。首先，在柏拉图看来，"共相"是先于具体事物而存在的，亦即首先存在着事物的诸理念，然后才从这些永恒的理念之中产生了它们的摹本——诸具体事物。由于事物只是理念的摹本，因此它们都是偶然的、非实在的。亚里士多德将这种顺序倒转了过来，即认为共相并不是先在的，而是首先存在着具体的事物，而后才在我们的知觉中产生了这些事物的共相，即概念。唯有诸事物才是实在的，而概念只不过是我们思维的抽象产物，是非独立的。而在柏拉图那里魂是不朽的，是可运动的。而在亚里士多德看来，灵魂并不能作出"出入"身体的运动，而只不过为身体带来生命罢了，换言之，身体只是生物的质料，是具有生命的"可能性"，而灵魂则赋予生物以形式，而使其成为具有生命的"现实性"，灵魂与身体二者，亦即质料与形式构成了生物这种存在者，也就是实现了它们共同的目的。而当我们追问这种结合的原因时，我们就触及到了亚里士多德著名的"四因说"，即"质料因"、"形式因"、"动力因"和"目的因"。"质料"是先天地潜在着的，它要实现自己，就必须由外部作用——即"动力"为其施加以"形式"，而当这种运动完成之后，事物就实现了它的目的，即"隐德来希"($\grave{\varepsilon}\nu\tau\varepsilon\lambda\acute{\varepsilon}\chi\varepsilon\iota\alpha$)。在有机物中，这个"隐德来希"既可以看作是事物发展的最终目的，也可以看作是引导事物发展的原因。因此亚里士多德认为，与"隐德来希"同一的灵魂就是运动的原则。

亚里士多德的"共相"论和"四因说"在此后的中世纪经院哲学中带来了深远的影响。无论是"唯名论"与"实在论"之争，还是托马斯·阿奎那的"五路"都无不带有深刻的亚里士多德主义烙印。而在以后的黑格尔哲学中，我们也依然能够很清晰地看到亚里士多德主义的影子。

整个所谓的"前神学时期"实际上就可以被看作是基督教神学的预备，正是这一时期的哲学思想奠定了之后基督教神学的发展基础。如果说整部旧约是古希伯来文化的产物的话，那么新约可以说就是以古希腊思想为其基础的文本。在此影响下，后来基督教神学的构建和发展大都是基于古希腊哲学的基本观点和方法论来进行的。

第二节　中世纪神学

一、奥古斯丁

毫无疑问，在整个基督教神学史上，奥古斯丁的地位是无可取代的。这位出生于公元 354 年的北非人，不仅成为了教会史上最伟大的神学家，同时他在哲学和美学上带来的影响也是极其重大的。奥古斯丁本人深受新柏拉图主义的影响，在他的思想体系中，处处可以见到双重对立的世界观。奥氏的著述十分丰富，且涵盖了基督教神学的基本主题，这使得他的思想呈现出一种百科全书般的、系统神学式的面貌。

受新柏拉图主义的影响，奥古斯丁认为上帝乃是纯粹的、绝对的、独一的存在，其他一切存在都是由上帝而出，因此可以说上帝就是万有的泉源。在对于三位一体的论述中，奥古斯丁分外强调父、子、灵的绝对统一性和平等性。三者皆为自有永有者，没有任何一个是被造的。父不仅与子完全同等，而且父与灵的相加也不会大过子。但是，看到这里质疑者就会问，如何解释约翰福音 14:28 所说的"因为父是比我大的"、以及马太福音 12:32 的"凡说话干犯人子的、还可得赦免．惟独说话干犯圣灵的、今世来世总不得赦免"这两段经文呢？难道基督不是在这里亲口承认自己是小于父与灵的么？奥古斯丁答道，一方面，子在神性上与父同等，而在人性上要小于父；另一方面，由于基督甘愿取了奴仆的形象，以自谦的方式来使自己次于父与灵，因此从这个形象来说是比父和灵要小的。但是，按上帝的形象讲，他却是与父和灵"原为一"的。因此，我们不能在认识中把父、子、灵分割开来，而是要把他们作为一个统一的整体来看待：

> 三位一体也都是在单数上被称作一而非复数的三；故而父是上
> 帝，子是上帝，圣灵是上帝；父善，子善，圣灵善；父全能，子全
> 能，圣灵全能；存在的却非三个上帝，或三个善者，或三个全能者，

而是一个上帝，又善又全能，即三位一体本身。[2]

奥古斯丁的另一个重要论题则是自由意志。在他看来，由于上帝本身是善的，因此他的一切创造就其本性而言也都是善的，这样看来，因为人的自由意志也出自上帝的创造，因此它本身也是善的。奥古斯丁把"善"分为三个等级，即"大善"——包括德性、真理、智慧等、"小善"——肉体的快乐、以及"中等之善"——自由意志。自由意志本是一种美好的恩赐和能力，它本应能促使人去追求"大善"，去追求德性和幸福的生活，但是由于人滥用了这种恩赐，转而让自己趋向"小善"，趋向了欲望与罪恶，因此而产生了堕落。换言之，人支配着自己的自由意志选择了恶，而不是善，从而承担了堕落和死亡的后果。因此，堕落并非出于上帝的本意，而完全是人自己的责任。这样看来，上帝赐人以自由意志，又对于人的堕落进行审判和惩罚，不是出于他的不公，而是恰好显出了上帝的善与公义来。"如果人类没有自由意志，奖惩都会是不义的了。但是奖惩之中恰恰有正义，既然这是从上帝而来的善，因此，上帝赋予人自由意志是正当的。"[3]

在奥古斯丁成为基督徒之前，他曾经长期信奉摩尼教，因此摩尼教的二元论也影响了奥古斯丁后来的神正论[4]。由于上帝作为至善，在他的创造之中不可能会产生恶，那么，这个世界的恶是从哪里来的呢？奥古斯丁认为，一方面罪恶是人滥用自由意志的结果；另一方面，罪恶的存在也完全不会有损于上帝的至善与完全，恶只是善的一种缺失，就好像较暗的光线之于耀眼的光芒一样。恶非但没有损毁上帝的完美，反而彰显出了上帝完全的公义来——没有罪恶，善与美又如何能够体现出来呢？

此外，奥古斯丁的末世论也是非常著名的。他于公元 426 年左右完成了自己生平最重要的著作——《上帝之城》，在其中奥氏以二元论的方式阐述了自己的世界观和末世论。奥古斯丁写道，在这个世界上存在着两个国度，即世俗之城和上帝之城。世俗之城以该隐为代表，在其中生活的人只爱自己并贪爱尘世的、肉欲的生活；而上帝之城则以亚伯为代表，其中的人全心全意

---

2 【古罗马】奥古斯丁：《论三位一体》，周伟驰译，上海人民出版社，2005 年，第217 页。

3 【古罗马】奥古斯丁：《论自由意志：奥古斯丁对话录二篇》，成官泯译，上海人民出版社，2010 年，第100 页。

4 神正论："神正论"一词是莱布尼茨所提出的概念，它所探讨的对象是存在于上帝的绝对良善与世间之恶之间的悖论。

地爱着上帝，并盼望着他的再临。世俗之城包括巴比伦和罗马等世俗诸国，虽然在其中还存在着一些相对的善，但它最终都是要在末世走向灭亡的。而上帝之城就是那些有形的教会，在其中生活着的圣徒会最终得救并且同耶稣一同掌权，上帝之城终将成为这个世界唯一的国度。

奥古斯丁的神学思想，自其诞生之日起就产生了重要的影响，"他的理论是一切谈及西方教会事物的基础"[5]，后来也成为宗教改革家们与古典哲学家们的思想导师，黑格尔就是其中之一，直到今天，他也依旧是现代神学家们的灵感泉源。因此，说奥古斯丁就是基督教神学史上最重要的奠基者，是一点也不为过的。

二、托马斯·阿奎那

如果说奥古斯丁为基督教神学打下了坚实的基础的话，那么托马斯·阿奎那则是整个基督教神学史上的集大成者，他的《神学大全》、《反异教大全》等著作至今都还是脍炙人口的鸿篇巨制，在 1879 年，时任教皇利奥三世宣布将阿奎那的著作列为当今神学教育的基本教材，足见其重要性和影响力。在阿奎那看来，我们获取知识的途径有两个：理性与启示，理性可以帮助我们取得许多知识，但这些知识是不全面的，必须要通过启示来加以扩展。而启示的来源就是上帝的话语——圣经，但是，对于圣经的理解，则必须依靠教会的解释。由启示所得到的真理是理性无法取得的，但是理性与启示并不互相矛盾，理性能够证明那些对于启示的反对是有失偏颇的；而启示也不会否定理性，而是充实后者。

阿奎那最为著名的论点是他关于上帝存在的"五路"证明。受亚里士多德的影响，阿奎那拒绝安瑟伦式的本体论证明，他认为本体论作为一种证明是无效的，而坚持要在现实世界中寻找证明的方法，而这种方法，就是结合了亚里士多德主义与新柏拉图主义的宇宙论证明，阿奎那的演绎如下：

1. 不动的第一动者：世间万物都处于发展运动中，但所有的运动都有一个原因，那就是有一个力量在背后推动着它，而这个推动的力量背后又必然存在着一个推动力。如此推导，就回到了一个"不动的第一动者"那里，亦即万物运动的终极动因，这个动因就是上帝。阿奎那的这一论点几乎是直接照搬了亚里士多德的"动力因"说。

---

5 【德】保罗·蒂利希：《基督教思想史》，尹大贻译，香港：道风书社，2004 年，第 164 页。

2. 万物的终极原因：世界上存在着的每一样事物都必然有一个产生它的原因，而这个原因必然不会是它们自己，因为在有限世界并不存在着"自因"的东西。这样，我们就可以从一个结果推到一个原因，再把这个原因作为结果推到前一个原因，如此重复，就可以得出结论说，一定有一个最初的、终极的原因，它是所有原因之原因，同时也是自己的原因。当然，"这个原因不是时间意义上的，而首先是在尊严的意义上最初的"[6]。因此这个自因的、终极的原因就是上帝。

3. 偶然性背后的必然性：我们知道，一切可见的事物都是处于不断的发展变化之中，并没有一个完全固定的形态，而事物的终局则是走向消亡。因此，没有任何事物是必然存在着的，而都是作为偶然的在者。但是，在每一个偶然者的背后都有一个必然者支撑着它的存在，而那个终极的、绝对的必然者就是上帝，上帝作为绝对的必然性支撑着世间的一切偶然存在。

4. 最终的目的因：世间的一切存在都有其目的，在无理性的事物那里，它们发展的目的就是为了达到更佳的状态，而人类的目的则更加多种多样。但是，在每一个目的实现之后，我们就就会追问这个实现了的目的又是为了什么目的，由此推之，一定有一个最初的目的所在，正是它设定了所有事物朝着自己的目的发展。这个最初的目的就是上帝。这个论点也显然来自于亚里士多德的"目的因"。

5. 不完善者背后的完善者：在世间万物的存在者中，每种事物的完善程度是不一样的，一种事物会比另一种事物更美好、更完全。这也就是说，在世界上存在着完善的等级性，由此可推知，一定存在着一个绝对完善者，作为一切较完善者的根据和原因，通过它我们可以区别出完善性的多少。而这个绝对完善者就是上帝。

托马斯·阿奎那对于经院哲学、甚至整个基督教神学的贡献毋庸置疑，在他的推动下，经院哲学发展到了顶峰。但是，他的一些观点也造成了一定的负面影响，譬如他的"补赎论"，即认为人可以通过善功和苦行在一定程度上"抵消"自己的罪行，以避免未来炼狱的惩罚，而教会则有权柄宣布赦免他的罪。这种观点形成了后来教会的赦罪制度，它使得教会逐渐走向了权力膨胀和内部腐化，并导致了人们的道德滑坡，这也为后来的宗教改革埋下了伏笔。

---

6 【德】保罗·蒂利希：《基督教思想史》，尹大贻译，香港：道风书社，2004年，第272页。

三、艾克哈特大师

当人们逐渐离开了经院哲学的理性思辨，而到神秘主义那里去寻求答案时，德意志的艾克哈特大师就成为了时代的一个标志。这位神秘主义者的代表试图将抽象的经院哲学概念同信仰中的感性内容结合起来。艾克哈特强调，上帝与存在原为一，上帝就是存有本身。但是上帝作为存有并非静止不动的，他本身乃是处在一个动态的发展之中的。在这个基础上，艾克哈特展开了他的三位一体论：上帝是本质和原则，而他的神性则是一切存在的根据。首先，在上帝自身那里，他的存有既不是被产生的，同时也不产生任何存有；其次，上帝是作为一个将自身转化为客体的过程，也就是产生自己的客观存在——逻各斯或圣子；再次，上帝表现为自我生育的能力，亦即作为圣灵创造其他的存在物。因此，三位一体的基础就是"上帝向前发展和回归到他自身。上帝重新认识他自己，上帝重新看到他自己。这就构成逻各斯。上帝是在原型（Archetype）意义上的在上帝之中"[7]。艾克哈特进一步指出，上帝作为创造者，赋予一切事物以本质，包括圣子和被造物，上帝产生圣子和创造世界乃是同一回事，而这种本质就是位于神性底层的上帝之话语，它是万物的原型。因此，上帝不仅给予自身以存有，也给予万物以存有。这样，一切的受造物，包括人，只有将自我与造物主的永恒实在联系起来时，他才能获得真正的实在性。而人向着上帝的回归就是灵魂上的回归，这种回归之所以是可能的，乃是因为在灵魂之中有一种"闪光"（spark），后者并非被造物，而是圣子在每个灵魂中的存在方式，正是圣子的这种先在的普遍存在才构成基督救赎的基础。那么，如何真正实现灵魂的回归呢？艾克哈特答道，上帝必须要使自己出生在灵魂之中，将自己异化为作为个体的人；而人则要从自己和一切被造物中摆脱出来，从而使灵魂从它自身的有限性中分离出来。可以看到，艾克哈特的这些观点，尤其是他对于上帝存有的辩证发展的阐述，是相当接近于后来黑格尔的神学思想的，并且事实上在黑格尔的许多学说那里，艾克哈特的影子是极其明显的。

---

7 【德】保罗·蒂利希：《基督教思想史》，尹大贻译，香港：道风书社，2004 年，第 280 页。

第三节　宗教改革时期神学

一、马丁·路德

路德对于罗马天主教的改革始于他对于神人关系的重构，亦即天主教所建立的那种在上帝与人之间的客观的、量化的、相对的关系。客观的，意味着这种关系的考量不是从个体出发的；量化的，意味着这种关系的质量和内涵不受到重视；相对的，意味着这种关系是受到其他外在条件所左右的，不是绝对的。我们知道，人在信仰中追求的终极目的是永恒的幸福，亦即最终进入天国享受永生。罗马天主教认为实现这个目的的手段就是圣礼，在圣礼中，上帝的恩典降临下来，而人则通过善功——尤其是善功数量的保证——和遵守律法来获得这种恩典。但是，没有人能够完全地确定他是否能够得救，因为无人能够完美地实行善功和完全地遵守律法，正如圣经所说："没有义人，连一个也没有"【罗 3：10】路德认为，在天主教所倡导的那些善功、禁欲和修道生活中，信徒是无法真正获取得救的确定性的，而问题的根源就在于这种神人关系的客观化、量化和相对化。因为人对于上帝的关系是一种完全个人的关系，是"I and thou"的关系，在这种关系之中是不应当存在任何的中介的。当一个人接受了上帝的话语，亦即接受了圣经的教导，这种关系就建立起来了。在这种关系中，一方面人在他的心灵中接受了上帝，另一方面上帝也接纳了这个人作为他的儿女，这种个人的关系就是信仰。这样的关系"不是一个人可以相信在某物之中的信仰，而是接受一个人被接纳的事实。这是质量的，而不是数量的……同样，这是无条件的，而不是有条件的"[8]。因此，信徒的罪得赦免与得救永生，并不是依靠善功或者律法，更不是依靠教会及其圣礼，而是完全取决于信徒对于神恩的接纳和上帝对于信徒的接纳。神恩只有一种，就是人与上帝的重新结合。只要这种结合是确定的，那么人的得救就是确定的。

既然上帝与人之间的中介被取消掉了，那么接下来对于教会和教皇的批判就顺理成章了。根据人与上帝重新结合的原则，赎罪券和补赎礼的存在就是完全没有必要的了。圣礼归根结底只是一种形式，而上帝所真正看重的则是我们悔罪的态度。在批判了圣礼之后，路德随之将矛头对准教皇。根据天

8　【德】保罗·蒂利希：《基督教思想史》，尹大贻译，香港：道风书社，2004 年，第 313-314 页。

主教传统，教皇是上帝在人间的代表，手握神权，他的话语是永无谬误的。路德指出，基督教信仰的真正标准在于福音的信息，而教皇不过是人，大公会议也是由人组成的，人都是会犯错误的，因此教皇和教会都难免犯错。另外，教皇只有行政上的权力而没有神权，因为神权只属于上帝，教皇对于神权的要求就是一种敌基督的表现。路德又进而对律法主义进行了批判。在教士那里，苦行和禁欲是他们所追求的道德生活，但在路德看来，这些行动并不是对律法的真正满足，因为人们在这样的生活当中是很难带着快乐的意愿去践行的，这些生活只会成为不必要的重担。而事实上，只有爱的律法，亦即爱上帝、爱自己和爱邻舍才是真正的满足，只有在爱中我们才能得着快乐和上帝的喜悦。在此基础上，路德提出了"唯独信仰"的口号，它意味着，我们都是罪人，在罪中我们不能行任何的善事，更无法通过自己的善功来得救。我能作的唯一善事就是"上帝宣称我是善的，如果我接受这个神的宣告，那就会有一种被改变了的实在，从中会产生伦理行为"[9]。一切外在的行为都是徒劳的，唯有信仰才能使人脱离罪恶，成为义人，这就是路德著名的宣言："因信称义"。他援引了罗马书10章4节的经文："律法的总结就是基督，使凡信他的都得着义"，宣称这种称义完全是基督的功劳，并且"只有信可使人称义，这一个里面的人就显然不能因什么外表的行为或其他方法得称为义，得自由，得救。行为，不论其性质如何，与里面的人没有关系。反之，只有心里的不敬虔与不信才叫人有罪，叫人成为可咒可诅的罪的奴仆；并不关系外表的行为"[10]。信仰不是我们对于教义的接受，而是接受一种恩典的力量，并且通过这种力量来接受教义，并行出上帝所喜悦的事功。只有对于信的拒绝，也就是不信才能够否定这样的力量。

路德所提出的另一个著名原则则是"唯独圣经"。在路德看来，圣经的每一个字都是受到上帝的启示、并由圣灵默示作者所写下的——当然，这种写作并非逐字逐句的抄录。圣经所承载的是上帝之道，它与基督以外的事物是毫不相干的。因此对于信徒而言，一切真理的标准都取决于圣经。而按照"唯独圣经"的原则，圣经的经文必须要具有历史上的意义，这样它才能产生具

---

9 【德】保罗·蒂利希：《基督教思想史》，尹大贻译，香港：道风书社，2004年，第321页。

10 【德】马丁·路德：《马丁·路德文选》，马丁·路德翻译小组译，北京：中国社会科学出版社，2003年，第5页。

有真理性的教义。因此，我们必须要抛弃那些教父的传统主义，尤其是所谓的寓意解经法。路德所倡导的是"以经解经"，亦即用一段经文来解释另一段经文，在路德看来，所有的释经原则都必须除自圣经本身，一旦释经的方法或依据跳出了圣经之外，其所诠释出的内容也就失去了权威性。在对于圣经的理解上，路德认为我们是不能以自己的理性为标准来判断经文的真理性的。但是，我们同时也应当运用理性来帮助理解。

此外，路德还谈到了罪与信仰的关系。他指出，真正的罪就是不信，因为只有在信仰中人才能获得正义和不犯罪的自由，而当一个人离开上帝时，他就陷入罪中了。因此，罪本身没有轻重大小之分，也没有所谓的可赦免和不可赦免之罪。罪的基础就是失去了上帝的爱，而只要活在对上帝的信仰之中，人就可以得到赦免并远离一切的罪。这种信仰就是对于上帝的完全接受，并怀抱有他所赐下的恩典——单纯的接受就是一切。通过接受上帝，我们就能脱离罪的强制力，并且作出好的行为来，一切的善功都是信仰的自然结果。

路德的上帝论也极具启发性。在他看来，上帝是高于一切的存在，没有比上帝更小的东西，同时也不会有比上帝更大的东西。上帝的存在是不可言说的，他完全超越我们的感知和想象。上帝无处不在，他同时存在于万有之中、万有之上和万有之外。上帝是全能的，这意味着他能够在所有的时间和空间中行动，能够完成在一切事物中的一切活动。上帝隐藏在被造物的背后，被造物可以被视为上帝的面具。自然界的一切秩序和人类历史的进程都是上帝在其中做工，所有人的行动其实都是出于上帝的支配，上帝甚至也会在魔鬼的力量中起作用。对于人而言，如果他自身是正直的，那么上帝就是正直的上帝；在纯洁的人那里，上帝就是纯洁的上帝；而对于一个恶人来说，上帝就是恶的。基督徒对于上帝的跟随，就是参与他的一切事工，亦即与上帝同钉十字架、同受苦难、一同复活并同享荣耀。

路德还重新阐述了道成肉身的涵义。他将道成肉身分为四个不同的阶段。第一个阶段是内在的道，也就是居于上帝之内的永恒圣子。这个内在的道在上帝之中是他的自我显现，但是在人的心中却是隐藏着的。在第二个阶段，上帝的道则是显现出来的道，亦即化身为耶稣基督的道。在这个阶段，上帝化身为可知的肉身，也就是成为历史中的实在。在第三个阶段，上帝的道表现为说出的道，也就是圣经中的话语，它是源于先知、使徒和耶稣的言语，并被启示给世人。不过路德同时也强调，上帝的道绝不仅仅只限于圣经之中。

最后，上帝的道体现在教会的讲道中。在后面我们将会看到，路德的这些观点是与黑格尔的上帝论十分接近的。此外，路德还十分强调上帝在道成肉身中的微小，亦即上帝出于对人的爱和怜悯，使自己在基督中显为小的，这种微小乃是上帝的自我限制与自我谦卑的结果。但是，上帝的全能恰恰就显现在这种微小之中，在表面上看来这是一种悖论，但这个悖论却却真正彰显出了上帝的伟大与荣耀。

此外，路德还阐述了教会与国家的关系原则。他首先将教会区分为可见的教会和不可见的教会。可见的教会即有形的教会，一个个具体存在着的教会。而不可见的教会是一种属灵的教会，或者说是隐藏在灵里面的教会，它是信仰的对象。而可见的教会被路德视为不可见教会的一种扭曲了的实现，因为它总是存在着这样或那样的缺陷。而信徒应当追求的，就是那个不可见的、属灵的教会，因为只有它才是一个真正理想的、纯洁的对象，并且也是可见教会应当追求的目标。路德进一步指出，真正的教会是应当取消教阶制的，也就是取消掉教皇和主教在行政上的权力。教会的管理权应当交予牧师，而行政大权则应由君王和政府来掌管。君王就是世俗世界的最高主教，他不能对教会的内部事务进行干涉，但却必须对教会的行政作全面的统领，因为他的权力是由上帝所赐予的，每一位基督徒都应当要顺从君王的权柄。路德在这里也指出了"君权神授"在神学上的合理性。他认为上帝同时进行着爱的工作和"异样"的工作，前者是指恩典的赐予，而后者则是相对于爱和怜悯的惩戒，它是通过国家的强制力实现的。虽然这种工作包含着暴力与专制，但它却是必须的，因为这种手段是被用来抵挡恶人的攻击，它是对爱的工作的维护和成全。路德进而得出结论说，暴力反对君主的革命是不可取的，这也使得他随后公开反对闵采尔所领导的农民暴动。这就是路德的教会论，也是他著名的国家实证主义学说，它后来同样也对黑格尔产生了深刻的影响。但是，这种观点在后来则被解读为一种保守主义，更有甚者将它归为后来纳粹主义产生的理论根源，当然，这样的指责是有失公允的。

尽管后世的评价褒贬不一，但无论如何，路德都是宗教改革的旗帜性人物，他不仅为改革奠定了完全的理论基础，同时也在实践上大大地推动了改革的进程。在路德的努力下，一个崭新的教派——改革宗被建立了起来，尽管建立一个新教派并非出于路德的原意，但时代前进的脚步到了这里已无法逆转。而也正是路德宗在德国的兴起，才为后来黑格尔神学思想的出现奠定了基础。

二、加尔文

在路德于德国进行宗教改革的同时，邻近的瑞士也出现了另一位重要的改革家，这就是约翰·加尔文。加尔文认为上帝的崇高性乃是基督教神学的中心，它是同人的苦难紧紧联系在一起的，这就是说，我们只能通过自己的苦难来了解上帝的崇高，并在此基础上反过来真正地理解自身的苦难。上帝对于人来说，是既令人畏惧又令人向往的，我们无法直接地接近了解到他，因为他具有彻底的超越性，而这一点也正好构成上帝区别于别神的特质。由于上帝本身是不可理解的，因此我们必须要透过象征来观照他。在象征之中，人们一定要通过心灵的沉思和生存性的参与来了解上帝，否则就很容易陷入偶像崇拜。加尔文认为这种偶像崇拜是宗教中一个不可避免的因素，即便在基督教中也是如此，他甚至将整个宗教史都斥之为偶像崇拜的历史。加尔文进一步指出，人不仅无法完全真实地认识到上帝，他对于自己的认识也是不真实的，他对于自我的存在的意识总是一种自己制造出来的幻想。因此，人必须要回到上帝那里，将自我的生存交在上帝的爱中。

加尔文另一个著名的观点是他的预定论。同之前奥古斯丁和路德的预定论有所区别的是，加尔文是把预定论同他的护佑论结合在一起进行论述的。他指出，世界的一切运转都依赖于上帝，上帝是世界永恒的持守者，他对自己的创造物始终进行着一种特别的护佑和维持。这也就是说，上帝在完成创世之后并不就此袖手旁观，而是始终置身于世界之中不断地活动着，以自己的力量推动着万事万物的运转。在这里，加尔文也面临着神正论上的难题，既然上帝主宰着世界的一切活动，那么不就可以说世间的恶也是从上帝那里来的了吗？加尔文对此解释道，首先，自然的恶是源于自然界的被歪曲；其次，恶也是那些被拣选的人回到上帝那里的必经之路；最后，恶乃是实现上帝神圣性的途径，亦即他通过对恶人的惩罚和被拣选之人的拯救来彰显他的神圣性。这样看来，上帝乃是特意创造了一批恶人，他惩罚其中的一些人，同时也拯救另一些人，这里的惩罚和拯救都是为着彰显出上帝自己的权柄和荣耀来。因此，整个世界就是实现上帝荣耀的剧场，因着荣耀的缘故，上帝产生了恶。而当我们明白了自己是出于上帝的护佑之下时，我们就能够摆脱一切的忧虑和惧怕。加尔文随后将他的预定论结合了进来，他将预定视作上帝护佑的逻辑意义和最终实现。在信仰中我们常常都会面临这样的问题：为什么不是所有的人都能够接受福音并且得救呢？为什么历史上很多人根本就

无法接触到福音呢？加尔文指出，预定乃是上帝永恒的命令，我们每个人的结局都是被这个永恒命令所决定了的。这意味着，每个人的命运都是不尽相同的，有的人注定要被拣选得救，而另一些人则注定会承受永恒的谴责。这样的情形，我们是不能去加以评判，或者要求上帝说明缘由的，因为这完全是由上帝自己的意志所决定的，而上帝的意志则是超越我们的理性的。对于上帝这样的意志，无论我们是否觉得满意，都只能予以无条件的、完全的接受，而不是用其他的标准去衡量它。由于上帝之意志的绝对性，没有任何东西是能够对其左右的。加尔文的这种预定论不能不说是十分"残酷"和恐怖的，而他自己实际上也意识到了这一点，因此后来他又补充道，尽管上帝的意志决定一切，但是个人的得救或沉沦的直接原因还是人的自由意志。但是，接下来的问题就是，我们如何确知自己是否是真正得救的，我们被拣选的保证在哪里？加尔文认为，"首要的和最具决定性的标准是在人的信仰活动中与上帝的内在关系。因此，有对上帝的祈祷和对人的高尚水平的要求。这些全是一些标志"[11]。事实上，加尔文极少谈到上帝的爱，他认为基督徒的生活就是应当用来成全上帝的律法，而且是一种积极向上的伦理生活，这种伦理生活一方面追求朴素和纯洁，另一方面则通过劳动而获得酬劳。这种观念后来逐渐形成了一种资本主义社会的生活态度，亦即个人将自己在道德上的修养和经济上的成功视为自己被拣选的标志。它后来在马克斯·韦伯那里得到了更进一步的发挥，形成了其著名的"资本主义精神"。

和路德一样，加尔文也阐述了国家和教会的关系。加尔文接受了路德关于可见教会和不可见教会的区分，不过在他看来，不可见教会是由那些已经被预定的人所组成，而可见教会则是有缺陷的，但它却是人们通往上帝的必经之路。因此教会的任务就是要用讲道和圣礼来塑造信徒，好叫他们能够进入到不可见的教会中，亦即真正地得救。在教会中，神律的统治者应当是普遍的平信徒，而上帝的律法则应当作为国家之律法的基础，国家要运用自己的权力来对上帝的律法进行维护，同时也要致力于捍卫教会的纯正性。因此，加尔文实际上是将国家置于教会的权力之下的。同时，加尔文也声称当国家的统治者违背了自然法时，下级的官员们就应该发起革命，对后者进行反抗，这种观点比路德是要进步很多的。

---

11 【德】保罗·蒂利希：《基督教思想史》，尹大贻译，香港：道风书社，2004年，第360页。

在路德们的推动下，一场轰轰烈烈的宗教改革运动发展了起来，并如燎原之火一样很快燃遍了欧洲大陆，在德国、瑞士、英国、法国和北欧，一个又一个的改革派不断地兴起，新教的诞生已成为定局。而在罗马天主教会这边，尽管教廷对这些新兴的力量进行了不遗余力的抵抗，但终究无法挡住历史车轮前进的步伐，教廷的权力因此一落千丈，再也无法成为那高悬在各国君主头上的达摩克利斯之剑。同时，这些外在的力量也反过来促使天主教内部对自身进行反思和改造，并重新开始重视那些它早已淡忘的传教事业。另外，宗教改革也成为了时代的转折点，从政治上来看，欧洲从此开始进入了资本主义社会。而从思想上来看，理性主义和启蒙运动则开始兴起，并逐渐构成了对于基督教神学的威胁和挑战。

第四节　启蒙运动时期哲学与神学

启蒙运动被视作是从古代向着现代过渡的转型期，不同于以往的是，它几乎是不可逆转地改变了信仰在社会中的地位。如果说"前神学时期"是基督教神学理论上的预备期，教父时期是神学的捍卫期，中世纪是神学的繁荣期，宗教改革时期是神学的"正本清源"期的话，那么启蒙运动时期则是一个巨大的转折期，它扭转了神学和哲学的关系，后者再不复为前者的"婢女"，而前者则被迫到新的领域中去寻求自身的发展。

和中世纪经院哲学一样，启蒙时期的近代哲学也主要包含了两大派别，即理性主义和经验主义。理性主义是一种态度，它要求以理性而非启示或权威作为真理的标准，就连信仰也是必须要合乎理性的。理性主义认为真正的知识或真理是符合数学的模型的，至于它们的来源则有两种不同的观点，一种观点认为真理是先验地存在于我们的理智之中的，也就是与生俱来的；第二种观点认为人的头脑原本是白板一块，没有任何与生俱来的东西，唯有凭借着知觉和经验才能够获得知识。理性主义主要盛行于欧洲大陆，代表有笛卡尔、斯宾诺莎和莱布尼茨等。经验主义与理性主义有着许多相似的观点，不过它认为我们只有通过感性和经验才能够获取知识，而理性的作用是微乎其微的。此外，尽管经验主义者认为具有真理性的知识乃是绝对确实的知识，但他们却并不认为我们能够获得这样的知识。经验主义主要流行于英国，代表包括培根、贝克莱、休谟、洛克等。

实际上，启蒙运动在很大程度上是由宗教改革运动所推波助澜的。在前面我们看到，宗教改革的一大特色就是否定教会的决断和权威，要求个体在信仰上的自由与解放。启蒙运动的思想家们承袭了这一观点，不过他们进一步认为，既然教会无权取代个体在信仰上的决断，每个人都能够依靠自己的理性来理解教义，那么整个神学的传统教义实际上就不再适应时代的要求，因为其中很多的东西都无法通过理性的检验，而只能依靠教会权威性的解释。这样一来，启示的权威性和决断性就交到了理性的手中，在此情形下，笛卡尔们只能在"我思"中去寻找上帝存在的根据。于是，人取代了上帝成为了世界的中心，人的地位和能力都被大大地抬高，上帝反而转化为了人类社会中某种辅助性的力量。如此一来，"神就从天上至高之处——也正是哥特式教堂尖顶所指之处——移驾到人世间了"[12]。

众所周知，在启蒙运动中，最重要的原则就是理性。在阿奎那的时代，理性能力被用来作为信仰的辅助，它的地位是无法与启示相比的。但是到了启蒙运动时期，理性的地位发生了扭转，它被认为是人类最重要的能力，能够被用来认识宇宙及其规律和秩序。而宇宙之所以是可以被认识的，是因为它具有一种客观合理性。通过理性上的认识，人们就可以了解到自然法则，并进而对世界进行改造和利用。因此，启蒙运动的第二个原则就是自然。启蒙思想家们声称，造物主在设计宇宙时安排了许多的自然法则，使宇宙能够按照这些法则来运转。而人类的使命就是要去探索这些自然法则，好让自身能够与后者和谐相处，适应自然的本性。既然人是依靠自己的智慧去探索自然的，那么"自治"就成为了启蒙运动的第三个法则。自治意味着，人们不再服从于外在的权威性，不再需要从教会或教义之中去寻找信仰或行动的标准，而是依靠自身的理性和智慧。换言之，人要做自己的主人，主体意志高过一切。除了自然法则和道德伦理，我们不需要再服从任何外在的力量。在启蒙思想家们看来，整个宇宙是处于永恒的和谐与圆满之中的，存在于其中的真理也是一个和谐的整体，因此，人类也能够依靠理性的能力来使自身与宇宙实现和谐的相处。这就是启蒙运动的第四个原则——和谐。既然宇宙是处于和谐有序的运转之中的，那么人类只要凭借理性的力量，并加以适当的方法，就能够正确地认识宇宙及其规律，并掌握真理。而这些真理又可以被

---

12 【美】葛伦斯．奥尔森:《二十世纪神学评介》，刘良淑等译，上海：上海三联书店，2014年，第7页。

用来改造世界，并改变自己的生活，这样看来，人类社会的发展方向就是昂扬向上的、充满光明和希望的。这就是启蒙运动的最后一个原则——进步。

从这些原则中可以看到，尽管启蒙运动并没有直接否定上帝或教会，但后者原本的权威性却遭到了前所未有的质疑，并且被迫从许多的领域中渐渐退了出来。于是，世间的一切都必须要服从于理性的原则，就连宗教也不例外。尽管上帝依然被认为是存在的，但此"上帝"已远非彼"上帝"，亦即他只是被认为是世界的设计者和创造者，但是却在创造工作完成之后便不再干涉世界的运行，因为他已把世界完全交给了自己为其设计的规律。这样，上帝和神学就把广阔的空间从自身内让了出来，留给了主体自身。如果说中世纪的权威是大公教会，宗教改革运动的权威是圣经的话，那么个体精神和理性就成为了启蒙运动的权威。当个体精神在宗教改革中得到了解放之后，它的地位在启蒙运动中又得以进一步地提高，主体开始被视为一种潜力无限的存在，它被认为能够运用自身的智慧和理性的能力在现世构建一个美好的天堂，而彼时科学技术的空前发展也进一步提高了人们的自信。这样的一个现实天堂，正是迅速兴起的资产阶级社会所需要的。在这样的情形下，主体认为自己不再需要那些"过时"的教导，也不再甘于服从他律的指引，而主张要凡事依靠自己，要到自身之中去寻求自我的存在依据，亦即自律原则。

在启蒙运动的推动下，许多传统的观念遭到了前所未有的质疑，比如启示、原罪、地狱、神恩等。整个世界不再被视为一个罪人沉沦于其间的场所、一个终将要废去的存在，而是一个蕴含着无限可能性的奇妙被造物，最重要的是，人们惊奇地发现它是可以被控制和驾驭的，通过主体智慧的利用和改造，它就可以成为一个取之不竭的宝藏。在这样的认识下，"一切生活的边界线概念都被抛弃了，因为它们打乱了人与现实之间关系上的计算活动和控制活动"[13]。因此，凡是那些有可能会对这种计算活动和控制活动产生妨碍的东西，都必须要予以抛弃。于是，原罪、地狱、神恩这样的东西就成为了多余的，只有主体自身的能力才是根本的。这样，价值体系的重构就成为了时代的要求，而其中最为重要的还是道德伦理。

---

13 【德】保罗·蒂利希：《基督教思想史》，尹大贻译，香港：道风书社，2004 年，第 446 页。

第五节　黑格尔的预备：从康德、费希特、谢林到施莱尔马赫

　　伊曼纽尔·康德是德国古典哲学的开创者，也是启蒙运动的突破者。他将自己的认识论称为哲学界的"哥白尼式的革命"。康德同意经验主义的认识论，即一切的知识都源于经验，我们只能够认识外在的现象，而对于内在的本体或"物自体"无从而知。不过，康德认为我们的知识不仅仅是来源于感觉经验，也同样是来自理智中认知结构，后者乃是固有的、作为一种"审查官"式的存在。这就是说，我们首先通过感官从外在世界获取最初的材料，然后再通过内在于理智中的认知结构进行筛选、加工和重组，使之成为我们的知识。如果有什么材料无法在结构中得到消化和重构的话，那么它们就是不适合于我们的经验的，将会被抛弃掉。这些理智的认知结构被康德称之为"范畴"，在我们的头脑中，一共存在着十二个这样的范畴，它们可以分为四组，即量的范畴——单一性、多数性、全体性；质的范畴——实在性、否定性、限制性；关系的范畴——依存性与自存性（实体与偶性）、原因性与从属性（原因和结果）、协同性（主动与受动之间的交互作用）；模态的范畴——可能性—不可能性、存有—非有、必然性—偶然性。以上这四组十二个范畴就是"知性先天地包含于自身中的一切本源的纯粹综合概念的一览表，知性也只是因为这一点而是一种纯粹的知性；因为它只有通过这些概念才能在直观杂多上理解某物"[14]。在其中，时间与空间是一对最基本的范畴，康德认为我们的认识只有在时间和空间的范畴中才会有效，虽然可能会有一些事物存在于时空之外，但我们的理智能力是无法企及的。这样，诸如"物自体"这样的超验存在就被悬置起来了。但是，康德却并未像休谟那样完全关闭了通向超越性世界的大门，他为关于上帝的讨论开辟了另一个世界，这就是道德的王国。

　　在康德看来，人类不仅是作为经验的、理性的存在，同时还是作为道德性的存在。在伦理的王国中，诸如意志自由、道德自律、幸福等，必须要依靠一种超验的力量才能得到保障，这就是上帝或宗教。我们的理性引导我们认识到道德的普遍法则，而宗教则能够促使我们主动服从于这样的法则。在

14　【德】康德：《纯粹理性批判》，邓晓芒译，北京：人民出版社，2009 年，第 72 页。

纯粹理性中，宗教中的诸命题，如上帝存在、灵魂不朽等是无法论证的，因为它们都陷入了二律背反的泥淖。但是，在实践理性中，我们却必须承认这些命题的真实性，否则道德就失去了其最基本也是最终极的保障。人类根据普遍性的道德律决定自身的行动，而理性则是道德判断的原则，因此遵守道德律也就是遵从理性。不过纯粹理性却无法成为道德的基础和终极保障，这样，在实践中预设一些超越性的立场就是必要的。康德坚信，一定存在着"至善"这种东西，来作为诸善无条件的普遍性实底。在至善中包含着德性与幸福两个方面，德性虽然是高尚的，但却并不完全，唯有以幸福作为回报或结果的德性才是完满的善。因此，我们必须要预设至善、上帝存在和灵魂不朽，上帝是赏善惩恶的最高法官，是幸福的给予者；而灵魂不朽则使得人们可以享受永恒的幸福。因此，尽管这些命题在纯粹理性那里是无效的，但是它们"作为对客观上（实践上）必要的东西的促进手段，也是在道德意图中一条认其为真的准则的根据，也就是一个纯粹实践的理性信仰"[15]。

　　因此，康德对于上帝存在的维护，就纯粹是出于一种道德方面的要求。这样，当康德在论述基督教时，他实际上就是在论述一种纯道德意义上所建构起来的基督教。上帝之所以创造人类，是因为他希望出现一种完美的道德载体；耶稣作为人子来到世间为我们受苦殉难，乃是为了至善的实现；在圣经的记载中所体现出的，无不是道德上的追求。因此，基督教作为一种真正的宗教，应该是一种理性的纯粹宗教，一种建基于道德之上的宗教，通过信仰基督教，那普遍存在于我们之中的"根本的恶"就能够得到克服。因此基督教信仰的真理性就在于，它"与我们追求至善的道德意向和谐一致，也被后者理性地要求着。因为我们具有道德倾向……道德信仰预设鼓励我们去信仰的是我们的道德意向，而不是关于一个用奖励和惩处决定我们服从道德命令的上帝的知识"[16]。同样地，我们的信仰生活就是对于罪的克服和对于善的追求，让道德原则真正地进入我们的本性。当一个人真正实现了道德生活时，他就得到了赦免的恩典。这样一来，康德就通过对于纯粹理性和实践理性的区分，并将信仰纳入实践理性的范畴，来化解启蒙运动以来理性与信仰的冲突。当信仰完全退居于道德的王国中时，科学就再也无法构成强大的威胁了。

---

15 【德】康德：《实践理性批判》，邓晓芒译，北京：人民出版社，2010年，第199页。

16 【美】艾伦·伍德：《康德的理性神学》，邱文元译，北京：商务印书馆，2014年，第15页。

费希特是与康德同时代的德国哲学家，他的思想深受康德的影响，并对后者的学说进行了进一步的改造和发挥。费希特反对康德关于物自体的说法，在他看来，康德一方面将认识局限在有限世界之内，另一方面又承认超验的物自体的存在，这是自相矛盾的。物本身没有自我意识，它们只会受到机械因果律的制约和作用，一切存在着的且为我们认识到的物，都是"为我"而存在的，换言之，讨论那种超越于我们经验之外的东西是没有任何意义的。如果说在贝克莱那里，存在就是被感知的话，那么在费希特这里，不可知就等于不存在。因此，像物自体这样的东西是不可能存在的，物与意识是牢不可分的。费希特把"自我设定自己"看作是认识论的第一原则，这个原理是不证自明的，就像 A=A 一样。这里的"自我"指的是纯粹的、一般的意识活动，是先于一切经验的先验、一切的外在存在的，也可以叫做"绝对自我"，绝对自我是无法认识的，但是它却是产生一切意识的前提，因此也可以说绝对自我就是它的（意识）活动本身。第二个原则是"自我设定非我"，即-A≠A，它强调的是自我的对立面或否定性。而第三个原则则是"自我在自我之中对设一个可分割的非我以与可分割的自我相对立"[17]，即-A+A=X，它强调的是自我与非我实际上是统一的，这第三个原则乃是前两个原则的统一，亦即肯定与否定的统一。这样，认识论的三个原则实际上就是正题—反题—合题的三段式关系，在后面我们将会看到，这种三段式在黑格尔的哲学中扮演着极其重要的角色。按照这三条原则，自我首先设定自身，亦即主体，它是完全自由的，不受到任何规定性的限制。其次，由于自我就是它的活动，因此它必须要向前发展，这样，自我就设定出它的对立面，即非我。自我设定非我为它的对立面，实际上也就是它设定出自身的存在，并在此基础上进行反思。这种设定同时也是自我对于自身的限制，亦即设定自身的规定性。自我通过这样的活动中就获得了自我意识，也就是在它的否定性中来将自己作为自身的对象，并意识到自身的存在。最后，由于非我是由自我所设定的，而非我又反过来对自我进行限制，因此二者实际上就是相互之约的。这样，"自我在自我之中对设一个可分割的非我以与可分割的自我相对立"[18]，就使得自

---

17 【德】费希特：《全部知识学的基础》，王玖兴译，北京：商务印书馆，1986 年，第 27 页。

18 【德】费希特：《全部知识学的基础》，王玖兴译，北京：商务印书馆，1986 年，第 27 页。

我和非我统一了起来，统一在了绝对自我之中。由于费希特把自我看作是主体与客体的同一，因此这个过程实际上就是自我意识主动地分化自身，亦即分化出主体与客体的对立。这样，那些原本内在于我的东西就变成了外在的客体，我的知觉就变成了可知觉的物体。因此，在这里费希特就同霍布斯达成了共识，即外在之物的一切属性并非是属于物体本身，而是由我们的意识所赋予的。更确切地讲，是我们的想象力"创造"了诸物的性质。费希特把这种想象能力称为创造性的想象力，它是我们关于事物之表象的成因。自我首先通过对于自身活动的反思产生感觉，然后对感觉进行反思产生直观，亦即对于感觉本身的认知；对于直观的结果进行反思，就产生了想象力，经过想象力的活动，我们就构建出了关于外部世界的表象；而对于想象力的反思产生了知性，对于知性的反思则产生判断力；当这种意识活动发展到顶点时，理性就诞生了。在理性那里，自我发现一切的客体不是别的，就是它自身，一切认识活动的根据都在于它自身那里，它对于客体的意识实际上就是对于自我的意识。这样，自我就把一切的外在规定性——也就是它的对立面——扬弃掉了，自我由此回到了自身，并获得了真正的自由。通过对于自我的设定，费希特就建立起了一套独特的客观唯心主义学说，一切外在的经验对象都被纳入了主体的内在之中，而所谓的客观存在的物质世界实际上就被悬置和消解掉了。费希特所建立的这套客观唯心主义体系，以及他在其中对于三段式和辩证法的运用，对于随后的黑格尔产生了极其重要的影响。在后面的内容中我们将会看到，黑格尔的整个哲学体系几乎都是建立在这种三段式的方法论上的。

　　弗里德里希·谢林深受新唯心主义和浪漫主义的影响，对于费希特的学说，谢林也表现出了同样的兴趣，当他还在神学院学习时就开始了对于费希特哲学的研究。谢林继承了费希特的观点，即绝对自我是一切存在的终极原因和一切知识的最终根据，它是无条件的、自由的。不过，与费希特不一样的是，谢林认为这个绝对自我是可以被经验和认识的，他在绝对自我之外加上了一个经验的自我，前者是无限的、永恒的；而后者是有限的自我，作为个体的自我，它不断地趋向于绝对自我。谢林同时也把存在分为两个部分，即精神世界和自然界，前者隶属于先验哲学，而后者隶属于自然哲学。二者是彼此关联着的，精神就是不可见的自然，自然就是可见的精神。客观的自然世界是由绝对自我所设定的，并且，自然却不像费希特所认为的那样是一

种异在于意识的、机械的、死寂一般的存在，而是具有理性和目的性的，因为它就是精神的自我展开，而这也正是它能够被我们的理智所认识的原因。作为可见的精神，自然界是不断向上演化和发展的，这种发展是自由的，因为它具有理性和意志力，它在发展中努力将自我实现为一个有机的整体。在谢林看来，整个宇宙的发展就表现为一个由最低级、最基础的无机界到最高级的生命的过程，也是一个从无意识到有意识的阶段，而作为有自我意识的生命体，人就是这个发展的最高顶点。以上就是谢林的自然哲学。而当绝对自我进入了人的阶段时，它就结束了自己客观化的旅程，而进入了主观化的阶段，也就是精神哲学阶段。这一阶段所关注的是人的主体意识的自我发展过程，这个过程包含三个阶段，即"从原始感觉到创造性的直观"、"从创造性直观到反思"和"从反思到绝对意志活动"。通过这个过程，主体意识就从最低级的感觉发展到了最高级的意志和理性。同时，这也是一个由个体到普遍的过程，作为个体的意识最后被统一起来，成为普遍的、集体的意志，以获得真正的自由。有意思的是，谢林把艺术看作是精神的最高阶段，因为在他看来，艺术不仅是精神对于自自身的完全观照，同时也是主体与客体、自由与必然、精神与自然的统一——因为它是同时作为这二者的产物。因此，绝对自我就在艺术结束了它漫长的自我发展历程，并真正地回到了自身。谢林对此总结道：

> 这就是自我意识发展史的一些不可更改的、对一切知识都确定不移的阶段，它们在经验里以一个连续的阶序为标志，这个阶序从单纯的质料开始，到机体为止，以及从机体开始，经过理性和任性，到艺术里的自由与必然的最高统一为止，都是能够指明和连贯起来的。[19]

总的来说，谢林的学说是对于费希特的进一步发展，并且在他这里，客观唯心主义被大大地细化和深化了，甚至还加入了神秘主义的因素。整个谢林哲学实际上就可以被看作是一部理性化的神学发展史。当我们稍后进入黑格尔哲学时，将会发现这二者之间竟然存在着惊人的相似，正如鲍姆加特纳所指出的那样，谢林所开创的这套客观唯心主义方法论，"对于黑格尔的《精

---

19 【德】谢林：《先验唯心论体系》，石泉译，北京：商务印书馆，1983 年，第 281-282 页。

神现象学》具有范式的意义"[20]。

在正式进入黑格尔哲学之前，让我们来看看最后一位对黑格尔产生直接影响的哲学家，同时也是黑格尔在柏林大学的同事，这就是施莱尔马赫。与十八、十九世纪的其他思想家相比，施莱尔马赫具有更加浓厚的宗教感情，他本人也是一位新教的神学家兼牧师。施莱尔马赫深受浪漫主义的影响，可以说正是浪漫主义在某种程度上造就了他的学说。与同时代的两位巨人——康德和黑格尔相比，施莱尔马赫既没有选择将神学退缩到实践理性领域，也没有将思辩理性作为神学的武器，而是以个体的经验作为神学的王国。在施莱尔马赫看来，宗教信仰就是个人的"感觉"，这种"感觉"是不包含任何的理性和思维成分的，它是属于人性中不可或缺的本质之一。宗教情感是一种普遍存在于每个人心中的感觉，也是一种可以被称之为"敬虔"的东西，并且这种情感是超自然的，它"以最本色的方式描绘一个人对他（所信的）宗教的意识……谁没有在这里和那里以最生动的信念，感觉到有一种神圣的精神驱使着他，并使他从神圣的灵感来说话和行动，那他就没有宗教"[21]更确切地讲，宗教情感就是人类在面对自我的有限、人生的虚空时，在心灵的深处与作为无限者的上帝的相遇，并且对后者所产生的一种绝对的依赖感。因此，人类对于上帝的信仰，并不需要理性层面的证明和支持，而只是在他正确地直面自我的有限时，由本质的情感所驱动着他趋向那无限的神圣者，并使自己的生命与后者联系起来。基于这样的主张，施莱尔马赫认为宗教信仰的王国不仅独立于科学和道德，并且其地位也是与后两者同样重要的。而神学的教义和学说则是敬虔的一种语言上的表达。施莱尔马赫进而声称，在基督教信仰中，信徒的敬虔就是使自己的生命同耶稣基督相联合，完全地信赖基督的救赎之功，并借此与上帝实现合一。并且，由于耶稣亲自化身为人，经验了人类的生存境况，因此他就能够成为人与上帝之间最好、最恒久的桥梁。因此，施莱尔马赫认为基督教神学并非一套理论体系，而是关于信仰者实实在在的信仰经验。基督教就是诸宗教之间最完美的信仰。不过，施莱尔马赫却拒绝接受关于基督的神人二性论，认为这两种属性是无法统一在一起的，

20 叶秀山主编：《西方哲学史（学术版）》（第六卷），北京：人民出版社，2011年，第390页。

21 【德】施莱尔马赫：《论宗教》，邓安庆译，北京：人民出版社，2011年，第69页。

而认为耶稣就是纯粹的人，只不过他生来就拥有对于上帝的完美知觉，明白自己是依存于上帝的，这种完美知觉就是所谓神性的表现，而他的救赎就是将他对上帝的这种知觉"复制"到其他人的身上。施莱尔马赫的这种观点很快引起了极大的争论，以至于他被诟病为泛神论者或无神论者，他将信仰定位于个人知觉上的做法，实际上就使得信仰陷入了个人主义和自由主义，正如后来巴特所指出的那样，施莱尔马赫的学说将基督教转变为了以人为中心的信仰，这对于信仰本身是存在着不小的危险的。

第二章　黑格尔哲学体系

第一节　黑格尔哲学简介

　　在介绍完"前黑格尔神学"的内容之后，下面我们就正式进入黑格尔思想本身来进行研究。众所周知，黑格尔的思想被称作客观唯心主义，简单地讲，黑格尔就是以精神性的实体为其基础来展开自己的哲学的。这种精神性的实体或实在，就是黑格尔哲学的基点。不过，一方面，实在并不是一成不变的，而是始终处于动态的发展过程；另一方面，一切的实在都是符合理性的，能够放在逻辑中进行分析。这就是我们通常所提到的黑格尔的著名论断：一切存在的，都是合理的。值得注意的是，这种"合理"并不是褒义性的"合法"，而是合乎理性。因此他的原话乃是"凡是合乎理性的东西都是现实的，凡是现实的东西都是合乎理性的。"[1]无论是宇宙、自然还是历史，它们的发展都是符合理性、且可以用理性加以认识的。从这个意义上我们可以看到，在黑格尔的哲学中，从一开始就已经潜藏了一种"万物有灵"的观念。亦即，与后来的存在主义哲学相比，黑格尔眼中的世界并不是一个僵化的、偶然的、单纯作为现象存在的世界，而是一个活生生的、有秩序的、有着支配者在其中的世界。因此在他看来，哲学的任务就是"如实地认识自然和整个经验世界，研究和理解其中的理性。"[2]世间的一切都处于不断的流变之中，并且这

1　【德】黑格尔：《法哲学原理》，范扬，张企泰译，北京：商务印书馆，2014 年，第 11 页。

2　【美】梯利：《西方哲学史》，葛力译，北京：商务印书馆，2009 年，第 507 页。

种流变是一种始终向前的运动。同亚里士多德一样，黑格尔认为任何事物都要从它的抽象状态中把自己实现出来，即从初始的、纯粹自我同一的状态中发展出来，最终实现为具体的存在。而黑格尔哲学的基本原理就体现在这种发展的过程中，我们将会在下文详细展现这个过程。

作为古典哲学的集大成者，黑格尔的整个哲学体系看上去纷繁浩大，无所不包，如同一栋庞大的建筑。但实际上，这个庞大的建筑却是处于一种有机的联系之中的，换句话说，黑格尔哲学的每一种理论，都是构建这个建筑不可或缺的一部分，它们彼此间是处在一种牢固的、有机的联系之中的，而将这些部分有机的串联起来的，就是整个黑格尔哲学的核心灵魂，同时也是黑格尔神学思想的核心灵魂，这就是我们在这篇论著中将要着重谈论的东西——精神（Geist）。在接下来的分析中我们将会看到，精神不仅是那贯穿于整个黑格尔哲学体系中的线索，同时也是凝结在这个体系之中的"世界灵魂"，黑格尔所谈到的任何一种现象，无论是作为物质存在的宇宙、自然、人体，还是作为文化存在的历史、艺术、宗教，都无不是精神在其发展过程所呈现出的结果。

第二节　黑格尔的哲学体系

黑格尔一生著述颇丰，他的第一本重要著作便是《精神现象学》。后来他又陆续出版了《哲学全书》，其中包括《逻辑哲学》（即《小逻辑》）、《自然哲学》和《精神哲学》，这是他集大成的代表作。此外比较重要的著作还包括《美学》、《法哲学原理》、《逻辑学》（大逻辑）、《哲学史讲演录》、《历史哲学》、《宗教哲学讲演录》等。这些汗牛充栋的著作虽然看似庞杂，但正如上文所言，它们彼此间乃是处在一种有机的联系之中的。实际上，黑格尔的《哲学全书》就已经囊括了他要谈论的所有方面，即逻辑哲学——探讨存在本身、自然哲学——探讨自然界的存在、精神哲学——探讨精神本身。可以说，逻辑哲学、自然哲学和精神哲学就是黑格尔哲学的全部。而事实上，《大逻辑》就是逻辑哲学的详细展开；而《精神现象学》其实就是精神哲学中的主观精神的前期"预演"；至于《法哲学原理》中所谈到的法律、道德、社会和国家，《美学》（即艺术哲学）中所谈论的艺术现象，以及《宗教哲学》中所谈论的宗教，则分别是精神哲学中的客观精神和主观精神的详细展开。而他的逻辑哲学、自然哲学和精神哲学这三大方面，实际上就是彼此承接的三个环节，是处于

一种由低到高的发展过程之中的。而在这三个环节中，又分别存在着不同的具体环节。接下来，就让我们具体来看一看它们之中的这些具体环节，以及它们的发展逻辑。

一、逻辑哲学

逻辑哲学是黑格尔哲学的第一部分，也是"绝对精神"发展的第一阶段。在这一阶段中，"绝对精神"表现为纯粹的抽象概念，在逻辑的阶段，"绝对精神"的发展就是从一个概念进展到另一个概念。亦即，在这一阶段，全部的运动就是纯粹概念内部的运动。因此反过来我们也可以说，在这里我们乃是用概念的方式考察绝对精神本身。

"逻辑哲学"阶段包含三个环节，即存在、本质和概念。存在是绝对精神的最初始环节，是固守在自身之中的、还未作任何发展的环节。一切的要素与规定性都蕴含于存在之中，然而却是浑然一体的、完全单纯而抽象的。因此在这一阶段，我们无法对其进行任何言说或认定。存在包括着质、量、尺度三个环节。"质"是存在的内在规定性，它决定着存在之性质。而"量"则是存在的外在规定性，是它的外在形式。而当质与量合而为一时，就成为了"度"，作为质与量的统一，"度"就是有质的定量。当度在发展中扬弃了自身的直接性，就进入了它的概念，并过渡为了本质。

同"存在"一样，"本质"也包含着三个环节，即自我反思的本质、现象和现实。在自我反思的阶段，本质通过在自身中映现他物来认识自身，亦即将自身作为自我的中介。由于本质必然要将自我表现出来，因此它就要走出自身，将自我呈现为现象。由于现象是本质的体现，因此它们之中的这种关系就是存在的"现实"。"现实"就是本质和实存的统一。当现实扬弃自身的直接性时，它就进入到了"概念"阶段。

"概念"同样包含三个环节，即主观性、客观性与理念。主观性是在自身之内的概念，客观性则是主观性的外化表现，而理念则是主观性与客观性的统一，即概念真正认识到了自身、返回到了自身，成为了充足的概念。当精神在理念那里认识到自身时，逻辑哲学就发展到了它的最高阶段——绝对理念。绝对理念就是理念对自身绝对的知，是绝对的真理："唯有绝对理念是有，是不消逝的生命、自知的真理并且是全部真理。"[3] 作为与自我相统一的理

3　【德】黑格尔：《逻辑学》（下），杨一之译.北京：商务印书馆，2010 年，第 529 页。

念，就是直观，而直观着的理念就是自然。这样，绝对精神的发展就从逻辑哲学阶段发展到了自然哲学阶段。

二、自然哲学

在黑格尔看来，自然乃是理念自我外化的结果，是理念的形式表现。这种认识基本符合柏拉图的"理念论"，亦即理念就是自然的本原，构成它的永恒内核或范型，而自然不过是理念的外在表现。因此，理念就外在或异在于理念，并构成它的外在否定性。同时，这种外在的否定性也构成了自然的规定性。自然哲学作为绝对精神发展的第二阶段，就是绝对精神以（外在的）自然的形式呈现自身的发展阶段。这一阶段同样也包含着三个环节，即力学、物理学和有机物理学。

在"力学"阶段，物体与物体之间只有量的区别而无质的区别，它们都外在于彼此。"力学"包含三个环节：空间和时间、有限力学和绝对力学。诸物质首先是存在于空间与时间之中，通过空间与时间来表现自身。在这个阶段，我们还是孤立地、抽象地认识着诸物质，但实际上物质是具有其规定性的，这些规定性就体现在"有限力学"，即物质的运动之中的。这里的运动其实就是最基本的物质属性，包括惯性、碰撞与自由落体，作为物质的外在表现，运动是与物质不可分割的。但此时诸物质及其运动都还是处于彼此孤立的状态，因此我们就要在"绝对力学"中来整体性地考察物质。在这里我们发现诸物质其实是处在相互关联之中的，在它们之中存在着普遍的规定性。因此考察就从力学阶段进入到了物理学阶段。

在物理学中，诸物体不再是有量而无质，而表现出了质的区别，亦即它们在自身中得到了规定，具有了个体性。在这一阶段，我们所考察的是作为个体的具体物质，它包含三个阶段，即"普遍个体性物理学"、"特殊个体性物理学"，以及"总体个体性物理学"。在"普遍个体性物理学"阶段，物体开始具有了质的规定，这些质最初是直接的、彼此外在的、独立的。在"特殊个体性物理学"阶段，诸物质开始具有了个体性，亦即具有了内在的规定性，如比重、内聚性等。同时，物质的规定性从空间向时间转化，物质的特性由物理性向化学性转化。但是此时诸个体之间还是互不相关、彼此外在的。它们都还是有限的物体，是分散的个体，还没有获得真正的统一性，换言之，诸物质的个体性构成了它们之间的差异性。而当物质认识到了这种差异性，

意识到自己与他物之间存在着联系时，就开始进入到了"总体个体性物理学"阶段。在这个阶段，诸个体认识到它们之间是相互联系和相互作用的，即在磁学、电学和化学过程之中联结在一起。然而，"它们又都还未把这种相互作用看做一个高于个体的统一性"[4]，亦即一方面，诸个体在内在概念的组织下联系在一起，另一方面这种组织还无法在外部偶然性面前保持自己，会随着个体的变化和消亡而瓦解。因此个体性就必须扬弃自己，也是否定自己的有限性，并向着自身回归。因此，它就成为了一种"充实的总体，并且作为与自身相关的、否定的统一性，本质上已成为自我的、主观的总体。"[5]这样一来，理念就实现了它的现实存在，获得了生命的形态。于是自然哲学就进入了第三个阶段——有机物理学。

　　"有机物理学"阶段包含三个环节，即"地质自然界"、"植物有机体"和"动物有机体"。在一开始，生命只是作为直接的理念存在，作为一种普遍性的形式或普遍映像，乃是外在于自身的。因此它首先就作为"地质的有机体"，也就是没有具体生命的自然界总体而存在。而当这种普遍性开始外化自身，即获得了外在的规定性时，就成发展到了"植物有机体"阶段。这个阶段就是植物界的存在，植物界乃是最初真正具有生命的东西，是主观的生命力。然而，此时具体的生命形态还只是特殊的，作为一些有机部分而各自存在着，其个体性乃是外在于自身的。只有到了"动物有机体"阶段，这些外在的差异性才得到扬弃，诸有机体是作为个别的、具体的主观性生命而存在，并统一在类属的联结中。但是，由于动物都是要走向死亡的，因此诸个体就无法在自身内保持生命的普遍性，而只能把这种普遍性想象成一种抽象的普遍性。同时，死亡也意味着个体性消融在生命力的普遍性中，因此个体性就扬弃了自身，与普遍性实现了统一。这样一来，自然界就扬弃了它外在的实在性，而回归到了概念的主观性，也就是实现了自己的真理性，实现了自己的概念。而这个概念就是与自身同一的、实现了主客观相统一的概念，也就是精神。在黑格尔看来，精神不仅是自然的真理，同时也是达到了其自为存在的理念，精神作为自为存在的概念，是以概念本身为它的对象的。因此，

4　叶秀山主编：《西方哲学史（学术版）》（第六卷），北京：人民出版社，2011年，第572页。

5　【德】黑格尔：《自然哲学》，梁志学等译，北京：商务印书馆，1986年，第364页。

绝对精神就扬弃了自然的外在存在，而回归到了精神本身。于是自然哲学就过渡到了精神哲学阶段。

三、精神哲学

在经历了逻辑哲学的内在性理念阶段、自然哲学的外在化理念阶段之后，绝对精神终于扬弃了它的对立面，回到了精神本身，这就是"精神哲学"阶段。这个阶段是绝对精神即将完全自我实现的阶段，也是它发展的最高、最后的阶段。因此可以说精神哲学就是黑格尔哲学大厦最后加盖的拱顶。但是，在精神哲学阶段，绝对精神并不是立刻就完成自我实现的，它仅仅是刚刚克服了自己外化的实在形式，在它的面前依然存在着一段向着纯粹自我回归的历程，依然需要扬弃一切存留着的个别性和有限性。因此精神哲学就分为三个环节，即主观精神、客观精神与绝对精神。

在一开始，精神是自为存在的理念，即主观精神。由于人一方面具有肉身性，亦即自然性，另一方面又具有灵魂，亦即精神性，因此人的精神就构成了自然阶段与精神阶段的桥梁，是自然与精神的统一。于是，精神的第一阶段——主观精神就体现为人的精神，或曰人之灵魂。"主观精神"包含三个环节，即人类学、精神现象学和心理学。"人类学"的对象就是"自在的或直接的；这样它就是灵魂或自然精神"。[6] 在"人类学"阶段，精神还是处于自身之内的、未发展的、自为存在的精神，具有抽象的普遍性。也就是表现为具有普遍性的灵魂。这种灵魂由最初抽象的自然灵魂经由感觉灵魂最终过形成了具体的现实灵魂，也就是普遍的人类灵魂。人类灵魂是自由的、可自我反思的灵魂。当灵魂获得了外在的表象，也就是它的外部规定性时，就进入了"精神现象学"阶段。"精神现象学"的对象乃是"意识"，也就是精神在人之经验中所表现出的形式。"意识"从最初的一般意识经由一系列的自我分化，经由"自我意识"最终发展为了"理性"。理性是意识与自我意识的统一，是自在自为存在着的真理。而这种真理就是"概念的主观性和它的客观性与普遍性的简单的同一"[7]，是进行着知的真理，也就是精神。到了这里，精神终于开始回到它的自身之内。然而此时的精神还只是作为抽象普遍性的真理，即灵魂与意识的统一。因此这最初的精神就是心理学所考察的对象。在"心

6　【德】黑格尔：《精神哲学》，杨祖陶译，北京：人民出版社，2012年，第33页。
7　【德】黑格尔：《精神哲学》，杨祖陶译，北京：人民出版社，2012年，第236页。

理学"阶段，"精神"从"理论精神"经由"实践精神"发展为"自由精神"。"自由精神"即自由意志，它的规定性就是自由本身，是以精神自身为其对象的。而由自由精神所发展出的形式，就是"客观精神"。

"客观精神"乃是自在存在着的绝对理念。由于主观精神要实现自己，就将自我外化，而成为他在的客观精神。客观精神的表现包括"法"、"道德"和"伦理"。"法"是直接的、单独的个人意志，亦即作为私有制的抽象的法。此时的法作为个人意志，乃是通过私人对于财产的占有而实现的。而当意志扬弃了这种对于外部存在的占有，而将自己的自由实现于主体内心时，就成为了具有普遍性的"道德"，它是主观意志的法。道德是自由在主体的内心之中的实现。当它试图寻求客观的规定性时，就过渡到了"伦理"。伦理不仅是全人类的普遍规定性，同时也是自由真正实现于其中的环节。伦理作为实体存在，实现在家庭、市民社会和国家之中。"世界历史"是客观精神发展的最高阶段，是个人自由意志的真正实现。它扬弃了家庭、社会和国家的外在规定性，化身为实体性的民族精神。然而，此时的精神依然具有外在规定性，因此它就要进一步扬弃这种限制，而过渡到绝对精神。

"绝对精神"是主观精神与客观精神的统一，它的对象就是自己，一切的规定性与目的性都在于它自身之内。"绝对精神"阶段是精神发展的最后阶段，也是精神在自身内认识自我、表现自我，并将自我实现为概念的阶段。此阶段分为"艺术"、"宗教"和"哲学"三个阶段。在艺术阶段，绝对精神是以感性的外观来展现和认识自己；在宗教阶段，绝对精神克服了感性的外在性，而以象征性的表象思维来展现和认识自己；而到了哲学阶段，绝对精神就完全扬弃了一切表象性，而以纯粹的思维，亦即概念来展现和认识自身。这个阶段实际上就是对应《精神现象学》中的"绝对知识"阶段。在这里，绝对精神终于扬弃了一切的外在性，回到了它自身之内，并将自身把握为概念，成为自在自为的存在，并完全实现了主观与客观、内容与形式的统一，将自身呈现为绝对知识或绝对真理。在哲学阶段，绝对精神结束了它漫长的运动，终于回到了它自己的家园中。而这个自在存在着的、活生生的、自知自晓着的、囊括一切的、作为绝对真理的绝对精神，亦是知道自己为绝对精神的精神，这就是上帝本身。

以上就是黑格尔哲学体系的概观。从这个庞大的结构中我们可以看到，整个世界的历史就是精神自我演化、自我展现的历史。无论是抽象的思维概

念，是实在的自然形态，还是人类文明的一切形态——历史、艺术、伦理等，都不过是精神在自我发展的历程中所呈现出来的阶段性表象。这一切的过渡性存在都处在不断的生成和被否定的流变之中，其中的每一项都是其前者的结果与其后者的开端。按照托马斯·阿奎那的说法，这些事物的存在都只是"可能性"的存在，都是随着时间的变化而处于不断生成和消亡之中的。而支撑着这些可能性存在的，则是在它们背后的那个"必然性"存在，亦即那个拥有着存在之必然性的、永恒存在着的上帝。因此从这个角度上来看，黑格尔与阿奎那的思想是一致的。然而在黑格尔那里，没有什么东西是固定不变的，就连上帝也不例外。尽管同其他的事物相比，上帝本身的存在是永恒的，但是他也要不断地分化自身、返回到自身和认识自身。上帝是自知着的上帝，自知是上帝的必然活动，而这种自知就需要他分化自己，创造出自己的异己存在，再将这种异己纳入自身。换句话说，正是缘于上帝自知的必然性，上帝要符合于自身、与自身同一的必然性，因此他才必然要创造这个世界，创造人类，以作为自我实现的途径。因此，无论是（自然）世界历史的展开还是人类历史的展开，都是依赖于上帝的自我发展的。或者说，它们都是上帝自我发展过程的诸种表象。黑格尔的这种理念，实际上是与基督教神学思维不可分割的，黑格尔所谈论的上帝，并不仅仅是斯宾诺莎笔下的上帝，同时也是基督教的上帝。可以这样说，黑格尔的哲学就是经过他辩证化、理性化改造了的基督教神学。在以后的分析中，我们将更清晰地看到黑格尔的这种意图。在分析中我们还可以看到，基督教神学的基本主题，包括创世、堕落、基督降生与复活，都可以在黑格尔哲学之中找到踪迹。亦即，黑格尔就是用他自己的哲学理念对基督教神学进行着再诠释。下面，我们将首先介绍黑格尔的宗教哲学，亦即他在自己的哲学体系中所直接讲论的基督教思想。

第三节　黑格尔的宗教哲学——基督教思想在黑格尔哲学中地位的发展

一、黑格尔宗教哲学综述

在黑格尔的哲学体系中，宗教哲学占据了一个相当重要的地位。黑格尔对于宗教哲学的重视，并不仅仅是出于他将宗教看作是自己哲学的一部分——他将自己的很多神学理念都放在宗教哲学中来展开。尽管黑格尔在宗教哲

学中所谈论的不仅仅是基督教，也同时探讨了许多其他的宗教体系，但是通过研读我们就可以发现，他所探讨的一切宗教话题实质上都是为着基督教服务的，在后文中我们将会很清楚地看到这一点。实际上，黑格尔对于神学话题最明显、最集中的探讨，就在于他的宗教哲学中。因此毋宁说，黑格尔的宗教哲学乃是黑格尔神学的典型代表。要真正了解黑格尔神学，一旦绕开了他的宗教哲学是无从进行的。

在卡尔·拉纳看来，宗教哲学所关注的对象乃是"从人这一方面所达到的关于人与上帝、与绝对者之真正关系的知识"[8]，更确切地讲，宗教哲学就是"一种基础神学的人类学，这种人类学的最终目的是对要求倾听上帝之言的律令进行论证"[9]。从本质上来看，宗教哲学乃是一种哲学而非神学，但是它却服务于神学，后者是从上帝的角度出发来看待人与上帝的关系，而它却是从人的角度出发，从人的理性与思维出发，来倾听和探析上帝之言。因此，宗教哲学的作用就是"为神学作准备者并以此而成为神学的必不可少的前提。它以科学研究的严谨性论证并确认对启示的顺从能力"[10]。

因此，尽管黑格尔并没有在纯粹神学的意义上来谈论基督教或基督教神学，但他却在自己的宗教哲学中集中地将基督教的诸主题作为关照的对象。无论是在早期的神学著作中、在《精神现象学》中、在《精神哲学》中、还是在晚期的《宗教哲学讲演录》中，他都对基督教进行了详细地探讨。这其中的原因，一方面正如我们前面在对于哲学史的回顾中所谈到的那样，无论任何时期的西方哲学都是与基督教不可分离的；另一面则是源于黑格尔个人极其深厚的宗教感情。黑格尔从小在一个敬虔的家庭中长大，父亲是一个路德宗教徒。黑格尔在图宾根大学学习期间，取得了新教的神学博士学位。后来在《哲学史讲演录》及其与友人的通信中，黑格尔都明确表示，自己从一开始就是一个坚定的路德宗信徒。尽管在一些人看来，他的学说对于基督教来说多少有些"离经叛道"，甚至谈论的只是非人格的上帝（这一点我们以后会谈到），然而不可否认的是，无论他从什么角度来谈论上帝或基督教，他对

8　【德】卡尔·拉纳：《圣言的倾听者》，朱雁冰等译，北京：生活·读书·新知三联书店，2003，第 7 页。

9　【德】卡尔·拉纳：《圣言的倾听者》，朱雁冰等译，北京：生活·读书·新知三联书店三联书店 2003 年，第 196 页。

10　【德】卡尔·拉纳：《圣言的倾听者》，朱雁冰等译，北京：生活·读书·新知三联书店三联书店 2003 年，第 197 页。

于后者的评价都是正面的、积极的，而非负面的、批判的。在黑格尔的眼中，基督教始终都是最高的、具有绝对真理性的宗教。

在 1793 年至 1796 年的三年间，即黑格尔毕业离开图宾根大学居住在瑞士伯恩的日子里，黑格尔写下了一系列探讨基督教的文章，主要包括《民众宗教和基督教》、《耶稣传》及《基督教的权威性》，在 1799 年，他又写下了《基督教的精神及命运》。后来，这些文章被收录入《黑格尔早期神学著作》（Hegels theologische Jugendschriften, 1907）之中。在这些文章中，黑格尔首次探讨了"宗教"的概念，并且将基督教作为"主观宗教"与"客观宗教"的统一。这是黑格尔最早尝试以着对基督教进行解读，只不过在此时，黑格尔还是更多地从伦理的角度来探讨的。

十年后，亦即 1806 年，黑格尔发表了其哲学生涯前期最重要的著作——《精神现象学》，这部著作也被他称作是自己哲学体系的"导言"。在《精神现象学》中，基督教被作为"宗教"的最高环节，或者说是宗教发展的最高阶段，即"天启宗教"或"绝对宗教"。在"天启宗教"那里，精神就达到了它的真实形态，即自在自为的存在状态。

在 1817 到 1830 的十多年间，黑格尔完成了他生平最重要的著作，即《哲学全书》。《哲学全书》的第三部分是《精神哲学》，这本书所谈论的内容与《精神现象学》相对应，但黑格尔在写作时却进行了重新的编排。在《精神现象学》中，内容被分为了甲、乙、丙三大版块，第一版块为"意识"，第二版块为"自我意识"而第三版块则囊括了四大部分，即"理性"、"精神"、"宗教"和"绝对知识"。而在《精神哲学》中，黑格尔不仅在内容上进行了大量的增减，还对分类进行了重新调整。正如我们前面所提到的，《精神哲学》分为了"主观精神"、"客观精神"和"绝对精神"三个方面，原来的"意识"、"自我意识"和"理性"被纳入了"主观精神"的第二个环节"精神现象学"中，而之前的"精神"则被纳入了"客观精神"部分。最后，"天启宗教"被纳入"绝对精神"的第二环节中（原来"宗教"的其他环节则被略过），而"绝对知识"则变为了"绝对精神"的第三环节。这样一来，黑格尔就更加明确地将基督教从"宗教"中凸现除来，将其作为精神发展的重要一环，是以表象的方式显现着的绝对精神。

在 1821 年至 1822 年间，也就是写作《哲学全书》的同时，黑格尔完成了《宗教哲学讲演录》。这部著作事实上源于他在柏林大学时期开设"宗教哲

学"课程时所写的讲稿。《宗教哲学讲演录》分为三个部分，即"宗教的概念"、
"既定的宗教"和"绝对宗教"。这实际上是对于《精神现象学》中"宗教"
部分的扩展。不过黑格尔依然在内容上进行了不小的调整，即一方面增设了
"宗教概念"的探讨，另一方面又将之前的"自然宗教"和"艺术宗教"纳
入了"既定宗教"中。此外，还有一部完成于 1829 年的讲稿《上帝存在之论
证讲演》，由于黑格尔在三年后突然染疾离世，这部讲稿未能由他亲自出版发
表，后来人们还是将它纳入了黑格尔著作集内。由于讲稿本身的性质，一些
学者也将它视为了《宗教哲学讲演录》的一部分。

因此，从整体上来看，基督教在黑格尔哲学中是"宗教"概念的实现阶
段，是真正的宗教。　在接下来的章节中，我们将结合黑格尔这些探讨基督教
的著作，来看看基督教在黑格尔哲学体系中的地位和作用，要知道，黑格尔
的神学思想首先是同他的宗教哲学紧密地联系在一起的。

二、黑格尔宗教哲学的发展

从黑格尔哲学的整体来看，"宗教"是精神发展的环节之一，是以表象的、
象征的方式反映着绝对精神，或者说，绝对精神在宗教里以表象的方式认识
着自身。然而，在黑格尔那里，宗教的这种地位和作用并不是一开始就具有
的。从黑格尔早期的神学著作到最后的宗教哲学讲演录，"宗教"的概念和涵
义也经过了一系列的变化。下面，我们就结合这些作品来具体展现黑格尔宗
教观的发展。

1. 早期神学著作中的宗教观

在《民众宗教和基督教》里，黑格尔在一开始就宣布了"宗教"的涵义：

宗教的概念本身内即包含宗教不仅仅是关于神的知识。关于神
的特性的知识,,以及关于人与神的关系、世界与神的关系和人的灵
魂不灭等等的知识------宗教不仅只是历史性的或者理想化的知识，
而乃是一种令我们的心灵感兴趣，并深深地影响我们的情感，和决
定我们意志的东西。[11]

在黑格尔看来，人在年幼之时就从长辈和社会的外在影响中接受了最初
的宗教情感熏陶，随着他的成长，这种情感逐渐发展为自省的、内在的信仰，

11　【德】黑格尔:《黑格尔早期神学著作》，贺麟译，上海：上海人民出版社，2012，
　　第 9 页。

并最终成为他本性的一部分。在日常的宗教生活中，人们所感受到的实际上就是这两方面的力量，即外在的理论性、教化性与内在的情感性、体悟性。针对这两个方面，黑格尔提出了"客观宗教"与"主观宗教"的概念。"客观宗教"即"'大众所信仰的宗教'，理智和记忆在这种宗教里是起作用的力量，它们寻求知识，透澈思维，并且保持或相信其所知或所思。"[12]而"主观宗教"则是那种"只表现其自身于情感和行动中"的宗教。这就是说，"客观宗教"是一种普遍性的、理论化的、作为一套信仰知识系统的存在；而"主观宗教"则主要是指个人与上帝的情感联系。这种划分颇类似于后来的宗教学家们所定义的宗教内涵，如 W.C.史密斯所提出的"累积的传统"和"信仰"。由于黑格尔把"客观宗教"只看作一种教条性的累积，一种冷冰冰的知识，因此他认为主观宗教才具有真正的价值。前者使人陷入无休止的论辩，而后者才能让人实在地获得信仰的力量。尽管在主观宗教中，也含有客观宗教的某些知识，不过它们在主观宗教中的作用是微乎其微的。换句话说，只有主观宗教才是真正的宗教：

> 当我说到宗教时，我总是完全从其中把关于神的一切科学的知识，或者毋宁说形而上学的知识、人与神以及全世界与神的关系等等的知识都抽掉了。这种仅仅为抽象论证的理智所从事寻求的知识，只是神学，而不复是宗教。[13]

这里我们不难看出黑格尔身上深刻的路德宗烙印。在此黑格尔并不是想要否定神学本身，而是认为信众所应当追求的并不是那些被天主教会所强加的经院神学教条，而是回归到个人与上帝最亲密的关系之中来。因此"宗教"——也就是主观宗教实际上就是黑格尔所认为的真实的信仰，而"神学"在这里则被等同于了客观宗教。

同时，纯粹局限在个人情感范围内的宗教乃是苍白无力的，只是单纯的迷信，因为这会使人陷入混乱无序的导向之中。因此黑格尔认为，宗教必须要具有道德教化作用，上帝的概念中必须包含着道德的概念，这样的宗教才具有真正积极的意义。因此，黑格尔强调宗教的实践作用，认为只有富有道

---

12 【德】黑格尔：《黑格尔早期神学著作》，贺麟译，上海：上海人民出版社，2012，第 11 页。

13 【德】黑格尔：《黑格尔早期神学著作》，贺麟译，上海：上海人民出版社，2012，第 13 页。

德性的宗教才不是迷信。这种观念实际上是来源于康德的影响。只不过，在康德那里只是把上帝或宗教作为道德秩序的一种外在保障，一种推演出来的、外在的必要性，而在黑格尔这里，道德性则成为了宗教的本质之一。黑格尔同意康德的说法，即道德就是一种实践理性，同时也正是这种实践理性使得宗教成为了主观宗教。在实践理性的引导下，人们服从于心中的道德律，并将这种服从作为信仰生活中的动力。这样在宗教中显现出来的道德概念，其实也就是上帝的概念。信众正是在对于上帝—道德的追求中，实现了信仰生活的价值。

另外，由于主观宗教的这种个人性、内在性，不仅会难免流于各种偏见，同时也无法将自身保持为一个稳定的、完整的信仰实体，因此它也是具有局限性的。这样，就必须对主观宗教加以改造。这种改造一方面是借助于"理智"的作用。尽管理智是属于理性的，同时也是服务于客观宗教的知识性建构的，但它却可以使得主观宗教突破单纯的个人想象，摆脱一切虚假和谬误，而获得普遍的真理性。另一方面，也需要引入仪式的辅助，仪式可以使得信仰的情感得到极大的升华，进一步拉近人与上帝之间的距离。因此仪式的目的就"在于提高献身的信念和圣洁的情绪"[14]。

通过这种"理智"与"情感"的改造，主观宗教实际上就与客观宗教合而为一，而成为了"民众的宗教"。这种宗教一方面具有建立于普遍理性之上的教义，另一方面也能够唤起内在的宗教情感，并且在社会中具有巨大的实践性意义。这种宗教是一种有生命力的信仰，一种具有普遍真理性的、自由的信仰。这种宗教就是早期黑格尔理想中的宗教。在黑格尔看来，只有通过将当下的基督教（这里主要是指的罗马天主教）改造为民众的宗教，才能够克服前者日益僵化和陈腐的现状，从而恢复它本有的生命力。真正的基督教就应当是一种民众的宗教。在之后的《耶稣传》中，黑格尔也着重突出了一位具有作为道德训导师的耶稣，一位为着崇高使命而献身的基督。这两部作品充分体现了黑格尔思想上的矛盾性：一方面，黑格尔渴求着信仰上的纯正，希望当下的世界能够实现基督所教导的那种人间的"天国"，亦即一个充满着爱与善的世界；另一方面，罗马天主教统治下的欧洲社会一千多年来却同这种理念愈行愈远，不断地走向堕落与腐化。作为一名路德宗信徒，黑格尔希

---

14 【德】黑格尔：《黑格尔早期神学著作》，贺麟译，上海：上海人民出版社，2012，第 34 页。

望通过这种"民众宗教"的改造，将基督教还原为它本该是的那种美善的、纯真的信仰状态。

2. 《精神现象学》与《精神哲学》中的宗教环节

到了《精神现象学》中，黑格尔的宗教概念得到了进一步的拓展和深化。在这里，"宗教"被作为绝对精神的第一个阶段，也是它的倒数第二个阶段。在宗教过渡为"绝对知识"后，精神的发展就到了它的顶峰。作为绝对精神的第一阶段，宗教就是绝对精神的自我意识，或者说是在宗教里精神知道自己为精神。而这种知道是以表象为手段的。因此，宗教阶段就是精神以表象的方式认识自身的过程。从"精神"的发展方式上来看，早期的诸具体宗教形态就相当于精神的意识阶段，当精神扬弃了这些有限形态之后，就成为了作为普遍性的宗教精神，亦即相当于精神的自我意识。这个过程实际上就是世界宗教的发展过程（尽管在某种程度上只是逻辑的而非历史线性的发展过程）。黑格尔把宗教的发展过程分为三个环节，即自然宗教、艺术宗教和天启宗教。实际上，"自然宗教"和"启示宗教"这样的概念并非是黑格尔所首创。早在 1666 年，C·弗兰肯斯·狄斯就在其著作中提出了"自然宗教"，意思是"被认为是为人类所共有的或者可以凭借人类的理性而获得的关于神、人以及世界的那些信仰"[15]。而在巴特勒主教于 1736 年发表的《宗教的类似，自然与启示，作为自然的构造与进程》一书中，"启示宗教"和"自然宗教"开始构成了相互对立的两个概念，分别用来表示"真宗教"（基督教）和"伪宗教"。[16]黑格尔对于宗教环节的划分，很明显地受到了这些观点的直接影响。

在自然宗教阶段，精神"认识到它自身在直接的和自然的形态下"[17]，也就是以直接的自然形态来认识或表象自身。这个阶段实际上就相当于《哲学全书》的"自然哲学"阶段。此阶段也是宗教的"意识"阶段。这一阶段的具体形态主要有波斯的拜火教、原始拜物宗教，以及古埃及的宗教。这三种宗教在逻辑上其实也是一个递进的关系。首先，波斯拜火教将白昼的光明视

---

15 【加】W·C·史密斯：《宗教的意义与终结》，董江阳译，北京：中国人民大学出版社，2009，第 41 页。

16 参见【加】W·C·史密斯：《宗教的意义与终结》，董江阳译，北京：中国人民大学出版社，2009，第 98 页。

17 【德】黑格尔：《精神现象学》（下），贺麟等译，北京：商务印书馆，2013 年，第 210 页。

为神灵，光明是一种最普遍的、非生命的自然形态，因此在这里精神只能扮演一种抽象的普遍宗教概念；其次，在原始拜物教那里，人们开始把有生命的物体——先是植物，后来是动物——作为崇拜对象，因此精神便具有了具体的、低级的生命形态；最后，到了埃及宗教那里，精神就将自己表现为"工匠"，"工匠"乃是指古埃及人以金字塔和狮身人面像等人工艺术形态表现崇拜对象。因此在这里，精神就自己主动为自己创造作为艺术作品的表象，并将这种表象作为对象来把握自身。我们看到，在"自然宗教"阶段，精神的表征由最初的无生命自然物过渡为生物，再从生物上升为艺术品。这实际上是一个精神将自己从自然的抽象混沌中逐渐独立出来、不断自我显明的过程。但是，精神此时依旧停留在自然的直接形态里，它必须要进一步地扬弃这种外在性。因此，从古埃及的宗教艺术作品开始，宗教就从"自然宗教"过渡为了"艺术宗教"。

"艺术宗教"是"宗教"的自我意识阶段。此时，人们开始将神灵的形象表现为人的形态，也就是精神自己真实的、活生生的形象。换言之，精神就以人的形式来表象和认识自身。这一阶段同样包括三个环节，即"抽象的艺术品"、"有生命的艺术品"和"精神的艺术品"。在"抽象的艺术品"阶段，人们创作的是抽象的、个别的艺术品。首先是"神像"或雕像，即将神灵塑造为直接的人的形象，这里主要是指的古希腊宗教中的诸神偶像。然而，由于神像无法充分体现艺术家的个性及其创作的过程，它就成为了一种无生命的、抽象的东西。于是神像就过渡为了"赞美歌"，赞美歌不仅扬弃了神像的外在抽象性，而且能够用语言的形式将诸信众的意识统一起来，具有了普遍性。于是精神就在赞美歌之中获得了"真正具有自我意识的特定存在"[18]。如果说神像是以静态的方式表现精神，赞美歌是以动态的方式表现精神的话。那么"崇拜"就将这二者统一了起来。在崇拜中，"自我使得它自身意识到神圣本质从其彼岸性下降到它自身"[19]，这也就是说，一方面人扬弃了一切形式的外在性，在自我意识中去观照神；另一方面神（或者神圣本质）扬弃了它非现实性的、对象性的外在，从彼岸下降到人，在人性中获得它的自我意识。

---

18 【德】黑格尔：《精神现象学》（下），贺麟等译，北京：商务印书馆，2013 年，第 231 页。

19 【德】黑格尔：《精神现象学》（下），贺麟等译，北京：商务印书馆，2013 年，第 231 页。

这样一来，神性就获得了它的现实性和生命力，并在崇拜中与人性直接地统一了起来。于是，"抽象的艺术品"就过渡为了"有生命的艺术品"。

到了这一阶段，人就直接以自身表象神灵，也就是将个人的现实性与神灵的神圣性统一在"人化"的崇拜活动中。这种统一就体现在（仍然是在古希腊宗教中）人们在祭祀活动中的狂欢，这种狂欢实际上是一种人神混杂的状态，即人扮演为肉体化的神，并在祭祀活动中被当作真正的神灵崇拜。在这里，神灵就被作为现实化了的、直接性的人的形态表象出来，精神与肉体实现了合一。但是，凡俗的人并不能等同于真正的神，因此精神就要进一步扬弃这种直接的外在性，而过渡到神性的自身之内。这样，"有生命的艺术品"就进展为了"精神的艺术品"。

"精神的艺术品"包括史诗、悲剧和喜剧，它们都是古希腊的语言艺术。之所以把它们称之为"精神的艺术品"，是因为在这里，精神已由外在的肉身性过渡为了内在的逻格斯，即语言，语言就是精神的思维形态。史诗以歌唱的方式表现普遍的神性，这种神性集中体现在史诗的主角——英雄上，在后者那里普遍的神性完全压倒了个体人性。但史诗的歌唱者乃是隐藏在他所歌唱的神性背后的，是以匿名方式存在着的；而在悲剧中，演员以戴面具的方式表现神灵，为神灵代言，传达一种正面的神性的伦理力量。而到了喜剧阶段，面具被摘去，人性反过来压倒了神性。于是，主体或自我变成了绝对本质，亦即它不再像在自然宗教阶段里的那样沉没在外在的实体中，而是凸现出来，把自己外化为了普遍性实在，因此在这里"精神便从实体的形式进展到主体的形式了"[20]。然而，这种凸现却是通过对于神性的压制实现的。因此，尽管主体在喜剧中感到快乐，但是这种快乐却是一种暂时的快乐，主体会渐渐发现它失去了神性而陷入苦恼的意识，也就是说，主体在苦恼意识的确定性中意识到了神性的消解，亦即上帝的死亡，这样，"在法权状态下伦理的世界和伦理世界的宗教就消失在喜剧的意识里"[21]，如此喜剧就成为了一种丧失的意识，在其中由于上帝的缺场而导致主体丧失了精神的力量。这样，"艺术宗教"就不得不向"天启宗教"过渡，以使主体获得新的生命。

---

20 【德】黑格尔：《精神现象学》（下），贺麟等译，北京：商务印书馆，2013 年，第 258 页。

21 【德】黑格尔：《精神现象学》（下），贺麟等译，北京：商务印书馆，2013 年，第 261 页。

而"天启宗教"就是基督教。我们将在下一章中对黑格尔的基督教概念进行详细论述。

我们知道，《精神现象学》只是黑格尔早期的哲学"导言"，到了他写作《哲学全书》时，《精神现象学》的大部分内容就被纳入了其中的"精神哲学"部分。如前文所述，"精神现象学"中的"意识"、"自我意识"和"理性"被统一在了"精神哲学"的第一个环节，即"主观精神"；而"精神"变为了"客观精神"的环节；最后，"天启宗教"和"绝对知识"则被纳入了"绝对精神"。这样的调整无疑使得精神的发展脉络显得更加清晰。因此，在《精神哲学》里，"宗教"就不再是作为从"道德"阶段的过渡，而成为了从"艺术"阶段的过渡。艺术是自然与精神的直接统一，精神在其中以幻想或表象的方式直观自身，因此精神还没有对自身进行反思，而只是单纯直接地与自身同一。由于艺术是通过摹仿来获得其自身的形式，并通过这种形式来表现艺术的理念的，因此它就要通过摹仿外在存在来获得同其理念更适宜的形式，为了更好获得这种合宜性，艺术就要在摹仿中不断地扬弃那些不合理的外在性，这个过程就是从象征型艺术、古典型艺术最后发展到浪漫型艺术。但是，理念和形式始终无法在艺术中实现完美的合一，因此，"浪漫的艺术就放弃了外在的形象中和通过美去显示神本身"[22]，而当外在性被完全扬弃之后，艺术这种作为对于绝对精神的外部直观性也就遭到了扬弃，从而过渡到了"宗教"阶段。可以看到，在《精神哲学》里，黑格尔实际上是把《精神现象学》中的自然宗教和艺术宗教纳入了艺术的环节中，在黑格尔专门探讨艺术哲学的《美学》中，可以很清楚地看到自然宗教和艺术宗教的各部分被分别拆散和重新归纳到了象征型艺术、古典型艺术和浪漫型艺术中。因此，在某种程度上，艺术也属于宗教的一部分，但是作为宗教的艺术是没有未来的，同样地，作为艺术的宗教也不是真正的宗教，真正的宗教乃是要扬弃艺术式的想象，而直接地呈现出绝对精神自身。毫无疑问，这样的呈现是无法在人那里实现的，因为人无法通过自身到达彼岸，而只有彼岸自己来到人这里。因此，实现的途径只有一条，那就是上帝亲自启示自身。这样的启示就实现在真正的宗教里，即基督教里。换言之，只有基督教才能够真实地表现出绝对精神。因此黑格尔这里的想法是与奥古斯丁一致的，即：只有能够真正认识上帝的基督教才是真正的宗教。这样，黑格尔就放弃了《精神现象学》中对于其他宗教

---

22 【德】黑格尔:《精神哲学》，杨祖陶译，北京：人民出版社，2012年，第375页。

的论述，而直接从"艺术"进展到了"启示的宗教"，也就是基督教。

3. 《宗教哲学讲演录》中的宗教观

及至到了《宗教哲学讲演录》（以下简称为《宗教哲学》）中，黑格尔终于将宗教作为了一门专业学科进行了专门的论述。在这里，黑格尔将宗教视为人们观照绝对者、把自身同绝对者联系起来的一种方式，因此，宗教的核心就是作为绝对者的上帝，并且关注人与绝对者之间的关系。而宗教对于上帝的观照，则是通过将上帝作为表象来考察的，换句话讲，宗教就是以表象的方式来认识上帝，认识作为理念或绝对者的上帝。毫无疑问，对于宗教的这种逻辑定位是同之前的《精神现象学》一致的。黑格尔认为，把上帝表象为绝对者的方法是同逻辑哲学一致的，因此这种方法实际上就休现了宗教与哲学的一致性，在其中所考察的就是一种作为哲学的宗教或作为宗教的哲学，亦即他为本书所取的标题——宗教哲学。黑格尔在这里把他的宗教哲学同经院哲学与启蒙运动时期的理神论区分了开来。在经院哲学那里，对于上帝的考察只是通过解读圣典，也就是凭借文本式理性的考察，而排除了理性的真正作用；而在理神论那里，则是借助理性把上帝规定为普遍抽象的绝对者，也就是把上帝排除在理性的认识范畴之外，但结果却使得上帝成为无可言说的对象。而在宗教哲学中，黑格尔一方面要求必须通过理性的方式认识上帝，另一方面也认为上帝并不是一个纯粹超越性的彼岸存在，而是精神本身，是可知的。因此，宗教哲学的任务就是运用哲学的方法，也就是理性的、思辩的方法来考察作为绝对精神的上帝，或者说，是通过哲学来展现上帝是如何在宗教之中认识和表现自身的。

黑格尔认为，在宗教哲学中，所考察的核心乃是上帝，以及上帝与人之间的关系，而上帝作为我们可以认识的对象，其本质实际上是合乎理性的，更具体地讲，上帝乃是"作为自在自为精神存在的理性"[23]。这种理性不仅体现在作为精神的上帝对于自身的反思中，同样也体现在我们对于上帝的认识是凭借理性实现之中的。这样，黑格尔就否定了康德将上帝排斥在理性的界限之外的做法，而要在宗教哲学中以理性的方式来考察上帝。同时，我们对于上帝的认识又是通过上帝将自身在宗教之中启示出来而实现的，因此，黑

---

23 【德】黑格尔：《宗教哲学讲演录I》，燕宏远等译，北京：人民出版社，2015 年，第 37 页。

格尔在宗教哲学中所要真正考察的宗教就是实证宗教，也就是由上帝所亲自启示而出的宗教，即基督教。

如前所述，宗教哲学包含三个环节，首先是"宗教的概念"，也就是在其宗教的普遍性中考察宗教概念；其次是"既定的宗教"，亦即在宗教的特殊性中考察具有规定性的宗教个体；最后是绝对的宗教，也就是回到自身并与自身和解的宗教。宗教哲学的这些发展环节实际上是与逻辑哲学相对应的，"宗教的概念"相当于"存在论"，即对于尚未具有规定性的神的认识；"既定的宗教"相当于"本质论"，即具有了外在规定性的、拥有形态的具体诸宗教；而在这些外在性被最终扬弃之后，宗教就回到了它自身的概念之中，成为绝对符合其概念的宗教——"绝对的宗教"，亦即基督教。由此看来，基督教是宗教发展的顶点，也是绝对"真"的宗教。

宗教哲学的第一个环节是"宗教的概念"，也就是尚未发展出自身的宗教概念。这个阶段的起点乃是神，也就是作为诸多宗教的普遍性核心。但是此时的神是尚未启示出自身的神，亦即还只是停留于其自身之内的、作为抽象普遍者的神。作为普遍者，它是绝对的、无限的、独一的存在者，是作为绝对的实体存在的。这个时候的神实际上就是泛神论意义上的神，也就是作为大而统的"一"而存在的神。在其中，神只是抽象地与自身直接等同，它还未言说自身，还没有把自己同有限者区别开来，因此神就是这个世界的全部，从神学的角度来看，这就是创世之前的上帝。由于神还没有言说自身，创造出空间和时间等外在的规定性，因此此时神既不可被认识，也还没有开始自我认识。作为精神，它就是"神圣的普遍性，是完全在其不确定的普遍性中的精神"[24]。由于神已经被预设为存在的必然性，因此人对于神的认知也就是必然的。首先，人通过感觉对神直接地认知，或者说是对于作为抽象普遍性的神之存在的直接认知。而最初的规定性就在这种知之中出现了：一方面，知意味着将人作为主体与神对立了起来，前者因此便具有了主体意识或自我意识；另一方面，这种知同时也意味着思，即在知的里面蕴含了神最初的规定性，同时也就使得人与神之间的联系产生了最初的规定性；同时，由于感觉的知将人与神联系起来，因此宗教就开始于这种联系之中。同逻辑哲学一样，诸规定性使得人与神之间的联系开始了发展，亦即人对于神的认识方式

---

24 【德】黑格尔：《宗教哲学讲演录I》，燕宏远等译，北京：人民出版社，2015年，第71页。

开始了逐渐发展。在扬弃了直接的感知后，宗教进入到了直观阶段，亦即以艺术形象来表现神。而当艺术形象被进一步扬弃之后，宗教就进入到了表象阶段，表象就是将神由外在的感性形态上升为普遍本质，并以思维的形态来把握。然而，表象只是属我的幻想，是外在于神的，因此为了触及神的本质，我们必须要扬弃这种表象。这样，人与神之间的联结就上升为了思维，亦即主体扬弃了对于神的外在的表象、扬弃了感性的不确定性，而以思维作为自我与神之间的中介，这样，上帝就呈现为思。在思维中，神被规定为意识的对象，为了与这个对象合一，主体就扬弃了自身的有限性，同时也就扬弃了自身与神的对立。这种扬弃是在崇拜中完成的。崇拜不仅是一种外在的行动，同时也是一种心灵的内在活动，崇拜活动使得主体与神在思维中实现了和解，实现了主体的自我意识与精神的和解。这样，宗教的普遍概念就得到了完成，从而进入到了"既定的宗教"阶段。

"既定的宗教"就是出现在历史之中的诸具体宗教形态，它们不仅是宗教概念的外在规定性，即实体化了的宗教概念，同时也是精神对于自我的外化，把自己实现为外在的形态。在这里，宗教的概念被视为"类"，而诸具体宗教则为"种"，因此自然宗教也就是宗教由普遍环节向特殊环节的发展阶段。这个阶段包括两个环节，即"自然宗教"和"精神个体性的宗教"。在自然宗教中，精神与外在的自然直接地合一,或者说精神被束缚在自然中。也就是说，自然被看作是神显现的形式。同时，主体的意识在其中"还是自然的、感性渴求的意识"[25]，也就是尚未自我区分的意识。自然宗教首先表现为"直接宗教"，也就是巫术。在巫术中，精神与自然被完全地混为一谈，主体在其中与作为自然的精神相联系。精神在这里被表象为作为特殊个体的、主体的感性冲动。而当意识开始把自己从自身中区分开来，也就是获得了它的规定性时，就把神表象为"绝对的威力和实体"[26]，精神就从这种规定性中把自身从直接的自然形态上升为了普遍形态，亦即具有共相的、普遍性的自然形态。在这个阶段中，宗教先后表现为中国的宗教[27]、印度的宗教和佛教，这三个环节虽

---

25 【德】黑格尔：《宗教哲学讲演录I》，燕宏远等译，北京：人民出版社，2015 年，第 187 页。

26 【德】黑格尔：《宗教哲学讲演录I》，燕宏远等译，北京：人民出版社，2015 年，第 187 页。

27 黑格尔在这里所谓的"中国宗教"其实是一种具有普遍性的中国传统信仰，也就

然并不是在时间上前后相继的，但却是符合宗教概念发展的内在逻辑顺序，亦即从直接的抽象形态开始，获得了自我的规定性，并在扬弃这种规定性之后回到自身。因此到了佛教，亦即"己内存在的宗教"那里时，一切的外在规定性、一切的特殊存在都被扬弃了[28]，于是精神开始向着纯粹的自身回归。在自然宗教的最后环节，亦即从自然宗教到"精神个体性的宗教"的中间环节，被称为"向自由的宗教过渡之阶段的自然宗教"。在这一阶段，精神尚未完全摆脱自然的束缚，但却是努力将自身从后者中挣脱出来，把自己表现为精神。这一阶段的代表性宗教就是波斯宗教（即"善或光明的宗教"）、叙利亚宗教（即"苦难的宗教"）和埃及宗教（即"谜的宗教"）。在这个过程中，精神的表象由最初的直接自然物（即波斯宗教中的白昼）逐渐过渡为具有生命的自然物（即埃及宗教中的狮身人面像）。当这个过渡的阶段完成，精神就从外在的实体形态中挣脱出来，也就是从自然中独立出来，开始获得了它的主体性和自由性。同时，存在于精神主观性中的神圣者的意识，此时也就被规定为了主观性。于是宗教就进入了"精神个体性的宗教"阶段。

在"精神个体性的宗教"阶段中，包含着三个环节，即"崇高的宗教"（即犹太教）、"美的宗教"（即希腊宗教）以及"合目的性或知性的宗教"（即罗马宗教）。在犹太教中，精神表现为抽象的"一"，也就是相当于逻辑哲学中的"存在"阶段。在其中，神圣者，也就是以色列人的上帝表现为与有限存在绝对对立的彼岸存在，亦即是作为普遍抽象的精神存在的。而到了希腊宗教中，神圣者不再与有限者割裂，而是把自己表现为人化的艺术，表现为众多的人格化的神。这样，精神就获得了它的规定性，也就是进入了"本质"的阶段。但在希腊宗教中，诸神还是作为彼此对立的个体存在的，精神还没有获得它真正的普遍性和目的性。于是希腊宗教就过渡到了罗马宗教。在罗马宗教中，尽管诸神不过是从希腊那里变换了名字，但它们却成为了权力的化身，也就是国家权力的代表。换言之，精神在罗马宗教那里就被统一在了作为集权国家的实体之中，体现为强权性的、法律化的国家政体。因此，精神在这里就获得了它的普遍性，也就是是外在的普遍性，它的目的性就体现

是对于"天"的崇拜，这种崇拜虽然并未被规定为一种具体的宗教，但却贯穿在中国整个的信仰历史中。

28 在黑格尔看来，佛教是一种本质为"空"的宗教，也就是否定一切外在性的宗教，信徒在其中所追求的乃是作为绝对虚无的存在。因此这里所描述的佛教其实是小乘佛教。

为"把严峻的、绝对的力量作为目的，并自在地是无目的"[29]。因此，作为"合目的性或知性的宗教"的罗马宗教，就是个体性宗教的概念阶段，是"崇高宗教"与"美的宗教"的统一，也就是个体宗教的完成。但是，个体在这样的统一中是没有自由可言的，它被否定于国家的强权之下。而对于精神而言，此时它不过是处于极端的外化之中，因此它就必须要进一步扬弃这种外在，而回到其自身之内寻找它的规定性。因此，"精神个体性的宗教"就被作为外在而遭到了整体性的扬弃，宗教就此进入到了"绝对宗教"阶段，也就是作为真之宗教的基督教的阶段。

　　从《民众宗教和基督教》到《宗教哲学讲演录》，我们看到黑格尔宗教哲学乃是逐渐地发展和完善的。在《民众宗教和基督教》中，宗教的辩证法表现为主观宗教—客观宗教—民众宗教；而在《精神现象学》中则表现为自然宗教—艺术宗教—绝对宗教；最后在《宗教哲学讲演录》中则发展为了宗教的概念—既定的宗教—绝对宗教。在"主观宗教—客观宗教—民众宗教"那里，黑格尔只是单纯地论述基督教，探讨它诸要素的利弊，并进而表达出黑格尔对于一种完美的基督教的理想或期待。这里宗教的辩证思想还只停留在雏形阶段，还只是基督教自身内的简单对立。而到了"自然宗教—艺术宗教—绝对宗教"被提出的时候，黑格尔已不再将目光仅仅停留在基督教之上，而是以一种宏观的视野，将基督教放入作为整体的宗教的发展流程中来考察，也就是将基督教作为了精神发展的一个阶段。同时，历史上存在着的其他的具体宗教也被纳入了进来，被作为基督教发展的铺垫来考察。这样不仅使得基督教真正成为了黑格尔哲学体系中的一个重要环节，同时也使得黑格尔关于基督教乃是最高的、真理的宗教的断言有了一个逻辑严密的论证过程。而在"宗教的概念—既定的宗教—绝对宗教"那里，宗教被作为了一个整体或一门独立的学科来进行考察。黑格尔在这里的辩证思想已经发展为了如《逻辑哲学》和《精神哲学》里的那般清晰和缜密。在其中，作为绝对宗教的基督教就是宗教概念的真正实现，是返回到自身并与自身相统一的宗教概念。因此，要真正了解黑格尔的基督教，就必须要在他的宗教哲学中、乃至整个黑格尔哲学中作宏观性的、整体性的考察。这其实也是黑格尔论述基督教的目的所在，亦即他是想要通过宗教哲学的辩证发展来最终凸现基督教的至高

29　【德】黑格尔：《宗教哲学讲演录II》，燕宏远等译，北京：人民出版社，2015年，第33页。

性和真理性。在理性主义大行其道、基督教神学不断没落的时代，其超越于普通神学家的智慧就在此显现出来了。下面，就让我们进入到黑格尔对于基督教的专章论述中，来看看他是如何维护基督教的"正统性"的。

三、黑格尔论基督教

1. 作为权威宗教的基督教

在《民众宗教和基督教》中，黑格尔曾表达过对于基督教发展现状的不满与失望，但这种失望却并没有使得青年黑格尔逐渐走向费尔巴哈那样的反宗教之路，而是希望通过哲学化的反思来为信仰的复兴寻找出路。在 1795 年写成的《基督教的权威性》中，黑格尔进一步地对这种出路进行了思考。"权威性"一词的原文为"positivität",直译为"实证性"。黑格尔使用这个词来作为基督教的属性，并不是要表达基督教至高无上的真理性，相反，他用这个词来表达那种外加于个人信仰的权威和教条，也就是《民众宗教和基督教》中所提到的"客观宗教"。而在黑格尔看来，耶稣乃是作为一个纯粹的道德训导师来到世间，并为德性而献身的。这也就是说，最本真的基督教应该是一个以道德为核心的宗教，那么，它又是如何演变为一种权威的宗教的呢？黑格尔认为，正是那些原本外在的教义、仪式和义务被人为地从信仰的附加物歪曲为了内在的核心，被外在的权威性（也就是罗马天主教会的权威性）打造为了具有普遍性的"真理"。这样一来，人们的信仰生活就遭到了本末倒置。人们不再直接地追寻上帝，追寻道德化身的耶稣，而转而去寻求那些外在的教条规范；人不再领受圣灵的直接管教，而是屈服于人为的权威性。换言之，在权威宗教中，这种人为的权威性就凌驾于了本来的道德性、自由性之上，原来那种自由的道德义务被转为了权威的命令。这样，那原本应当是作为道德宗教的基督教——亦即《民众宗教和基督教》中的"主观宗教"——就沦为了权威宗教。

在这种权威宗教的作用下，基督教的本质在极大的程度上遭到了扭曲。耶稣的道德教训被上升为了普遍义务，并且教会凭借其权威性完全掌握了对于这些教训的解释权。这样，一方面基督教里的那些美好的精神，如财产公用、人格平等等，完全成为了空谈；另一方面，教会的意志逐渐上升为国家的意志，于是信仰的个人义务变为了国家的普遍强制命令，信仰层面的活动与世俗生活完全混为一谈，道德的传播使命变为了统治者的扩张欲。因此，

在权威宗教的作用下，教会不再是作为信仰载体的教会，国家也不再是担负世俗责任的国家，纯粹的道德性在其中统统消失了，剩下的只是彼此纠缠不清的、神权与俗权混杂的教会与国家。在这样的局面下，才会出现马丁·路德等人进行宗教改革，来试图打破这样的困境。我们知道，基督教信仰的本质，其实就在于上帝同个人之间的立约。而天主教会的做法实际上是将自身横断在了上帝跟人之间，亦即试图代替上帝来同人们进行强制性的"立约"。因此黑格尔认为，新教最可贵的原则，就在于"把契约建立在它（新教教会）所有的成员的意见一致上面，还在于不需要任何人订立这样的教会契约。"[30]但是，即便是在新教的教会中，也依然会有人把自己或教会的权威看得大过他人。所以在黑格尔看来，绝不应当人为地在信仰之上附加任何社会契约的东西，这种社会契约只能是作为公民的个体同国家之间的关系，而这种契约的义务在信仰之中只能是个人对于上帝的义务，亦即个人对上帝的服从。人对于上帝的这种服从是合乎道德目的，且是合乎理性的，因为人是通过理性的理解而服从于上帝。而权威宗教恰恰违反了理性这种的自由——尽管在某种程度上它也可以利用理性来证明自身的合理性。因此，理性必须要在自身中实现自己，也就是排除一切外在的权威性或强制性，回到由理性所支配的道德律中，使个体服从于此道德律的义务之下，而这也正是基督教真正应当具有的精神。

黑格尔在 1799 年写成的《基督教的精神及命运》一文，基本上是作为对《基督教的权威性》的续论出现的。由于基督教的基础是犹太教，因此黑格尔首先分析了犹太教的精神。在黑格尔看来，犹太教是缺乏精神的自由性的，在《旧约》中的上帝，其所表现出来的形象多是一个严厉的管教者，亦即以律法原则来统治人类的权威者。而旧约时代的以色列人同上帝的联系就在于这种律法之上，严格服从便有祝福，如有违反则遭致惩戒。尤其是从摩西的时代开始，犹太民族便一直处于这种权威的管教之中，主体无法成为自己的主人，而是命运的仆役，因此这样的关系对于主体的精神而言是缺乏自由，也是缺乏爱的。上帝所加给他们的命运是难以理解，也是无法更改的。这正如在《约伯记》里，当约伯在苦痛之中向上帝发问，为什么他要遭受这样悲惨的命运时，上帝并没有正面回答他的问题，而只是宣称，我是天地万物的

---

30 【德】黑格尔：《黑格尔早期神学著作》，贺麟译，上海：上海人民出版社，2012，第 219 页。

创造者和支配者，我的意志高过一切。换言之，无论约伯或其他人是否能理解上帝的旨意，那临到他的命运也是他必须要接受和服从的。因此犹太民族一直都期待着那个预言中的弥撒亚出现，能够将他们的命运完全改变。

而当这个弥赛亚真正出现，也就是耶稣基督来临时，一种新的宗教精神出现了。这就是基督教。黑格尔认为，基督教的核心精神就是爱，基督教乃是一种爱的宗教。耶稣作为爱的化身，表现出了一种爱的神圣性。耶稣来到世间，并不是要审判世人，而是以爱和怜悯救赎世人。这也就是说，在耶稣那里，旧约时代的律法主义被取消，人不再被束缚于严厉的律法之下，也不再是命运的奴隶。通过耶稣的献身，将自己作为人神之间的"道路"，人与上帝之间的对立就得到了和解。这样，爱的律法替代了旧约的律法，人们对于道德的遵守，不再是出于对律法的惧怕，而是出于对上帝的爱；人对于上帝的关系，不再是仆役对于无上命运的兢兢业业，而成为了儿子对于慈父的依靠。在这里，不仅上帝的本质显现为爱，人的本质也转化为了爱。如此，人就从这种爱的精神里获得了真正的自由，成为了爱与被爱的主体。因此，正是耶稣所带来的爱的精神，实现了人与上帝之间的和解，也就实现了人性与神性之间的和解。这样，先前存在于犹太教中的一切分裂或对立就遭到了扬弃，基督教的精神就体现在这种对于分裂的扬弃和在于爱中的合一中。

但是，现实中的基督教却没有真正地实现这种完美的合一。在黑格尔看来，这是由于神对于人的作用，只能是在于精神对精神的作用。因为物质或肉体乃是作为精神的对立面存在的。这样一来，除非人的肉身性得到完全的扬弃，才能够完全地与上帝实现合一。而事实上，很多人却寄希望于仅仅通过肉身就实现自我的神圣性，这使得他们醉心于追求各种神迹奇事，而轻视了精神上的寻求。这样的行径实际上使得人们同上帝背道而驰，从而丧失掉了信仰的精神。在黑格尔看来，正是由于人的肉身性，他与神的完全合一在此世是不可能实现的，他的宗教生活也永远都是无法趋于完善的。只有在死亡里，也就是扬弃了肉身性的存在之后，这种合一才能以精神对于精神回归的形式实现。因此，这就是为什么各个时代的教会总是存在着诸多局限性的原因，我们的现实信仰中总是存在着神圣性与世俗生活的断裂，无论是其时已经走向没落的罗马天主教会，还是刚刚兴起的新教教会，都难以弭平这种断裂或对立："在时间进程中发挥出来的基督教的各种形式里，都存在着关于神的观念的一种对立的基本特性，即认为神只是出现在意识伦理，而决不出

现在生活里。"[31]而这种此世的无法弥合性，或者说信仰生活的不完满性，就是当前教会所面临的现实，也是它必须接受的现实：

> 教会与国家、崇拜与生活、虔诚与道德、精神获得与世间活动决不能融合为一——这就是基督教教会的命运。[32]

那么，黑格尔在这里的断言，是否意味着他也无计可施，唯有听凭自己和自己这个时代的信仰向这样的命运低头呢？从《精神现象学》开始，黑格尔不再仅仅着眼于基督教本身，而是将它放入一个更为庞大的架构中来考察，从宏观的角度来思考基督教的地位与未来。

2. 作为"天启宗教"的基督教

前面提到过，在《精神现象学》中，基督教是作为"宗教"的第三个环节，即"天启宗教"出现的。"天启宗教"作为"自然宗教"与"艺术宗教"的结合，乃是普遍实体与主体自我意识的相统一，也是人性与神性的完全统一。由于主体无法通过自身上升到神性，因此唯一的途径就是神下降自己，把自我化身为人，从而实现神与人的真正统一。这个统一就是基督，是通过他的道成肉身实现的。一方面，通过基督道成肉身，作为普遍实体的精神就将自己外化为主体，即作为活生生的人；另一方面，通过基督从死里复活，升天回归到上帝那里，主体又将自己提升为了普遍实体。因此，基督就实现了人性与神性、主体与绝对精神的真正合一。在道成肉身的基督那里，人不再通过想象或自我创造来表象和意识神，而是通过直接的感知来经验到神，就像使徒多马通过将手指探入耶稣肋旁的钉痕来意识到后者是"我的主，我的神"【约20：27-28】。同时，神也将自我表象为直接存在着的自我意识，也就是自我认识着的主体，于是绝对精神就扬弃了自身的抽象性，而获得了它直接的现实存在，也就是把自己实现在了具体性之中。而人在对于这种现实存在中的直接观照中，就产生了一种纯粹思维，亦即主体意识到在这里直接存在着的绝对精神不仅是现实的个体，同时也透过启示发现它同时是作为普遍的实体，也就是跟自身一样的主体——不过并非个别的、而是普遍性的主体——也就是绝对的本质。因此，人对于基督的知识就不仅仅停留在感性上

---

31 【德】黑格尔：《黑格尔早期神学著作》，贺麟译，上海：上海人民出版社，2012，第382页。

32 【德】黑格尔：《黑格尔早期神学著作》，贺麟译，上海：上海人民出版社，2012，第383页。

的观照，而上升为到了思维概念之中。这样，这种对于基督的知识就成为了"玄思知识"，也就是天启宗教的知识。但是，一开始人们对于基督的"玄思知识"还只是属于个体的知识，也就是说这种知识只是分别存在于个体的意识中，只是彼得的知识、雅各的知识。但基督的知识乃是一种普遍的自我意识，因此它必然要扬弃和超越这种个体性，而上升到普遍层面。这种普遍层面就是社团的、或者说是教会的层面，玄思知识在教会之中就变为了一种整体性的普遍意识。因此我们看到，在五旬节之后，使徒们就组成了作为教会的社团，并在这个社团之中传讲基督的死和复活之信息。这个信息所表象出来的内容首先是自身内的绝对精神，亦即圣父或神圣本质；其次从绝对精神中外化出自我的对立面，亦即圣子；最后是圣父与圣子的合一，也就是特殊的自我与神圣本质的统一，而它们的统一是在圣灵里实现的，后者就是现实的精神。于是，社团就把关于基督的知识表象为了普遍的自我意识。但是此时的传讲还只是停留在表象的层面，也就是说，在社团那里所宣讲的神人和解对于社团本身而言还只是外在的表象，这种表现为永恒之爱的和解还没有在社团中间实现出来。"这永恒的爱，它只是感觉到，但没有作为现实的直接对象在它的意识内直观到。因此它的和解只是在它的内心里"[33]。这种爱中的和解在社团那里是作为无法企及的彼岸存在，或者说和解还只存在于彼岸世界，因此它就呈现自身为苦恼意识的表象。从而，"那宗教社团的精神，在它的直接意识里，就是与它的宗教意识相分离的"[34]。这种表象就还是一种虚幻的知识，精神就还是没有真正地认识到它的本质，而只是在表象中实现了同自身的和解，还没有能将这种和解实现出来。因此，精神就必须进一步扬弃掉宗教的表象，而将自身把握为"绝对知识"，从而实现与自身的真正合一。然而，尽管作为天启宗教的基督教还不是精神发展的最高环节，但它已经认识到了绝对精神自身，因此在黑格尔的眼中，基督教作为宗教而言，已经真正认识到了上帝，把上帝把握为了上帝自身，并且也唯有在基督教中，人才能够通过基督与上帝实现意识上的和解或联合。这样，黑格尔就通过精神的发展历程确立了基督教绝对真理的属性。

33　【德】黑格尔：《精神现象学》（下），贺麟等译，北京：商务印书馆，2013 年，第 291 页。

34　【德】黑格尔：《精神现象学》（下），贺麟等译，北京：商务印书馆，2013 年，第 291 页。

在《精神哲学》中，黑格尔直接跳过了对于"宗教"的论述，而直接将"启示的宗教"作为绝对精神的第二个发展环节。相对于《精神现象学》，黑格尔在《精神哲学》中对于启示宗教的描述稍显简短。在一开始，黑格尔就开宗明义宣布了启示宗教的概念：

> 在真正的宗教，即其内容是绝对精神的宗教的概念里，本质上包含着这样一点：它是被启示的，确切地说是被上帝启示的。[35]

这就是说，作为启示宗教的基督教，由于它的内容是由上帝本身所启示出来的，因此就是具有绝对真理的宗教，也唯有这样的宗教才够得上是真正的宗教。这样，从精神的发展逻辑上来看，基督教就不再是作为"宗教"的一个发展环节，而是直接从艺术——亦即以幻想的表象表现的精神——过渡而来，以思维的表象替代了幻想的表象。因此在作为启示宗教的基督教那里，绝对精神就扬弃了它先前在艺术环节中的感性外观，而将自身作为自在自为地存在的精神。同《精神现象学》一样，在启示宗教这里精神依然经历了三个发展环节：第一个环节是绝对精神的普遍性环节，也就是"作为在其显示里始终在自身中存在的、永恒的内容"[36]，在这个环节中绝对精神在自身的永恒领域中通过产生自己为它的儿子来认识自身。从基督教神学的角度来看就是创世以先的上帝，此时的上帝在纯粹的思想中与自身等同，而基督此时则是还未将自己实现出来，也就是"道成肉身"的逻各斯，还是作为上帝的自我思维存在的。而当绝对精神开始自我分化，便产生了它在思维表象中的的第二个环节，也就是"作为永恒本质与其显示的区分，这显示由于这种区别而成为内容进入其中的现象世界"[37]。从神学的角度来看，这里的现象世界就是上帝创造的自然世界。自然世界一方面是作为具体的特殊存在，另一方面在它之中也产生了自己的对立面或否定性，这就是恶。最后，当绝对精神将自己的儿子——实际上也就是它自己——置于时间性之中，也就是将其作为直接具体的存在产生出来，进入到了现象世界中，并进而在否定性中予以扬弃，"作为无限的回归和外化世界与永恒本质的调解，即永恒本质从现象返回到其丰富多彩内容的统一性里"[38]，也就是首先将自身转化为中介，并进而扬

---

35 【德】黑格尔：《精神哲学》，杨祖陶译，北京：人民出版社，2012年，第377页。

36 【德】黑格尔：《精神哲学》，杨祖陶译，北京：人民出版社，2012年，第379页。

37 【德】黑格尔：《精神哲学》，杨祖陶译，北京：人民出版社，2012年，第380页。

38 【德】黑格尔：《精神哲学》，杨祖陶译，北京：人民出版社，2012年，第380页。

弃掉这个中介，从而就使得自我的普遍性同外在的个别性实现了统一，亦即回到了自身，使自身成为了自为的精神，"成为了永恒的，但是活生生的和出现在世界中的精神的理念"[39]。从神学的角度看，就是作为圣子的上帝将自身道成肉身来到世间，以活生生的精神形式——也就是人的形式——表现自身，并通过殉难而实现自我否定，再通过复活升天而实现自我回归。到了这个时候，绝对精神在"启示宗教"中的发展就宣告完成了，而当它意识到这种活生生的的现实精神实际上就是它自身时，它就进一步扬弃了这种外在的表象性，从而进入到了以概念的方式把握自身的阶段，或者说是以绝对真理为其形式的阶段，这就是哲学。

3. 成为绝对宗教的基督教

到了《宗教哲学讲演录》中，基督教被称为"绝对宗教"，它是宗教概念与"既定宗教"的统一，也就是实在化了的宗教概念，是返回到自身的宗教，也是完满的宗教。在宗教中，神乃是自知的神，也是将自身呈现为精神的神。这种精神同时也是宗教社团的精神，是呈现在有限意识中的普遍精神。因此，对于崇拜者而言，神就不再是彼岸那虚无缥缈的存在者，而成为了向着他们直接启示着自身的精神，是可以直接认知的神。基督教作为绝对宗教，具有三个特征。首先，绝对宗教是作为自我展示的宗教，也就是"以自身为内容、为其实现"[40]的宗教。它的对象是普遍精神与个别精神的统一，也是无限精神与有限精神的统一。黑格尔在这里再次强调了神学同基督教信仰本身的区别。在神学中，神是外在的、非主观性的，因此神学只是对于这个他者的规定，是属于"客观的宗教"；而在绝对宗教中，神则是内在的、主观的，换言之，神就是绝对宗教的主体，神在绝对宗教中主动地启示着自身，将自己呈现为绝对精神。其次，绝对宗教是作为实证的启示宗教，即"犹如一切为意识而存在的事物，对意识而言是对象者一样"[41]。绝对宗教的内容首先是被外在地给予的，是通过上帝在圣经中的圣言所传达出来的知识，从内容的这种被给

---

39 【德】黑格尔：《精神哲学》，杨祖陶译，北京：人民出版社，2012 年，第 381 页。

40 【德】黑格尔：《宗教哲学讲演录II》，燕宏远等译，北京：人民出版社，2015 年，第 143 页。

41 【德】黑格尔：《宗教哲学讲演录II》，燕宏远等译，北京：人民出版社，2015 年，第 146 页。

予的对象性上来说，它是以实证的方式呈现的，是可以通过学术的方式来认识的。然而，由于这种内容就是精神本身，是主观精神与客观精神的统一，因此它是绝对的，其本质是精神对精神本身的认识。在神学中，人们所反思的不过是有限的精神，然而在基督教信仰之中这种有限性则被扬弃掉了，而直面作为绝对精神的上帝本身。再次，绝对宗教是真理和自由的宗教。由于在绝对宗教中主体所认识的对象就是精神自身，因此便扬弃了该对象的他在性，使得主体与客体得到了统一，从而获得了真理的实在性。同时，也正是由于主体与客体在这里实现了和解，它们之间的异在性就或差异性就被扬弃了。因此，绝对宗教便是自由的宗教。从以上这三个特征中我们可以看到，在绝对宗教那里，人的主体意识就同上帝的自我意识获得了统一，因此它不仅是人藉以认识上帝的方式，同时也是上帝自我认识的方式。人与上帝的精神在此便得以合一了。

从形而上的角度来看，呈现在绝对宗教中的上帝就是绝对理念，亦即概念与实在的统一。但是作为绝对理念的上帝并不是恒定不变的，而是将自身呈现为一个三段式的发展过程，即：1.创世以先的上帝，此时的上帝是完全在于自身之内的，亦即"外在于世界的自在自为存在之上帝"[42]；2.创世的上帝，即那从自身中分化出自我的异在，并将这种异在实在化为自然的上帝；3.作为和解之途径的上帝，亦即"精神借之使在其分离、判断中与自身相区别者与自身相统一起来"[43]的上帝，在这里他是作为神圣的精神存在的。因此，黑格尔是将上帝视为一个不断发展着自身的存在，是一段神圣精神的发展史，或者说这种发展变化就是上帝本身的属性。与精神的其他发展阶段相似，这样的发展过程实际上也同样是基于黑格尔的逻辑辩证法的：

> 这三种已说明的形式就是：永恒的己内和在己存在，普遍性的形式；显现的形式，个别的形式，为他者的存在；从显现向自身返回之形式。[44]

---

42 【德】黑格尔：《宗教哲学讲演录II》，燕宏远等译，北京：人民出版社，2015年，第 162 页。

43 【德】黑格尔：《宗教哲学讲演录II》，燕宏远等译，北京：人民出版社，2015年，第 162 页。

44 【德】黑格尔：《宗教哲学讲演录II》，燕宏远等译，北京：人民出版社，2015年，第 162 页。

在第一个环节里，上帝乃是作为自在自为的纯粹思想存在的，也就是完全居于自身之内的永恒本质之中。在这个时候，一切的差别都还没有显现出来，也就是还没有任何的规定性在其中，上帝只是单纯而直接地与自身等同，他在自我的永恒性中思想和认识着自身。整个宇宙此时就只存在着这个自我思维着的主体。因此，这个环节乃是居于时间之外的，黑格尔将它称之为"圣父的王国"。

在第二个环节里，上帝乃是作为外在的表象而呈现的，也就是从自身之中分离出与自己对立着的现象界。而这样的产生乃是上帝凭借圣子的产生。这样，上帝就从这个产生出的他者那里获得了规定性。这个他者就是自然，也就是实体化了的精神。同时，与自然相关的精神就是人，因为人不仅具有自然的内容，也是作为有限精神的主体。这种有限便意味着人与上帝的分离。而当圣子将自己化身为同样的有限精神来到世间，就宣告了信仰的开端。亦即，人与道成肉身的圣子在经验的形象中相遇，并通过这种相遇认识和经验到后者。因此，这样的相遇是通过神圣者在历史中显现自身而完成的，也就是说上帝将自我置身于历史的具体之中，在其中完成与人的相遇。这一段神圣历史乃是出现在过去，也就是圣子现身于世间的那段时间，这一个环节被黑格尔称作"圣子的王国"。

在第三个环节里，上帝表现为名副其实的主观性或主体本身的要素。这种主体性"部分作为情绪、表象、知觉的直接的主体性而存在，但部分也是概念所是的主体性，是思维的理性，是自由精神之思维"[45]。这个环节的开端是由圣子的死而复活所带来的。一方面，由于圣子的肉身死亡，并升高到圣父那里与之重新合一，他就扬弃了自身的特殊性，而重新获得了精神的普遍性；另一方面，由于人在历史中经历到了圣子的这种死而复活，他就意识到了后者的精神性，并进而意识到自身同后者在精神之中的统一性，也就是自我的个体性同上帝的普遍性的统一。于是，人就通过悔改，也就是扬弃自身的特殊性来同上帝的普遍精神求得重新合一。这样，人就不再是仅仅作为单独的个体，而在自我否定中实现了同自身的和解，与普遍的神圣精神合而为一。而这样的自我否定是在信仰内完成的，在信仰之中人的主观性就同上帝的主观性实现了统一。由于在自我否定中人扬弃了自身的个别性，诸个体的

---

45 【德】黑格尔：《宗教哲学讲演录II》，燕宏远等译，北京：人民出版社，2015 年，第 163 页。

主观性也就被聚集为了精神的统一体，也就是社团。换言之，成为了精神的个体统一在了上帝的国度中，成为了其中的公民，获得了真正的自由，并与上帝实现了和解。和解在这里体现为爱，也就是圣灵，因此第三个环节被黑格尔称之为"圣灵的王国"。

然而，圣灵的王国并不是发展的终点，因为上帝还没有完成与自身的真正和解与统一。首先，宗教社团只是在自身内实现精神上的和解，而与外在的世俗王国形成毫不相干的对立；其次，宗教社团开始通过世俗世界产生交葛，前者试图以自身的力量压倒对方，并将对方纳入到自身之中。然而这样一来，后者之中的恶也被纳入到了社团之中，并反过来对社团的神圣精神产生压制，于是精神之中便出现了矛盾对立；最后，这种神圣与罪恶的矛盾在伦理中得到克服，也就是个体对于神圣伦理的自觉服从，从而使得世俗生活转为了伦理生活，并因此而与神圣精神实现了和解。这个和解的过程实际上也就是精神的自我和解过程，亦即精神从自身内的抽象和解过渡到与外在性的相对立，并最终返回到自身之中，在绝对的主观性之中与自身实现了真正的和解。这个和解乃是在思想中的和解，也就是理念与内容的和解，它是在哲学之中完成的。在哲学中，理性与宗教、主观与客观实现了完全的和解与统一，也就是作为绝对精神的上帝与自身的真正和解。这样一来，上帝就不复再是居于自身之中的抽象性，也不在是那位于彼岸的神秘存在，而是能够通过理性所真正认识到的精神，也就是绝对的、自在自我存在着的真理，那活生生的、与人的主观性完全统一的绝对主观性。这样一来，宗教就被完全地扬弃掉了——与之前的其他环节一样，它消融在了哲学的大一统之中。

从早期神学著作到《宗教哲学讲演录》，黑格尔的宗教哲学经历了一段由简至繁的发展过程，也是一段不断完善的发展过程。从表面上看，黑格尔是将宗教同其他的一些形态，如艺术、伦理等作为专门的学科来纳入到精神发展的环节之中。而事实上，黑格尔却并不是把宗教的地位视为与其他环节相等同的，这从他把宗教作为最高范畴的前一环节就可以看出。换言之，宗教作为绝对精神的表象，已经触摸到了绝对真理的边缘。因此宗教就是诸学科中仅次于哲学的最高学科，或者说是进入到上帝本真之中的最前沿，是"一人之下万人之上"的俯视众生者。而黑格尔探研宗教的真正目的，并不是要剖析宗教本身，将宗教体内的五脏六腑展现在人们面前——就像他在《美学》中对艺术诸环节的如品鉴般的阐述那样，而是试图通过对宗教的辩证发展的

展现，来证明出作为最高环节的基督教在信仰领域无可撼动的绝对真理性。如果说在《美学》中，诗被认定为最高的艺术形态，乃是因为诗能够最恰当地符合美的理念。而其他的形态，如雕塑、绘画等，尽管在对美之理念的表现上要远逊于诗，却并不是要被真正地否定或扬弃的，在黑格尔看来，它们只是在理念逻辑的发展顺序上要次于诗，但诗却不能因为自身的这种"优越性"而完全取代它们而存在。而在宗教哲学中，无论是"自然宗教"里的波斯宗教、古埃及宗教，"艺术宗教"里的古希腊宗教，还是"既定宗教"里的中国宗教、佛教、犹太教和罗马宗教，它们都是人类在对于神灵的探寻和求索道路上所表现出的形态，也就是从人的主观性对于遥远彼岸的眺望和漫溯，然而在这些宗教形态中所呈现出来的向度，都不过是一道幽暗而绝望的阿刻戎（Acheron）之河，在其上并没有卡戎（Charon）这样的摆渡者持篙而候。[46]人们在其中所收获的永远都是那求之不得的苦恼的意识，尽管它们也曾在历史中表现出各种光辉夺目的形态。主体在经历了这些死胡同中不断碰壁之后，在漫长的苦苦求索之后，终于在自身之中，也就是基督那里发现了它的真实存在，而这种发现乃是上帝亲自将自己启示给有限精神的结果，正是这种由上至下的启示赋予了基督教以绝对的真理性，使基督教成为了进入到上帝的至圣所之前的最终帐幕。因此在黑格尔的观念中，基督教不仅在理念的逻辑上要高于其他宗教，它在真理性上也是绝对超过其他宗教的。或者也可以说，唯有基督教才是真正的宗教，是唯一真正能够让人回到上帝之国的宗教。而其他的宗教形态不过只是人类自身不同程度的幻想之结果罢了。因此，黑格尔的结论就和奥古斯丁实现了一致，即：真正的宗教乃是将人同独一真神的上帝联系在一起的纽带，如果人们能够在一种宗教中正确地认识到上帝并真诚地敬拜他，这样的宗教才是真正的宗教。因此，只有基督教才是唯一的真正宗教。

因此，正是通过对于精神发展过程的辨析，黑格尔将基督教推向了信仰的至高点。尽管他也同时指出，呈现于历史中的基督教，亦即基督教社团或教会依然存在着各种各样的弊端和问题，但这些问题却并不是基督教与生俱来的顽疾，将导致基督教被人类所最终遗弃，而是由于精神还没有发展到它

---

46 据古希腊神话，Acheron 是通往地府的必经之冥河，Charon 为冥河上的摆渡者，人死后要想去到冥王哈得斯的地府，必须要向 Charon 支付渡资，否则就将被抛入河中。

的最高阶段导致的。具体地讲，就是因为尽管基督教是衔接人与上帝的唯一通道，但是由于它是发生于人类的历史之中的，因此它还是同人的有限精神联结在一起的。这样，基督教本身也就因为这种有限性而在历史中表现出各种各样的局限。因此，在黑格尔看来，只有当人完全扬弃掉自身的有限性，也就是如基督那样实现肉身的死亡之后，才能够真正地回归到上帝那里去。这样看来，正是人自身的有限性，以及基督教的这种过渡作用，决定了基督教作为一种宗教的局限性。

但无论如何，黑格尔并不是冀希望将基督教当作一种过渡性的环节而完全地否定掉，相反，黑格尔从头至尾都是一位坚定的信仰捍卫者，一位虔诚的路德宗基督徒。在他的整个著作之中，在字里行间所流露出的都是对于基督教信仰之真理性的深信不疑。然而身为富有理性主义的哲学家，黑格尔并没有德尔图良式的狂热，或者是克尔凯郭尔那样溢于言表的感性。一方面，黑格尔很清楚地看到了历史上的基督教——亦即罗马天主教教会——所带来的一系列消极作用，看到了教会自身存在着的诸多弊端；另一方面，他也希望能够对这些问题进行改造，就像两百多年前的马丁·路德那样。然而，与后者不同的是，黑格尔并没有纯粹地置力于教义或释经方面的研究，而是通过构建起一个百科全书式的哲学体系来描绘了这种信仰应当拥有的样式，也就是在他的哲学辨析之中来试图还原基督教的本真性，为基督教"正本清源"，使人们能够回到耶稣原本的教导之中去，从而脱离"客观宗教"的束缚。总之，黑格尔通过他卷轶浩瀚的哲学演绎，来证明了基督教何以成为一种最高的、具有绝对真理的宗教，它至高无上的真理性和权威性的基底究竟源于何处，它在人与上帝之间究竟扮演着一种什么样的角色。因此，黑格尔的宗教哲学，尤其是对于基督教的论述，就可以被看作是黑格尔独特的"护教论"。

第三章　黑格尔精神神学概论

第一节　黑格尔哲学之灵魂——精神

　　从前面对于黑格尔哲学的介绍中，我们可以看到，"精神"乃是黑格尔哲学之中最基重要、最核心的概念。在原文中，"精神"一词为"Geist"，这个词在德文中的含义颇丰，包括"精神"、"心灵"、"灵魂"、"思想"、"气息"等。在德文圣经中，精神被用来翻译"圣灵"一词。而在旧约圣经的原文，亦即希伯来文中，圣灵一词为רוּחַ，其原义为"风"、"气息"、"心灵"、"心智"等。而在新约圣经中，圣灵一词的希腊原文是 πνευμα，原义为"风"、"神的灵"、"灵"、"意志"等。可以看到，相比于英文的"Spirit"，Geist 的涵义同原文是更为接近的。因此，黑格尔用这个词来指代绝对者的本质、世界的灵魂，乃是再合适不过了。在《精神现象学》中，黑格尔这样描述了精神的涵义：

> 精神是最高贵的概念，是新时代及其宗教的概念。唯有精神的东西才是现实的；精神的东西是本质或自在而存在着的东西，——自身关系着的和规定了的东西，他在和自为存在……或者说，它是自在而自为。[1]

　　这就是说，在黑格尔的观念中，精神不仅是一切实在的本质，而且它本身就是自在自为的实在本身，或者说是最基本的实在。而我们知道，在黑格

---

[1] 【德】黑格尔：《精神现象学》（下），贺麟等译，北京：商务印书馆，2013 年，第 17 页。

尔哲学中，最基本的概念是"理念"（Idee），它被规定为哲学研究的基本对象。然而，理念实际上就是精神本身——理念乃是概念和客观性的绝对统一，也是与自身绝对同一的思维。由于它能够认识自身，能够保持自己于它自身之中，因此它就为"真"，亦即与真理同一。同时，由于理念的对象就是它的外在存在，因此它也是万物成其为真的根据。如此，理念就被作为哲学研究的工作的起点[2]，而哲学研究的内容就是"在于对理念予以思维的掌握"[3]。理念最初只是抽象地存在于自身之内的、概念式的理念，由于理念要表现自身，它就必须在这种思维中发展，即外化自身，也就是获得它的现实性，并最终从这种外化的他物那里返回到自身，实现与自身的真正统一，成为自在自为的存在。这种由理念的自我发展而成的具有现实性的主体，就是精神。精神就是理念的本质，是由在自身内的抽象理念与自我外化的理念相统一而成的理念，也就是自在自为地与自身同一的理念。作为精神的理念是不断思维和认识着自身的、向自身返回着的理念，也是实现了内在与外在、主体与客体的理念。因此，这个实现了的理念，亦即绝对理念就是精神，在这个意义上二者之间是可以划等号的。这样看来，逻辑哲学就是精神在自身内的形成阶段，自然哲学就是精神在自身之外的发展阶段，或者说是在现实之中的形成阶段，而精神哲学则是精神回到自身之中、以自我为对象的发展阶段。因此，世界和人类的发展过程就是精神自己的发展过程，世界的人类的历史就是精神的历史。如果说在佛教的世界观中，世间万物皆因"缘"而产生和流变，那么在黑格尔哲学之中，万有都不过是精神的生发罢了。同时，又由于精神本身也是上帝的本质，因此精神也就可以被视为上帝自身，换言之，世界的发展就是上帝自身的发展，或者说是上帝自身发展的一种表现。因此在这里，黑格尔哲学就同基督教神学无缝地结合起来了。从神学的角度来看黑格尔的哲学体系，就应当是这样的：

第一阶段：上帝还是作为纯粹的思、在自身中自在自为存在着的永恒理念，也是在自身中以纯粹概念的方式不断地认识和思维着的主体。而当上帝把自己认识为绝对理念、也就是在自身内以概念的方式实现了自身时，他就

---

2 实际上，黑格尔哲学的真正起点乃是"存在"（sein），也译作"纯有"，这个纯有是绝对无规定性的存在，因此也是理念的最初形态。逻辑哲学的完成就是存在与本质统一为理念。

3 【德】黑格尔：《小逻辑》，贺麟译，北京：商务印书馆，2009年，第400页。

将自身表现为了精神——精神，这个精神就是上帝的本质和生命。这是精神的概念阶段。

第二阶段：精神为了认识自身、实现自身，就将自身外化为自然，也就是在自己的他在之中实现自身。而这个外化的过程也是一个由不完善到逐渐完善的过程，亦即由无生命的物质逐渐向高级的生命形态演进，最后发展为了上帝"自己的样式"——人。这是精神的实在阶段。

第三阶段：精神扬弃了外在的形态，返回到自身之中。也就是它终于将自己呈现为了精神本身的形态。精神的最低形态就是人，但是由于人同时也具有肉身性，也就是还没有完全扬弃掉有限的自然形态，因此精神就要不断地扬弃这些"非纯粹"的外在性，而将自我直接地认识为绝对精神。这个绝对精神就是回到了自身中的上帝、与自身完全统一的上帝，也就是完成了审判的上帝。在这个时候，天地万物（包括罪）都已被废去，得救后的人类完全扬弃掉了自己的有限性，回到了上帝在天上的国度中，与上帝在绝对精神中实现了直接的统一。这样一来，从前的圣父的王国、圣子的王国和圣灵的王国都统统被扬弃掉了，时间亦不复存在，这个实现了大一统的上帝，就在他绝对完满的上帝之国中与新天新地一起享受永恒的荣耀。这是精神的自我统一阶段。

实际上，黑格尔对于圣父王国、圣子王国和圣灵王国的划分并非独创。早在十二世纪时，著名灵知派教士约阿希姆（Joachim of Flora）就曾提出过类似的三阶段的划分，即圣父之国——以律法和敬畏为基础的旧约时代、圣子之国——以恩典与信仰为基础的新约时代（也即当下的时代），以及圣灵之国——以爱为基础的未来时代。最后的圣灵之国是即将来临的时代，在其中一切宗教的冲突都会得到消除，圣灵作为永恒的福音统治世界，并宣告人类历史的终结。黑格尔的精神神学，尤其是他对于三阶段的划分是否直接受到了约阿希姆这种三段论的影响我们并不清楚，但是以约阿希姆等人为代表的灵知派的确在很大程度上影响了黑格尔，并且我们也可以清晰看到此二人的三阶段论是极其相似的。

概括起来讲，黑格尔的精神是这样的一个词，它"在还不能够充足地理解自然时，乃是作为还未具有自我意识的精神；作为有限的主观精神，就是展现在客观范畴中的国家、艺术与宗教；作为最高领域的精神，即绝对精神，就是约翰福音中所谓的'神是个灵'"[4]。这就是精神发展的概况，接下来，我

---

4 George J. Seidel, Activity and ground Fichte, Schelling, and Hegel, New York, Georg Olms Verlag Hildesheim, p211.

们将结合起黑格尔的哲学体系，来具体看他是如何在自己的哲学之中来表现他的精神神学的。

第二节　黑格尔精神神学演绎

一、圣父的王国——精神的潜在阶段

从黑格尔的哲学发展逻辑来看，精神的第一个阶段乃是它的概念阶段，与此对应着的也就是逻辑哲学阶段。在这一阶段，精神还是完全居于自身之内，亦即在上帝自己永恒的本质之中的。在这里，上帝还没有开始他的创世活动，也就是说，上帝还没有在其外化活动中展开自身，而是作为超越于时间之外的纯粹思维。黑格尔如此形容道：

> 开端是逻辑的，因为它应当是在自由地、自为地有的思维原素
> 中，在纯粹的知中造成的。于是开端又是间接的，因为纯知是意识
> 的最后的、绝对的真理。[5]

从逻辑上看，上帝是万物的开端和本源，作为这个开端，上帝首先就是呈现为纯粹的思维，而这个思维则体现为知，即对于自我的抽象的、直接的知。黑格尔同意安瑟伦的看法，即思维与存在是同一的，因此上帝在这里的存在就是他对于自身的知，而这个纯粹的知就是纯粹的"有"或"纯在"（being），德文为"Sein"，它是绝对精神的第一个环节，也是黑格尔哲学的起点和万有的起点。实际上，"存在"也是所有哲学考察的起点。巴门尼德将存在当作绝对者、唯一的真理。亚里士多德认为存在（他称之为"本是"）就是"一切普遍中最普遍的"[6]。而在海德格尔看来，"存在"就是最普遍的概念，并且是不可定义的——它本身就是一个自明的概念。[7]由于这个概念是如此基本，如此不可言说，因此黑格尔就把"存在"视为"单纯的直接性"，是无差别的与自身同一的东西[8]。

5　【德】黑格尔：《逻辑学》（上），杨一之译.北京：商务印书馆，2010年，第53页。

6　【古希腊】亚里士多德：《形而上学》，吴寿彭译，北京：商务印书馆，1995年，第51页。

7　【德】海德格尔：《存在与时间》，北京：生活·读书·新知三联书店，2009年，第4-5页。

8　【德】黑格尔：《逻辑学》（上），杨一之译.北京：商务印书馆，2010年，第54页。

因此，在这个时候，作为纯有的上帝是没有任何的规定性的，或者说他自己就是自己的规定性。但是，由于他已经存在，存在与他自身是的同一的，因此在上帝这个"纯有"之中就产生出了第一个真正的规定性，亦即"纯无"或"非有"，亦即其自身的否定性。因为"有"便同时意味着"无"，这个"纯无"或"非有"就是它的对立面，这是绝对精神自我演化的第一步。现在，"纯有"与"纯无"本身都是无规定性的，都是"空的直观和思维本身"[9]。当然，这并不是说那在自身中的上帝就等同于"无"，在黑格尔看来，"在绝对光明中所看见的，和在绝对黑暗中一样，不多也不少⋯⋯纯粹的光明和纯粹的黑暗，是两个空的东西，两者是同一的"[10]。由于作为纯有的上帝还不存在任何的规定性，因此他的无限就是抽象的无限，但正如"纯有"是相对于"纯无"而成其为"纯有"，上帝要成其为真的无限者，他就必须要扬弃这种抽象的无限性，也就是要在自身内产生出作为规定性的自我的他者来，这个他者就是子。子就是作为纯粹理念的父在自身中的表象，同时也是父的自我意识。由于他产生了子，上帝也就同时具有了父的概念，这就是上帝之中最初的自我差别，亦即圣父与圣子的对立。一方面，从逻辑顺序上来讲，父是先于子的，因为后者是从前者而出的；另一方面，由于此时上帝还没有开始创世，因此时间的范畴也还没有产生，亦即这里的产生是居于时间之外或超越于时间的，所以父与子是没有次序上的差别的，用神学的话讲，就是圣父在自身之内永恒地产生着圣子。如果说圣父所对应的是逻辑哲学中作为共相的"本质"，那么圣子所对应的就是逻辑哲学中的"存在"，后者构成前者的规定性，并且是前者的殊相或具体化，但此时的殊相还是完全在于上帝自身之内的，亦即一种概念性的殊相。

因此，对于上帝而言，从父中产生子乃是必然的。这就是说，上帝为要摆脱抽象的无限性，也就是摆脱自身的空洞性，而把自身实现为实有——亦即有规定的有，他就必须从自身之中产生出自我的规定性来，才能够获得存在的真正意义。因此，父产生子乃是必然的。这里需要注意的是，此时的圣子和圣父一样，还只是纯粹的思维，还没有获得自己的现实存在，亦即道成肉身的耶稣。因此他就还是"太初之道"，亦即逻格斯（λόyos），λόyos 一词在希腊文中意为"话语，理智"，是作为上帝的纯粹理智存在的。然而在这一

9　【德】黑格尔：《逻辑学》（上），杨一之译.北京：商务印书馆，2010 年，第 70 页。

10　【德】黑格尔：《逻辑学》（上），杨一之译.北京：商务印书馆，2010 年，第 83 页。

阶段，父与子还不是彼此外在的，他们之间的关系可以被表述为：父永恒地产生着子，而子则永恒地向着父回归，当子这个殊相和父这个共相相统一时，就结合为了"真"的普遍性，也就是圣灵。圣灵所对应着的就是逻辑哲学中的概念。它是"个别性本身，但作为总体的普遍者本身即是圣灵"[11]。这就是说，无论是圣父、圣子还是圣灵，它们的本质都是精神或"灵"（精神），或者说，父、子、灵都在精神中获得了统一。从逻辑上看，圣父是灵的抽象普遍性，圣子是灵的无限特殊性，圣灵则是灵的返回到自身中的个体性。因此这三位中的每一位都可以被视为"一"，也就是同一个精神，而三位的综合也还是"一"，亦即它们不过是同一个灵中的不同表象，它们之间的差异性并不是外在的，而是内在于自身之中的，简言之，就是自身同自身的差别。而将这三者维系在一起的就是爱，爱就是上帝的本原，也是他的自我确证。圣父、圣子、圣灵之间对于彼此的爱，实际上就是上帝对于自身的爱。这就是黑格尔对于基督教神学中最重要的概念——"三位一体"的哲学式解读：从本质上讲，上帝乃是一位，是独一无二的永恒性。从外在的表象上看。父、子、灵乃是他自我思维的方式，也是他自我认识和自我表征的方式。父在自身的永恒之中不断地产生着子，子又不断地返回到父，将自己统一为灵。上帝就以这样的方式在自身之内不断地区分着自身和保持着自身。这样看来，上帝就不再是一个神秘的、隐藏于彼岸世界的不可言说者，而是在自身之内不断地认识和表征着自己的永恒存在，从外在看来，他是一个永恒不变的"一"；而从内在看来，他却是一个不断地发展着的动态的"三"。但是，这样的发展乃是完全在于他自身之内的，亦即以纯粹思维的方式进行的。换言之，这个阶段的上帝同自身之间的差异还没有实现出来，因此上帝自身也没有能够真正地实现出来，使之能够成为意识所把捉的对象。但是在这里，无论是父、子还是灵，他们都还是潜在的精神，因此这一个阶段就就被黑格尔称为"圣父的王国"，在其中精神是以潜在着的方式发展着自身的。

二、圣子的王国——精神的实在化阶段

由于在第一个阶段中，精神乃是潜在着的，为了把这个潜在的精神实现出来，上帝就必然要把他同自身的差异性实在化，把自己的对立面凸显出来

---

11 【德】黑格尔：《宗教哲学讲演录Ⅱ》，燕宏远等译，北京：人民出版社，2015 年，第 176 页。

并使之实在化。这样，上帝就要通过创世的行为来实现自我分离，亦即父将子实现为实在化的自然。因此第二个阶段的上帝就是创造着世界的上帝，或者说是作为造物主的上帝。在这个阶段中，上帝终于走出自身的纯粹思维性，将自己的殊相——圣子实现了出来，也就是作为实在化的对象产生了出来。这个实在化的对象就是宇宙或自然。因此，这个阶段所对应着的就是"自然哲学"的阶段。首先，上帝以圣子基督为根据创世，也就是把圣子作为自己的他在实现为自然。在新约圣经中，圣子首先是作为受造物的范型出现的："太初有道，道与神同在，道就是神。这道太初与神同在。万物是借着他造的，凡被造的、没有一样不是借着他造的"【约 1：1-3】。前面提到过，这个作为"道"的 λóyos 原义为话语、理智，而在旧约圣经的创世纪第一章中，所叙述的上帝创世乃是通过"言说"（אָמַר）而成的，这样看来，上帝的创世就是父将原本作为纯粹思维之 λóyos 的子通过"道出"的行动而成的，这个"道出"的结果就是子被实现为了外在的自然。因此在创世以后，圣子与圣父之间的差异就不再是思维性的，而是实在化了的对立。因此，作为实现出来的圣子，自然就是上帝自我异化的产物，是外在于上帝自身的实在化了的精神，上帝就通过这个外在的他者观照自身。

按照《创世纪》的说法，上帝首先创造了天地，然后依次创造出植物、动物和人。而这样的顺序实际上就体现在了自然哲学的发展历程中：首先，上帝创造出天地，这样就出现了宇宙以及存在于其中的基本物质。由于诸物质存在的载体乃是天地，也就是空间，因此空间就是诸物质最初的规定性。同时，诸物质并非恒定不变的，而是在空间之中不断变换自己的位置的，因此这种在空间中的变化就体现出来物质的一个基本属性，即运动，包括惯性、碰撞与自由落体等，因此诸物质就凭借其运动作为自己的外在表现。这样，运动就和空间一起成为了物质的外在规定性。但是，这些规定性都还没有能够实现出来，也就是说诸物质彼此之间的差异性还没有能够实现出来，它们还只是抽象地统一在共性之中，也就是被无差别地统摄在作为整体的宇宙自然之中，彼此之间只有量的区别而无质的区别。这个阶段的自然就是《创世纪》中头两日所的创造的天地、光明、空气和众水的世界，也就是"力学"阶段的自然。然而，作为他者的精神依然要寻求自身的进一步实现，也就是让自己在最初的抽象外在中进一步地具体化、实在化，因此，诸物质在"力学"阶段的那种外在的差异性或规定性就被实现了出来，也就是说它们之间

开始具有了质的差异，并从而获得了它们的个体性。这样，上帝的创世就从之前的"大而广之"的"力学"阶段进入到了"物理学"阶段。

在"物理学"阶段，精神所产生出来的物质就是具体的、在其自身中具有规定性的物质。由于物质的自然界是上帝的异在，因此它就是相对于作为无限者之上帝的有限存在。如果说在"力学"阶段，空间和其中的运动是物质的外在规定性，那么在这里物质就因为它的这种有限性而获得了自己的内在规定性，即时间。精神在这里就把自己体现为在时间之中不断地发展和演化着的物质。获得了内在规定性的物质就获得了它的个体性，但是这种个体性还只是一种自在存在，因为诸物质此时还是作为彼此分散、各自为政的诸个体而存在着的。同时，精神也意识到这些分散着的个体都是绝对有限的，都是要最终走向消亡的，这也就是说，它们无法在外在的偶然性面前保持自身。这样一来，精神就必须要扬弃这种差异性，促使自然向着它自身回归，在它总体性中寻求自己的现实性。在这种回归之中精神逐渐发现，除非自然获得它的自我意识，否则它就不能在自己的统一性中保持自身。而能够像精神那样表现出自我意识的形态，就是生命。这样，上帝就开始创造有生命的个体，在生命的形态中进一步实现自身。于是，自然就从"物理学"阶段过渡到了"有机物理学"阶段。

顾名思义，"有机物理学"的自然阶段就是产生了生命形态的自然阶段。由于上帝本身是作为永恒的生命力存在的，因此他就藉着圣子把自己的生命力带入了他的异在中，而也正是自然的这种异在性，因此它所接受的生命力相对于上帝而言就是有限的。起初，这种生命力首先还只是一种抽象的普遍性存在的，此时自然中还没有具体的生命形态，但整个自然界已经被赋予了生命的可能性，亦即它就是一个孕育着生命力的子宫，在其中已包含着生命的理念。而当上帝在第三日开始创造青草、菜蔬和树木时，这种普遍性的生命力或生命之理念就被首先实现为了"植物有机体"。植物就是最初的具有生命的主体形态。作为获得了生命的个体，植物可以在与他者的关系中规定着自身，并且把自身的各个部分保持在自身的整体之内。但是，它的各部分却是可以演化为新的个体，并且植物也总是寻求那自身之外的东西（比如阳光）。因此植物就没有办法使自身形成一个统一的有机系统，不能在自我意识之中保持住自身。于是，"植物有机体"就必然向着"动物有机体"上升，于是上帝就在第五日和第六日创造了动物和人。在动物那里，精神是将自己作为具

有真正的主观性和个体性的特殊存在的。作为主体的动物，不仅能够同与他者的关系之中保持自身，而且能够把自身的各个部分维持成一个有机的整体。换言之，动物身上的各个器官或组织都是保持和统一在个体动物的有机系统内的，相对于植物的各部分可以独立存在（比如柳条可以被折下后再进行栽种），动物的各组织一旦脱离了整体就会迅速失去生命。因此，动物就是一种自为存在着的生命力。而人则是动物有机体发展的最高阶段，因为人是"按着神的形象创造的"，在人那里可以最为恰当地表现出精神的理念。但是，动物毕竟都是有死的个体，它们都无法在自身之中维持生命的普遍性。于是死亡就构成动物有机体的否定性，通过这种否定性，个体性就扬弃了自身，而回到了生命的普遍性之中。这样，自然这种精神的实在化的异在就被扬弃掉了，精神就从它的外在那里回到了自身，也就是回到了它概念的主观性之中。这样一来，上帝就完成了他的创世工作，在第七日回到他自身内安息了。

　　自上帝创造了人类以降，世界的历史也随之宣告开始了。因此在"自然哲学"过渡到了"精神哲学"以后，精神就在它自身的形态之内，也就是人那里认识着自身。人之所以是精神的自身形态，就是因为人的本质乃是灵魂（spirit），这个灵魂就是自在自为存在着的、真实的精神性。起初，精神将自身体现为"主观精神"，也就是普遍性的人类精神或人类灵魂。在这里，人类精神也是一个向上发展着的过程，即从最初的意识之中产生了自我意识，自我意识再与意识统一为（人的）精神。这里的精神是一种知，亦即认识到自身乃是主体和客体的统一（也就是自我和他人在精神上的统一），是一种具有理性的真知。而精神发展的最高阶段就是具有自由的精神，亦即能够自我决定、自我主宰的精神。这种精神就体现为一种普遍的自由意志。而当自由意志把自身实现出来时，精神就从"主观精神"过渡为了"客观精神"。客观精神实际上就是实在化了的人类文化形态，包括"法"、"道德"和"伦理"等。这些形态有一个共同点，就是它们所体现着的不是属于某一个体的意志，而是全体性的普遍意志。因此客观精神就是在不断地克服着人之精神的个体性，而推动着精神向着普遍性回归。但是，即便是在客观精神的最高阶段——世界历史那里，尽管实现了意志的真正自由，但是精神始终是处于自己的他在之中的，因此它还是要受到这种外在性的限制。因此，精神就必须完全扬弃自己的他在，而向着自身回归。这样，"客观精神"就与"主观精神"获得了统一，成为了"绝对精神"。

所谓"绝对精神"就是精神回到自身之内的发展，也是精神发展的第三个、同时也是最高阶段。在其中，精神扬弃了它一切的异在，而把自身作为自己的对象，并且所有的规定性与目的性也都回到了自身之内，这样它就再也不会受到外在的限制。这个阶段实际上就是人在精神之中向着上帝的寻求和回归。首先，精神凭借"艺术"的感性外观来直观和表现自身，在这个过程中它逐渐发现，无论是象征型艺术、古典型艺术还是浪漫型艺术，作为对于精神的直观形式，都还是自然和精神的统一，也就是说在艺术之中始终都不可避免地参杂着自然的成分。因此，精神就必须将这些自身外的因素进行进一步的扬弃，于是它就从"艺术"阶段过渡到了"宗教"阶段。

在宗教里，精神是以表象的方式呈现自身的，具体地讲，就是人的主观精神按照自己的想象，以摹仿的方式来表象神性。起初，人们是将直接的自然物，或是通过自己摹仿自然物创造出形象来当作神性的表象，这就是"自然宗教"的阶段；当人们逐渐发现这种自然形象的不适宜性时，就开始用精神真实的形象来表象神性，这个真实的形象实际上就是人的形象。于是"自然宗教"就过渡到了"艺术宗教"。在艺术宗教中，人们对于绝对精神的表象从人化的雕塑逐渐过渡为喜剧，这样的过渡实际上是与艺术阶段相似的，即精神不断地扬弃那些外在的成分，而努力向着自身的纯粹回归。及至到了喜剧那里，主体精神终于发现，神性实际上还是处于自己的彼岸的，主体因而便陷入了"苦恼意识"之中。而要消除这种苦恼意识，消弭主体精神同神性之间的裂缝，唯一的办法就是神性自己下降到人那里去，将自身同主体结合起来，从而实现二者的和解。这个和解的途径就是基督的道成肉身。上帝通过将自己化身为人，就将自身启示为了直接的精神，并置身于历史的现实性之中。在这样的启示之中，"艺术宗教"就被"天启宗教"，亦即基督教所取代，亦即主体不再凭借自我的想象去表象神，而是在直接的现实之中与上帝相遇。因此，在道成肉身的基督那里就实现了无限与有限、主体与客体的统一。由于圣子在这里是作为活生生的人存在的，因此他事实上就是上帝对于自身永恒性与无限性的一种限制，也就是体现为有限的精神。然而，由于基督在这里乃是呈现为一个具体的个体，因此在他的跟随者看来，基督还是一个客观的（崇拜）对象，亦即人们此时并未意识到这个显现出来的精神就是与他们自身相一致的精神。这样，基督就必须要扬弃自己的有限性，也就是通过否定自我的肉身来实现他同普遍精神——圣父的统一。

三、圣灵的王国——精神的自我统一阶段

因此，基督就通过在十字架上殉难而扬弃了自己的肉身性和有限性，而重新获得了精神的普遍性。基督的死而复活使得精神扬弃了自己的外在性，开始向着纯粹的自我，也就是精神本身回归。于是精神就从圣子的王国过渡到了圣灵的王国。在这一阶段中，人们终于意识到了自己的精神不是个别的、沉沦在绝对有限性之中的，而是同基督在精神之中统一的，亦即自我的个体性同上帝的普遍性的统一。于是，为了实现同上帝的这种统一，个体就通过认罪和悔改，将精神中的否定性——恶扬弃掉了，这样，普遍性和特殊性就在每一个个体之中实现了统一，个体通过这种认罪实现了精神在自身之中的和解，并且在此基础上同圣灵联合了起来,成为了"神圣理念的个别性，作为一个人的神圣理念"[12]。但这里的神圣理念还是临在于个体的现实性之中的，尽管是众多的个体——即众信徒。为了进一步扬弃这种个别性，诸个体就必须要被统一起来，也就是结合在宗教的社团中来获得精神的普遍性。这样，作为个体的精神就聚集为了社团，"且它在其中作为真实的、普遍的自我意识而存在"[13]。在社团中，每个人的主观性被结合了起来，在爱之中实现对于个体性的扬弃，并实现一切对立的和解。在这种爱中，个体不仅知道自身为绝对的自由，并且也获得了真正的自由。因此爱就是圣灵本身，也是将诸个体维系在圣灵之国度里的纽带。这种爱并不等同于性爱或友爱，而是神圣的、无限之爱（ἀγάπη）。爱最初体现为基督在十字架上为人类的罪殉难，作为一种客观的对象呈现出来。而现在，爱的现实存在就是将信徒结合为一体的宗教社团。体现为爱的圣灵将诸个体统一在社团之中，并作为现实的上帝临在于后者那里。这样，信仰的内容就由直接的、感性的主体（基督）变为了作为精神的圣灵，人们在信仰中直面精神本身。或者说，当精神亲自进入个体的意识之中，与后者结合为绝对的主观精神时，社团的信仰就开始了。在这种信仰之中，人们不再是凭着眼见，亦不是依赖于神迹来接近上帝，而是靠着精神本身来认识精神。这样一来，宗教之中的各种实在性的中介就被统统扬弃掉了——无论是自然宗教中的自然物、艺术宗教中的艺术品，乃至于临

---

12 【德】黑格尔：《宗教哲学讲演录II》，燕宏远等译，北京：人民出版社，2015 年，第 221 页。

13 【德】黑格尔：《宗教哲学讲演录II》，燕宏远等译，北京：人民出版社，2015 年，第 221 页。

在于历史之中的基督，都已被作为外在的东西被扬弃，精神终于回到了其自身之中，以精神的方式洞察自身。

但是，宗教社团还不是精神发展的终点。在信仰中，人们不仅要在主观上加以领受，信仰的知识也必要要被转化为一种客观的内容来加以传播，亦即通过教义来促使人们进入普遍真理。同时，人们也要通过崇拜活动来共同经历上帝，在自身之内实现神人之间的和解。此外，在社团之外还存在着它的对立面，这就是世俗世界，由于二者的精神是完全相反的，因此社团从一开始就对世俗世界展现了完全拒斥的态度，而只是在自身之内实现和解。由于这种和解是在心灵之中完成的，是在精神之中对于上帝的纯粹观照之中实现的。因此，这样的和解就还是抽象的、直接的、自在存在的，它是和解的第一个阶段。当社团意识到了自身同世俗世界的外在联系，意识到后者还是鄙陋的、非和解的，它就使自身转换为了教会，开始同对方发生关系。教会乃是一个普世性的组织，也是社团的实在化。在教会之中，"真理作为现有的真理而存在"[14]，也就是说信仰的内容在教会那里已实在化为了神学和教义。于是，在教会与世俗世界之间，展开了一场彼此倾轧的激烈斗争，双方都想要凌驾于对方之上。在这场斗争中，一方面教会想要以自身的真理克服世俗，另一面世俗的恶又不可避免地侵入到了教会之中，"在一切欲望中，在与家庭、活动和国生活相关的关系中，分裂被设定于其中"[15]。这样一来，教会不仅没有能够以自身的力量实现世俗世界的和解，反倒使得自己走向了堕落和衰败。这里所说的教会实际上就是指的中世纪罗马天主教会，彼时由于教权与政权的彼此纠缠不清，使得教会内部产生了极大的腐化和分裂。这个阶段是和解的第二个阶段。可以看到，在这里精神为了使和解走出自身的抽象性，不可避免地使得自身再一次地陷入了分裂之中。为了克服这种分裂，它就必须再一次地向前发展，在伦理世界中来获得矛盾的解决。在伦理世界中，世俗世界是"按照概念、理念、真理永恒真理自身而形成了时，这就是变得具体的自由、理性的意志"[16]。这样，当神圣者进入其中时，就与后者统一了起来，上帝的意志就与国家的意志相统一。因此

---

14 【德】黑格尔：《宗教哲学讲演录II》，燕宏远等译，北京：人民出版社，2015 年，
　　第 236 页。

15 【德】黑格尔：《宗教哲学讲演录II》，燕宏远等译，北京：人民出版社，2015 年，
　　第 244 页。

16 【德】黑格尔：《宗教哲学讲演录II》，燕宏远等译，北京：人民出版社，2015 年，
　　第 244 页。

一方面，"世俗事物自在自为是合理的，因为现实的基础是神圣的意志、权力法则和自由法则"[17]；另一方面，"神圣事物赖以在现实领域中将自身实在化的真正和解，在于合乎伦理的和合法的国家生活"[18]。这样，世俗的东西实际上就是神圣的东西，伦理生活的制度就是神圣的制度。因此，精神就在现实存在中完成了向着自身的回归，"在伦理中现有并实现了宗教与现实、世俗的和解"[19]。这个伦理世界实际上就是黑格尔理想当中的通过新教改造后的市民社会，这种理想社会在后来的马克斯·韦伯那里得到了更为具象化的丰富。精神在这里所对应着的阶段正是《精神哲学》中的"客观精神"阶段，至此，它在自身内的客观发展阶段已宣告完成。

可以看到，在圣灵的王国中，向着自身回归着的精神首先是一种单纯的状态，亦即在社团内被主观精神直接地、单纯地认识和信仰着的状态，在这里精神与自身的和解乃是抽象的和解；其次，当社团经历了与世俗世界的碰撞和争斗，经历了启蒙运动对于其非理性内容的质疑之后，精神就进入了一种知性的状态，亦即通过他者对自身进行着反思和思辩的状态；最后，精神发现自己不是别的，正是绝对的真理，它的本质就是绝对的、纯粹的思，于是它就回到了绝对理念之中，亦即自我思维着的理念之中。在这里，精神就是以哲学的方式认识着自身，也就是以纯粹思维和精神的方式认识着自身。"黑格尔相信，对于这种理解的追求与这种知识的参与（关于上帝的理解与知识）乃是从属于哲学的任务。"[20]在哲学那里，既排斥着信仰的非理性和神秘主义，同时也排斥着启蒙运动对于绝对真理的否定。哲学的任务就是以理性和思辩的方式阐明信仰，其目的就在于认识真理和上帝，"因为他是绝对的真理……哲学认识到上帝本质上是具体的，是精神的、实在的普遍性，该普遍性并不是忌妒的，而是传播自身"[21]。这种哲学的概念就是"思维着自己的

17　【德】黑格尔：《宗教哲学讲演录II》，燕宏远等译，北京：人民出版社，2015年，第244页。

18　【德】黑格尔：《宗教哲学讲演录II》，燕宏远等译，北京：人民出版社，2015年，第244页。

19　【德】黑格尔：《宗教哲学讲演录II》，燕宏远等译，北京：人民出版社，2015年，第244页。

20　Martin J. De Nys, Hegel and Theology, London: T & T Clark International, 2009. p.162.

21　【德】黑格尔：《宗教哲学讲演录II》，燕宏远等译，北京：人民出版社，2015年，第250页。

理念，进行着知的真理"[22]。通过哲学，信仰与理性、精神与内容就实现了和解与统一。在哲学中，"宗教从思维着的意识出发获得其证明"[23]，在此意义上哲学就与神学合而为一了。

因此，在人们的信仰生活之中，为了实现信仰的真理性，需要借助哲学的力量来加以维护，并克服精神与现实之间的分裂，弥合教会与世俗世界之间的鸿沟，"在启示的宗教中重获真理和理念"[24]。从历史的维度来看，只要世俗世界存在着，或者说只要人类社会存在着，精神与实在的分裂就始终存在，精神就无法实现完全的自身内和解，而只能在现实之中实现暂时的、局部的和解。因此黑格尔最后也发出感慨："暂时的、经验的当下如何从其分裂中找到出路、如何自我塑造，则不得不留给世俗世界，而这并不是哲学直接的、实际的事业和事务"[25]。

另一方面，哲学实际上也成为了上帝认识自身的最后、最高的方式，或者说是精神向自我回归的最后途径。到了这里，精神终于结束了它漫长的历程，从最初的内在于自身的抽象存在（圣父的王国）逐渐外化出自我的异在（圣子的王国），最后在扬弃了这种异在之后回归到自身，回归到它真正的本质之中。相比于第一阶段，精神通过外化和克服外化完全地认识到了自己的内容、自己的丰富，通过客观世界这一面镜子实实在在地看到了自己的本真，并最终带着这样的收获回到了自己的家园（圣灵的王国）之中。在这里，它终于以纯粹概念的方式认识到了自身，意识到了自己就是绝对的精神，永恒地自我思维着、自我展开着的精神，意识到了一切的客观存在都不过是自己外在的演化。尽管从黑格尔的哲学体系来看，理论建构就到此为止了，但从神学的角度来看，哲学与信仰的统一却并不能构成世界发展的终点，同样，也不能构成精神发展的终点。按照精神发展的逻辑，一切的外在形态都要最终被扬弃掉，在精神与自身之间不再有任何实在作为中介存在着。这样，从

---

22 【德】黑格尔：《精神哲学》，杨祖陶译，北京：人民出版社，2012 年，第 397 页。

23 【德】黑格尔：《宗教哲学讲演录Ⅱ》，燕宏远等译，北京：人民出版社，2015 年，第 250 页。

24 【德】黑格尔：《宗教哲学讲演录Ⅱ》，燕宏远等译，北京：人民出版社，2015 年，第 252 页。

25 【德】黑格尔：《宗教哲学讲演录Ⅱ》，燕宏远等译，北京：人民出版社，2015 年，第 252 页。

圣经的观点来看，那就是"天地要废去"【太 24：35】，亦即世界和人类于其间的历史走向终末，其时"有形质的都要被烈火销化，地和其上的物都要烧尽了"【彼后 3：10】。这种消灭，不仅仅代表着上帝对世界和人类的审判，也更意味着他对于自我之异在的最终完全扬弃。如此，精神就把一切的实在收归到了自身之中，实现了以概念的方式与自身的完全统一，而（得救后的）人类也以灵的形态复归到了上帝之中，这就是精神自我发展真正的终点。但是，值得注意的是，这个终点并不意味着精神从此停滞不前，成为固定于自身之内的存在。由于上帝乃是"又真又活"的神，是活生生的精神，是主观与客观、理念与实在的统一，亦是全部的现实性，是永恒地思维着和认识着自己的精神，因此精神的终点就是预言中的"新天新地"，在其中，三位一体的上帝真正地实现了自己的概念，他作为"永恒的自在自为地存在着的理念永恒地作为绝对精神实现着自己、产生着自己和享受着自己"[26]。至此，圣灵的王国宣告完成，历史和时间已不复存在，精神在其永恒的王国之中实现着自己的完满，在其间"有神和羔羊的宝座，他的仆人都要侍奉他。也要见他的面------因为主神要光照他们，他们要作王，直到永永远远"【启 22：3-5】。

26　【德】黑格尔：《精神哲学》，杨祖陶译，北京：人民出版社，2012 年，第 399 页。

第四章　黑格尔精神神学演绎（上）

第一节　上帝论：作为主体性的绝对精神

在前面的叙述中我们看到，在黑格尔的观念中，基督教的上帝就是绝对精神或绝对理念，是自在自为的、自知着的精神。作为自我启示着的精神，上帝并不是那存在于彼岸世界的神秘存在，而是使自己临在于历史之中，将自我呈现为一个线性的发展过程，一个向着自身不断回归着的过程。从圣父的王国、圣子的王国到圣灵的王国，作为精神的上帝逐渐走向具象化、完善化。因此，当人们想要真正地认识上帝时，他们就必须置身于精神的动态性之中，在历史的过往与现实之间经验上帝的自我演化。这就是黑格尔在其哲学体系中对于上帝的定位。接下来我们就要追问的是，论证上帝的存在是否具有有效性？上帝对于人是如何可知的？上帝存在的依据在哪里？

一、上帝存在之证明

对于普通的基督徒而言，上帝的存在乃是其信仰的前提，是上帝的存在决定了人们对于他的信仰，因此，他的存在乃是不证自明的。前面曾提到过，德尔图良对于上帝的确信就是"因为荒谬"，因为在他看来，在理性上对上帝的存在进行推理和思考，就会偏离信仰。然而，当神学开始以哲学的方法论来进行自我构建时，在理性上证明而不是仅仅断言式的宣称上帝的存在就成为了必要的。正如托马斯·阿奎那所指出的那样，上帝的存在问题本身是不证自明的，"上帝"与"存在"乃是主词和宾词的绝对一致，这是不能由

自然理性能够把握和明白的真理。但是对于很多人而言，由于他们并不明白这里的主词和宾词的意义，因此在他们的知性中，上帝的存在并不能是不证自明的。而这种不明白的根本原因，则在于我们无法真正地理解上帝的本质是什么。这样，神学家们就必须从理性的角度对"上帝存在"进行论证和阐释，将这个命题的真理性彰显出来。

从论证的角度来看，证明上帝存在的方式大致有四种，即本体论的证明（Ontological Argument）、宇宙论的证明（Cosmological Argument）、目的论的证明（Teleological Argument）和道德论的证明（Moral Argument）。本体论证明的典型是安瑟伦和笛卡尔。安瑟伦从思维与存在的同一性出发，认为上帝是我们思想中最大、最完善的表象，如果上帝仅仅只是表象，是源于我们的想象，那么他就不是完善的，这与该表象的属性相矛盾，因此上帝必然是思维和存在的统一，上帝的概念就必然地包含着他的存在。同时，上帝乃是一个必然的存在者，因此他的存在是绝对的、无条件的，因此如果我们说"必然的存在者不存在"时，就陷入了思维的矛盾之中。因此上帝不能被想象为不存在的。而在笛卡尔看来，上帝就其本性来说是最完满的，因此关于上帝的观念就是一个完满的观念，但是由于我们自身是并不完满的，因此这个完满的观念不可能是出自我们自己，而是源于这个观念背后的实体，亦即上帝。因此，上帝的观念就必然包含着他存在的现实性。宇宙论论证乃是"从世间事物的偶然性推论到其此在的一个为了此在不需要别的任何东西，而是通过自己本身存在，以致此在必然属于其本质概念的原因"[1]。宇宙论和目的论证明的代表都是托马斯·阿奎那。他的证明途径就是我们前面所提到的"五路"。宇宙论论证就是其中的"不动的第一动者"，即从万事万物的运动推出其背后作用着的终极原因，就是本身为第一推动力的上帝，这种观念源于亚里士多德的因果律。而目的论论证则是从诸实在的目的指向推出作为终极目的的上帝。亦即，凡世间万物皆有其所为之运动着的目的，以达到自身的最佳状态，即便是在无理性的自然物那里也是如此。因此在它们的背后，一定存在着一个指挥着诸运动的智慧者，也是万物运动之目的的终极目的所在，这就是上帝。道德论证明的代表则是康德。康德否认宇宙论证明、本体论证明和目的论证明的有效性。在他看来，目的论证明无异于古希腊的诡辩术，而宇宙论

---

1 【德】潘能伯格：《系统神学》（卷一），李秋零译，香港：道风书社，2013年，第111页。

证明的错误则在于将本来只适用于经验感性领域的逻辑普遍因果性误用于它所无法企及的超验领域，同时，宇宙的偶然性也是不容否定的，从其中并不能够推出阿奎那所认为的那种终极的必然性来。另外，对于上帝存在的本体论证明从根本上就是错误的，因为思维和对象并不能直接地等同起来，尽管概念上的一百塔拉（德国货币）和现实中的一百塔拉都可以以"存在"作为其谓语，但二者的存在显然不是一回事。在上帝存在的命题中，"存在"这个宾词所指涉的主词乃是"上帝"，而不是"绝对完善的上帝"，亦即，上帝的存在和上帝是绝对完善者乃是两个不同的范畴，在"上帝"的概念前面加上"绝对完善的"或"全能的"定语之后，命题的涵义就发生了变化，亦即增添了新的知识。同时，在"上帝存在"的命题中，"存在"仅仅是一个系词，它无法给"上帝"这个主词增添任何有效的属性，添加上新的知识。因此尽管在我们的观念中有着上帝的概念，但我们却不能从这个概念中引出上帝的存在来。"存在"乃是一种对于实在状态的描述，它是与概念完全不同的、而且是对立着的范畴，因此概念是不能包含着存在的。因此，康德就否定了对于上帝存在的本体论证明。在康德看来，由于上帝是超越于理性范畴的，是没有办法通过知性的能力来加以认识的，因此理性上的证明就是行不通的。但是，我们却能够从另一个角度来推出上帝的存在，这就是伦理或者道德论的角度。康德认为，道德的法则只有在遵守自律的前提下才是有意义的，一个遵从自律的道德主体才能够获得真正的自由。由于自律是不受外在的约束的，因此它只能在主体内心之中的标准下获得有效性，这个标准就是上帝。全知全能的上帝不仅能够督促主体在道德生活中遵守自律和道德法则，同时也是道德主体的幸福的保障，因为世界并不能够必然地保障主体之善行的回报，这个回报只能在作为至善的上帝那里才能实现。因此，上帝就是那使得自由意志与道德法则、理想幸福与实践理性合而为一的力量。这样，在实践理性的领域，上帝就作为其中的根本和终极的保障。

从上面的分析可以看到，无论是从本体论的角度、宇宙论的角度、目的论的角度还是道德论的角度，其目的都在于从逻辑上推演出上帝的存在，或者说是证明上帝存在的逻辑合理性。而在黑格尔那里，由于他把理念视作是概念与其客观性的统一，因此作为绝对理念的上帝也是其概念与现实性的绝对统一。在前面对于精神的考察中可以看到，上帝正是从最初的抽象概念演化出自己的现实性，而回到自身中的、作为绝对真理的上帝就是完成了的上

帝之概念，也是其抽象概念与现实性的统一体。因此黑格尔的上帝证明实际上也是一种本体论的证明。尽管在《宗教哲学讲演录》中，黑格尔已经通过精神的演绎完成了对于上帝的形而上证明，但是他似乎并不满足于此。在1829年，也就是黑格尔去世的前夕，《上帝存在之论证讲演》一文完成，在其中，黑格尔对上帝的存在进行了本体论式的证明。

1. 论证上帝存在的有效性

在上面的内容中，我们曾讲到了安瑟伦的本体论论证，以及康德对他的批判。而在黑格尔看来，安瑟伦的错误在于，他从上帝的概念推演出其存在的必然，乃是通过抽象理智的形式进行的。而事实上，并不是某物的概念包含着其存在，而是概念本身决定了它必然要从自己那里将自己实现出来，也就是在否定自我之抽象性的基础上获得它的现实性。因此，我们不能说概念可以等同于存在，却可以说概念可以等同于它的运动，即将自我的现实性存在实现出来的运动。只有这种形式的思维与存在的辩证统一，才是真正的本体论证明。因此黑格尔认为，安瑟伦的本体论论证的思路是正确的，但是却没有能够采取正确的形式。同时，黑格尔认为康德对于安瑟伦的批判同样也是存在着问题的。因为尽管康德看到了安瑟伦在证明形式上的抽象性，但却将概念与存在的统一性也一并地否定掉了。这种做法无异于在倒掉澡盆里的脏水时，将婴儿同洗澡水一起倒掉了。因此，康德的错误就在于他将概念与存在完全地对立了起来，将前者看作是绝对主观的，而后者则是绝对客观的，二者完全不能通融。但实际上，概念本身就决定了它必然要走出自身，在实践活动中扬弃自身的主观性，来获得它的客观性：

> 黑格尔首先指出理性的界限：它在"存在"之上是最弱小的，是用最不完全的概念来定义的；它只能通过更进一步的概念来进行定义，使得我们能接近存在、真理和现实性，然而这些东西是远远大于存在本身的。他的第二个关注在于：概念与存在之间的鸿沟标志着一种确切的界限；它只适用于有限的客体——就像一百塔拉那样，但却不能用于上帝：上帝并非某种我能放入（或不能放入）我口袋中的东西。[2]

因此，黑格尔对于上帝存在的证明，就是从他的辩证式本体论论证来进

2　Zizek, Slavoj, Hegel and the Infinite: Religion, Politics, and Dialectic, New York: Columbia University Press, 2011, p.226.

行的。在《上帝存在之论证讲演录》的开头，黑格尔道出了证明上帝存在的必要性。在他看来，由于现代文明基于理性原因对于上帝存在的质疑或"成见"，认为那种传统的形而上的上帝证明是陈腐的，"宗教真理之证明本身已经在时代的思维方式中大大地失去了全部信誉"[3]。但是，黑格尔却认为，证明上帝存在的必要性产生于一种需要，即"让思维、理性得以满足"[4]，而且正是在基督教信仰之中所产生信仰与理性之间的张力，引起了心灵深处的分裂，呼唤着人们在理性上对上帝进行理解。因为上帝的创造绝不会产生与自身相矛盾的东西，同样地，人在其精神之中，在思之理性中也不能产生"在那个通过对上帝之本性和人与上帝本性之关系的更高的突然醒悟而来到它身上的东西中，遭到反对"[5]。在中世纪时，教父们在神学中探讨基督教的信仰真理，亦即用哲学的方式来理解信仰。在黑格尔看来，尽管彼时的神学研究大多依靠权威的论断，但在实证宗教里的教义却可以与理性和谐相处，后者甚至可以触及信仰深处的神秘部分，如上帝存在、三位一体、灵魂不死等。同样地，在新教教会中那里，神学研究从一开始就致力于对宗教真理的理性认识，尽管信仰的真理本身是要远远超过理性的能力的。因此，"实定的教义和对宗教真理的理性认识就平和地一起得以推进"[6]。然而，到了黑格尔的时代，在启蒙运动的冲击下，理性在信仰的领域开始变得畏首畏尾，不敢再超越康德为它所划定的界限，而只能在宗教的那些抽象内容上活动。信仰变成了直接的知，而与思维形成了对立的东西。因此，在宗教的考察中，尤其是在对于上帝的认识中，思维与信仰的对立表现得尤为明显。但是事实上信仰是不能脱离思维的，尽管二者之间存在着本质的差异，但是对于上帝的认识，正是立足于信仰与思维的这种对立着的张力之中。因此，在黑格尔看来，上帝并非康德所认为的那样是理性不可企及的自在之物，在我们认识上帝的过

3　【德】黑格尔：《宗教哲学讲演录Ⅱ》，燕宏远等译，北京：人民出版社，2015年，第256页。

4　【德】黑格尔：《宗教哲学讲演录Ⅱ》，燕宏远等译，北京：人民出版社，2015年，第256页。

5　【德】黑格尔：《宗教哲学讲演录Ⅱ》，燕宏远等译，北京：人民出版社，2015年，第257页。

6　【德】黑格尔：《宗教哲学讲演录Ⅱ》，燕宏远等译，北京：人民出版社，2015年，第258页。

程中，上帝就成为了思维的对象，这样，对于上帝存在认识的考察，实际上就是对于认识本身的考察。同时，必然性与偶然性也并非绝对对立着的，偶然性中蕴含着必然性，而必然性中也蕴含着偶然性，二者乃是处于辩证的对立之中，是不能完全地分割开来的。因此，黑格尔就在对于康德批判的基础上确定了论证上帝存在的有效性。那么，既然我们可以对上帝的存在进行论证，上帝对于我们来说是可思维的对象，接下来需要追问的就是，上帝对于我们来说是如何可知的？他是以何种方式成为我们的思维对象的？

2. 上帝的可知性

在上帝的可知性上，圣经文本的观点是十分明确的，那就是上帝不仅本身全知全能，而且也是临在于历史和世界之中，将自身向人类启示出来的。一般来说，上帝对于自身的启示有两种方式，其一是通过他的创造活动或创造物，其二是通过他的话语，即"言"。按照圣经的观点，人由于犯罪堕落而不能得见神的面，倘若直接面对上帝，其后果就是死亡。如耶和华在《出埃及记》中对摩西的晓喻："你下去嘱咐百姓，不可闯过来到我面前观看，恐怕他们有多人死亡"【出 19：21】。因此当上帝要向人类表明他的临在时，就会采取一系列物化的象征，譬如在摩西面前的荆棘中燃起的火焰，出埃及时的云柱与火柱，向约伯宣告时的旋风，等等。这是上帝在某些特定情景下的主动显现。另一方面，由于上帝的本质是灵，不可眼见，因此他最普遍的一种启示就是，通过他的作品——诸被造物，来宣示这位造物主的存在。许多经文都极其明显地表现了这一点，如"诸天述说神的荣耀。穹苍传扬他的手段"【诗 19：1】；"自从造天地以来，神的永能和神性是明明可知的，虽是眼不能见，但借着所造之物，就可以晓得，叫人无可推诿"【罗 1：20】。伯恩卡姆（Günther Bornkamm）指出，上帝的这种可知性，"不是人的一种通过自己的努力才能够实现出来的可能性，而是一个由上帝确立的事实，人们带有这个事实，而且它表明了人们转向偶像崇拜的不可恕罪性"[7]。这种透过被造物的启示实际上就是宇宙论论证的来源。但是，如果仅仅是通过被造物来设想其背后的造物主，却容易使人走向自然神论或多神论，而难以正确而充分地认识到上帝。

由于透过被造物来设想上帝具有很大的局限性，因此上帝的启示更多地

7　【德】潘能伯格：《系统神学》（卷一），李秋零译，香港：道风书社，2013 年，第99 页。

是通过他的"言说"来进行的。如"他的量带通遍天下，他的言语传到地极"【诗 19：4】。在旧约时代，上帝常常借助先知之口来传达他的信息，这些信息自然也是以言语的形式表现的。而当玛利亚接到要从圣灵怀孕的启示时，上帝同样也是通过天使的口来宣示他的话语的。而耶稣基督的"道成肉身"，则应当被更确切地表达为"言成肉身"。因此，通过（在圣经中的）言语，上帝就可以向人们准确无误地启示他自身的存在，他的属性和活动，以及他要向人们传达的命令。

从哲学的角度来看，一方面，由于上帝超越于有限者而存在，因此人无法凭借其感官来触知上帝——亦即，受造物无法通过自身的能力到达造物主那里；另一方面，如果上帝是绝对不可知的，只是自然神论意义上的上帝，那么他的存在实际上也就失去了意义——尼采的"上帝死了"正是在此意义上对于上帝的否定。因此上帝可知乃是一切宗教和神学研究的前提，而留给神学的一个很大的课题，就是这种可知是如何实现的。在黑格尔看来，尽管在他的时代，人人都信奉宗教，但并非每一个人都能够正确地认识上帝，了解他的属性，并且在这种认识里面还会带有极大的主观性。因此，必须对上帝本身及其可知性进行考察，才能够使我们真正地认识到上帝的真理性。通过前面的考察我们知道，在黑格尔的哲学语境中，在上帝与人之间存在着相同的本质，即精神，而正是这种本质上的同质性使得上帝的可知成为了可能。"上帝本质上就是精神，是作为知的精神。因此，这是精神与精神的一种关系。精神与精神的这种关系是宗教的基础"[8]。同时，通过前面的内容我们也了解到，基督教乃是启示的宗教，亦即上帝将自身启示在历史的具象性之中。这样，人们对于上帝的知，就是通过对于基督的知而实现的，换言之，正是基督采取了人的形态，成为了可感知的活生生的主体，上帝才能够从不可捉摸的灵转变为可被经历到的实在，从将自身完备地启示出来。如此看来，在黑格尔那里，上帝的可知性就主要通过两个途径实现出来，即：1. 道成肉身的基督；2. 作为主体的人在其主观精神中对于作为精神之上帝的知。这样，黑格尔实际上就打破了康德在经验世界与超验世界之间划定的界限，使人同上帝在精神中统一的基础上实现了相通。上帝的可知性就在此得到了解决。

---

8 【德】黑格尔：《宗教哲学讲演录II》，燕宏远等译，北京：人民出版社，2015 年，第 72 页。

3. 上帝启示的真理性

在明确了上帝是可知的，以及有必要在信仰之中证明上帝之存在以后，我们就来具体地考察黑格尔是如何论证上帝自我启示的真理性的。前面提到过，康德反对本体论意义上的思维与存在的统一。而与黑格尔同时代的雅可比认为，我们的思想是无法触及无限者的，而只能用直接的知来予以把握。因此上帝的存在是不能够通过思维来论证的，只能够作为单纯信仰的对象。黑格尔对康德和雅可比均进行了反驳，在他看来，思维不仅可以将存在包含在自身之内，同时也可以对一切真理进行测度。并且，只有通过思维检验和论证了的真理，才成其为真正的真理。因此，我们对于上帝及其存在的认识也是如此。单纯的知，实际上是没有意义的。譬如在"上帝存在"这一命题中，仅仅是知道"存在"是没有作用的，因为我们并不知晓上帝是以何种方式存在，因此在"上帝存在"一语中，"上帝"不会得到任何实际的规定性。因此我们不能停留在主观的知和信仰中考察上帝，而要在思维中对上帝之存在进行反思，从而发现"他为我们而存在，从而从他那方面拥有同我们的关系，这些都真的是这样……由此就说明了，上帝把自己传达给人，并得到承认：上帝不嫉妒"[9]。在"既定的宗教"那里，由于精神还束缚在自然的外在形态中，因此主体只能依靠想象来描述神灵。而实际上，上帝已经通过他自身的行动，向世人昭示着他的存在和属性。这种行动首先就是创世活动。在普罗提洛看来，神灵就是光明的"太一"，当光明向四围流溢，将自身传递出去时，它本身是不会有任何衰减的。而作为精神的上帝同样也是如此，上帝不仅使精神实在化为自然，唤出其存在，同时也将这个自然赐予人类，使主体能够认识到有形的精神，而这样的行动却并不会导致上帝自身的衰减。同时，上帝也使自我化身为精神的主体，亦即通过耶稣基督来向人启示自我。从某种程度上来说，上帝自我启示的特定对象就是人，而且只能是人，因为上帝不能向自然展现自身，"因为上帝即是精神，只向思维着的、亦是精神的人启示"[10]。这样看来，上帝实际上就是为我而存在的，并且必然地向我启示着自身，在这种启示中，由于其本质是精神对于精神的昭示，因此这种认识

9 【德】黑格尔：《宗教哲学讲演录II》，燕宏远等译，北京：人民出版社，2015年，第285页。

10 【德】黑格尔：《宗教哲学讲演录II》，燕宏远等译，北京：人民出版社，2015年，第286页。

实际上就圣灵直接临在于主体精神之中。因此，无论是主体认识的有限性，还是人之理性的界限，都是无法阻止人认识到上帝的，"这乃是上帝在人之知中自知的自我意识"[11]。

因此人对于上帝的知，就不能仅仅停留在外在的表象上，亦即只是通过上帝的创造物来设想或幻想其背后的造物主，而必须作为纯粹的灵，从感觉、直观、幻想逐渐过渡到思，在思维中真正地把握上帝，并且认识到他的属性或规定性。从上帝的方面讲，由于他已向世人昭示自身，因此人对于上帝认识的障碍就不会存在。这样，像休谟那样对于经验认知的束缚，以及康德对于理性能力的限制，在这里就是不存在的，人的理性与神圣的理性从根本上讲乃是统一的、无界限的。如是，黑格尔就突破了启蒙运动的理性观念，将上帝的可知性建立在了他启示的真理性之上。而这种启示的真理性并不是建立在神迹的显现之上——正如黑格尔在《耶稣生平》一文中刻意回避了各种神迹奇事那样，而是源于灵的见证。通过对于上帝的信念，"精神的最内在的东西不仅依据它本身的确定性（良知），而且也通过内容被直接要求——，精神恰恰因此而具有绝对的权利：它自己的见证而非陌生精神的见证，是决定者、确证者"[12]。因此，上帝的启示之所以为真，就是因为这种启示是（在上之）灵对于（在下之）灵的启示，同时也是由于（在下之）灵或精神在自身之中对于（在上之）灵的经验与思维。这样，启示的真理性就不是建立在外在的表象之上，而是源于内在的确信与契合。

二、上帝的属性

既然上帝上帝的可知性及其启示的真理性已经得到了确定，下面我们就来考察上黑格尔是如何阐述帝自身的属性的。所谓上帝的属性，也就是"上帝"这一概念的内涵，要确立对于上帝的信仰，就必须要追问上帝是什么。在很多的宗教中，神被直接等同于某些实体，譬如原始宗教中的自然物——太阳、山岭、树木，或者是一些多神教中的偶像。但是，在基督教信仰中的上帝却是同受造物直接区别开来的，由于他并不具有任何可见的形象，因此

---

11 【德】黑格尔：《宗教哲学讲演录II》，燕宏远等译，北京：人民出版社，2015年，第 286 页。

12 【德】黑格尔：《宗教哲学讲演录II》，燕宏远等译，北京：人民出版社，2015年，第 290 页。

一切对于上帝的图式化表现都是被明令禁止的，正如上帝在十诫中所宣示的那样，"不可为自己雕刻偶像；也不可作什么形像仿佛上天、下地和地底下、水中的百物。"【出 20：4】加尔文对此解释道："人所雕刻来代表神的每一个雕像或所画的像形象，不但完全不能取悦神，反而羞辱神的威严"[13]。这就注定了上帝的隐秘性与抽象性。这样，正是上帝的这种神秘性、崇高性和无限性，并且是超越于我们的理性和一切可言说的概念的，因此言说上帝属性的尝试就是极其困难的。尼斯的格列高利认为，由于上帝是无限的，我们不能以自己的认知来"规定"上帝的本质。而大马士革的约翰则进一步指出，虽然上帝能够启示其自我一部分让我们认知，但是我们始终都无法认识到他的本质，因此一切关于上帝的言说都不是阐明上帝为何，而是他不为何。托马斯·阿奎那将这个理论总结为：要首先在否定的层面来谈论上帝，亦即我们只能言说上帝不是什么，而不能言说上帝是什么。因为一旦断言上帝"是"什么，上帝的属性就被局限在了这样的断言内，亦即他的无限性就被判断所否定掉了。因此，我们只能从否定的方面言说上帝，如上帝没有恶的属性，上帝不会犯罪、上帝不会做违背他自己旨意的事，等等。而另一些观念干脆直接断言，我们没有任何关于上帝属性的确定性，对于他的属性我们应当保持沉默。

黑格尔反对这些做法，在他看来，一旦我们停止言说，我们也无法在思维中对上帝进行观照了。应当承认，没有任何人能够完全确切地言说上帝，因为"从来没有人看见神，只有在父怀里的独生子将他表明出来。"【约 1：18】这就是说，除了通过那被启示给我们的信息外，我们无从得知更多的东西，有限者只能够认识有限的存在。从这个方面来说，上帝将自我客观化，以异化作为自我的规定性，使得其自身具有可知性成为了可能。就如上帝在圣经中的应许："你们寻求我、若专心寻求我、就必寻见。"【耶 29：13】对于上帝的寻求，当然只能遵循上帝所指示的道路，即透过他在圣经中的圣言，以及道成肉身的耶稣基督。在旧约时代，上帝常常亲自向特定的人作出话语上的启示，这其中具有代表性的就是他与摩西的交谈。当摩西询问那向他说话的对象是何者时，上帝在燃烧的荆棘中回答，我是你父辈的神，且是"自有永有的"，以启示出他的永恒性；在带领以色列人出埃及时，上帝在旷野之中化

---

13 【法】约翰·加尔文：《基督教要义》（上册），钱曜诚等译，北京：生活·读书·新知三联书店，2010 年，第 74 页。

身云柱与火柱同以色列民同行，以表明他的临在性；当上帝通过先知拿单斥责大卫的罪性时，则表明了他的公义性。到了新约时代，上帝将他自身集中体现在了耶稣基督上，尤其是耶稣的神性之上。当然，上帝与其自身是统一的，这意味着，隐秘的上帝与显现出来的上帝还是同一位上帝，"在启示事件中，隐秘的上帝作为耶稣基督的父显明出来，而隐秘的上帝与显明的上帝的统一性显现在圣父与圣子的统一性中"[14]。这样，通过上帝在圣言中（包括言成肉身的耶稣基督）的启示，我们就能够从显明的上帝那里感受和思想到隐秘的上帝的存在，尽管我们无从言说他的隐秘性，但是对于这种双重的统一性的把握，我们就能够充分地认识上帝的真正属性。

由于黑格尔肯定了启示的真理性，因此上帝的属性就必须要在这些启示之中去寻找。按照安瑟伦的说法，我们每个人都具有关于上帝的普遍表象，黑格尔认为这个表象应该是"撇开其现实性问题不谈，这种概念自为地就随身带有这样的要求，即：它因此在自己本身中是真的"[15]。也就是说，这样的表象应该是一个与自身同一的概念，在逻辑上具有真理性的概念。而上帝的属性则是用来充实和完善这个概念的，前者作为后者的诸规定而存在。在黑格尔看来，上帝的属性就表现为他与世界的关联。由于上帝本身是绝对独立的，而世界又是上帝的异在，因此上帝与世界的关联实际上就是他与自身的关联。不过，上帝的现实性是大大超越于自然和人类的，这样，他的属性就表现为一种看似矛盾的存在，即他既与世界相关联和统一，同时又独立于世界而存在。实际上，黑格尔在论述上帝时，总是从他和世界的统一性出发的，二者的本质是作为精神的同一。这样，从上帝与世界的关联来看上帝的属性，就是对于精神本身的考察："精神向着上帝的这种提升存在于对他的概念和他的特性以及他的存在的某一规定中，——或者上帝作为概念或表象乃是完全不确定的东西；只有过渡……即向着存在的过渡，才是概念、表象之进入规定性中"[16]。

14　【德】潘能伯格：《系统神学》（卷一），李秋零译，香港：道风书社，2013 年，第 447 页。

15　【德】黑格尔：《宗教哲学讲演录Ⅱ》，燕宏远等译，北京：人民出版社，2015 年，第 292 页。

16　【德】黑格尔：《宗教哲学讲演录Ⅱ》，燕宏远等译，北京：人民出版社，2015 年，第 294 页。

1. 上帝的无限性、永恒性、全能性

在托马斯·阿奎那看来，从第一因的论证法中可以依次推出上帝的单纯性、完善性、良善性和无限性。经过历代神学家的发展，无限性、全能性、永恒性与良善性被最终确立为上帝所具有的最基本、也是最本质的属性。可以说，正是这些基本属性决定了上帝作为"独一的真神"而存在。奥古斯丁曾在《上帝之城》中对当时的罗马多神教大加讥讽和挞伐，认为异教徒们之所以需要那么多的神灵，譬如战争之神、生育之神、建造之神等，是因为每一位神的能力都小得可怜，只能够担任那么一点微弱的工作。相反，正是上帝是无限的、全能的，因此他不需要别的什么神灵来辅助他，为他的职责分工；同时，也因为上帝是永恒的，因此他也不需要什么新的力量来"继承"他的工作——就像古希腊神话中奥林匹斯诸神取代旧时的泰坦诸神那样。因此，正是上帝的这种无限性、永恒性与全能性决定了他的独一地位，决定了他是"天上地下"唯一的真神，也是"从亘古直到永远"的、"掌管万有"的神。尽管在圣经中，并没有任何的经文直接描述到上帝的无限性，不过在很多关于上帝的称谓中都暗示到了这一点。"无限"意味着，上帝不会受到任何他者或范畴的限制，他是完全的自在自为的。同时，这种无限性也意味着上帝是一切有限者的本原和基底，并支撑着一切有限者的接续存在。尽管以康德为代表的理性主义者极力否认无限者与有限者之间在纯粹理性范畴中的直接关联，不过黑格尔依然通过思辩理性恢复了二者的联系。 在黑格尔看来，有限者的生成正是作为无限者的上帝为自身设定外在规定性的结果，也就是说上帝对于自我的限制产生了客观化的诸有限存在。因此，相比起托马斯·阿奎那和笛卡尔从有限者那里推出上帝的无限性，黑格尔乃是直接从上帝的无限精神入手的，当他将上帝作为完全与自我同一的绝对精神时，上帝的无限性就作为绝对精神的这种自我决定、自在自为的本质属性而被肯定了。

上帝的永恒性在圣经中被描述为"昔在、今在、以后永在的全能者"【启4：8】，也就是说上帝的存在是不受到时间的限制的。圣经常常用有限的存在来衬托上帝的永恒，譬如诗篇102章26到27节的描述："天地都要灭没，你却要长存；天地都要如外衣渐渐旧了，你要将天地如里衣更换，天地就改变了。惟有你永不改变，你的年数没有穷尽。"在希伯来语中，永恒就是指的不受限制的恒久，因此上帝的永恒性乃是与他的无限性密切相关的，在某种程度上，他的永恒性就等于他的无限性。不过一般来讲，永恒性这个词是与时

间性联系在一起的。以赛亚书 44 章 6 节就从时间的维度展现了上帝的无限性："我是首先的，我是末后的，除我以外，再没有真神。"在奥古斯丁看来，时间是属于上帝的创造，具体地讲，就是随着有形世界的产生而产生的，不过时间本身是与上帝的永恒性相分离的，也就是说在上帝的永恒之中是没有时间的概念的。而在康德的先验范畴中，时间是作为"感性直观的纯形式"，一切的现象都不能脱离时间而存在，时间作为现象的条件是不可取消的。由于康德把时间本身看作是一维的，因此存在的只有一种"时间之流"，也就是说它是不容分割的（尽管我们的知性会把时间分开来看待），所谓不同的时间都是同一时间的一部分。因此时间的无限性就意味着"时间的一切确定的大小只有通过对一个惟一的、作为基础的时间进行限制才有可能。因此，时间这一本源的表象必须作为无限制的而被给予出来"[17]。按照这样的观点，只要知能够持续地存在，那么作为直观形式的时间就是永恒的。由于上帝是永恒地知觉着的，因此在他那里时间就必定是永恒的（如果在上帝之内的确具有时间概念的话）。黑格尔对于时间的看法与康德相仿，也将其作为感性或直观的纯粹形式，同时也是物质存在的一种形式。在常人看来，是时间带来了事物的改变，但是黑格尔认为情况恰恰相反，即并不是事物在时间中变化，时间亦不具有实体性，而是"时间本身就是这种变易，即产生和消逝，就是现实存在着的抽象，就是产生一切并摧毁自己产物的克洛诺斯"[18]，这也就是说，所谓时间就是事物发展变化的一种直观性表象。具有时间性的存在都是有限的东西，它们服从于时间的支配，时间性就是它们的客观规定性。与之相对应的是，"真实的东西，即理念，精神，则是永恒的"[19]。这些存在之所以是永恒的，就是因为它们是"绝对的无时间性"的，也就是说它们不受到时间的外在规定，不会产生和消逝。同时，时间本身作为概念，也是永恒的，它处在一种线性的、不可逆的发展序列中。这样看来，作为绝对精神的上帝就是永恒的，上帝本身不会受到时间性的支配，除了他自己外，他没有任何的外在规定性，包括时间。黑格尔将时间分为过去、现在和将来三个维度，对于永恒的上帝而言，只存在着永恒的当下，而没有与这个当下迥然相异的过去和未来。因为"他没有在他自身之外的未来，而是有他自己和一切与他不

17　【德】康德：《纯粹理性批判》，邓晓芒译，北京：人民出版社，2009 年，第 35 页。
18　【德】黑格尔：《自然哲学》，梁志学等译，北京：商务印书馆，1986 年，第 48 页。
19　【德】黑格尔：《自然哲学》，梁志学等译，北京：商务印书馆，1986 年，第 48 页。

同的东西的未来"[20].一言以蔽之,上帝的直观不需要借助时间的纯形式。此外,上帝的无限性还是同有限者密切相关联的。在黑格尔看来,像阿奎那那样从有限者推导出来的无限并非真正的无限,或者说是"坏的无限",这种"坏的无限"只不过是对于有限者的简单否定,因为否定只能够局限在有限者的范围内,而无法真正进展道无限那里。因此真正的无限乃是包含着有限者在自身之内的无限,并且是首先从自身过渡到有限者那里,并进而返回到自身的无限,"真正的无限是它自身和有限的统一"[21]。因此,上帝的无限性就必须要通过他对于世界的创造来体现出来,没有被造物的创生,上帝的无限性就是空洞无物的。

在圣经的经文中,上帝被多次形容为"全能的神"。这种全能意味着,上帝不仅是作为天地万有的创造者,同时也是宇宙的主宰者,对世界的运转进行由始至终的保持和维护。一部分神学家,如奥古斯丁也认为创造是一个持续进行的过程,即上帝的创造工作在天地生成之后继续进行,直到世界的末了。无论如何,上帝的全能性都是集中体现在创造和维护这两种活动中,一旦二者之中有任何一者被剥夺,上帝的全能性都会受到损坏。而自然神论的危害性恰恰就是通过对于维护工作的否定,来取消了上帝的全能性。此外,这种全能性还意味着上帝的一切活动都是出于他自己的意旨,没有任何外在的力量能够对他的行动进行干涉。这也就是说上帝的权能是无限的、不容非议的,即便是他作出超越人们理解的行为,人们也不能对此提出异议。这一点在旧约圣经的《约伯记》中表现得尤为典型:当约伯在他没有犯罪的情形下遭受了毁灭性的责罚后,他却无法指责自己的遭遇是出于上帝的不公。而面对约伯的询问,上帝并没有作出直接回答,而是首先指出,他自己的意念高于一切,没有任何人的权能可以超越于他,因为天地万物的界限都是完全凭他而立的。因此无论人遭遇到什么,都不能质疑上帝的旨意,人这样的有限的存在者,"强辩的岂可与全能者争论吗?"【约40:2】这样看来,上帝的全能性不仅可以超越一切的力量,也能够超越人的逻辑与理性。这种看似难以理喻的"我要恩待谁,就恩待谁;要怜悯谁,就怜悯谁"【出33:19】的宣告,正是从另一个维度集中体现了上帝的全能性。不过,这种全能性也并不

---

20 【德】潘能伯格:《系统神学》(卷一),李秋零译,香港:道风书社,2013 年,第 542 页。

21 【德】黑格尔:《自然哲学》,梁志学等译,北京:商务印书馆,1986 年,第 16 页。

意味着上帝可以随意做任何的事，因为他是与自身绝对统一的，他的一切行动也不能与他的属性相冲突。因此，上帝就绝不会做出有悖于他的公义性与良善性的事情来。按照托马斯·阿奎那的看法，设想上帝能够做任何的事只不过是一种抽象的思维的可能性，上帝的行动必须要受制于他自己所制定的秩序。这样，上帝就是永远不可能作恶的。无论如何，上帝的全能性是绝对必要的，因为它"确立了世界的现实性及构成世界的历史事件的现实性，上帝的全能也同样确立了其可能性"[22]。正如莱布尼茨所指出的那样，上帝的全能意志决定了一切事物的现实性。虽然神学家们对于上帝是否真的参与到世间万物的每一次具体运转中尚无定论，不过他的全能性的确是世界运转的基础。对于黑格尔而言，由于世界本身是作为绝对精神之上帝的自我异化，因此世界的流变与发展也就是客观精神的自我发展。这样看来，世界的现实性就完全是出于精神的自我演化作用，或者说是精神在客观化的阶段借以表现自身的表象。这样说来，上帝的全能性就可以说是首先体现在这种由其自身"流溢"出整个定在之存在的过程之中，以及将所有的外在存在都统摄在他自身内的能力之中。其次，上帝在自身中产生整个世界，乃是完全由他的本质——精神所决定的，正是精神自身的属性要求它必须要显明自己、与自我统一。这样，精神的这种属性实际上就可以被看作是上帝的绝对意志，

　　因此，尽管在其中黑格尔没有直接提到上帝的全能性，不过他已经在自己的自然哲学中暗示了这一点，亦即上帝凭借自身决定世界的起源、发展与将来。而上帝的全能意旨就表现在整个精神的演化过程之中。

2. 上帝的爱

　　在《创世纪》中，上帝按照自己的形象创造了人类，这意味着二者之间具有某种相通之处，亦即神性与人性并非完全割裂开来的，而是在一定程度上联结在一起的。在上帝之中，除了他超自然的神性之外，人性同样也存在于他的本质之中。尽管神性与人性的结合在圣子耶稣那里体现得最为完满，不过在圣父那里，鲜明的人性也时常被表现出来。旧约圣经中经常用人化的手段描写上帝，一种常见的手法就是上帝比喻为父亲或君王，以表现他与人类的关系。此外，上帝也常常被表现为富有情感的，他不仅会喜悦、会怜悯，

22　【德】潘能伯格：《系统神学》（卷一），李秋零译，香港：道风书社，2013 年，第 555 页。

也会发怒，甚至还会"后悔"。当然，按照奥古斯丁的说法，诸如后悔这样的情感并非是上帝真实的感觉，而是圣经的叙事者为了适应人的理解而作这样的修辞上的表达的。但无论如何，上帝丰富的情感都无一不表现出他所具有的人性来，而在耶稣基督那里，人子的肉身性则更为典型地表现了神人二性的彼此结合。因此，在某种程度上我们甚至可以说，人性就是神性的延伸和 ，即便是在堕落和扭曲后的人性那里也是如此，因为它可以被看作是神性的对立与否定。而在神性与人性的结合中，爱可以被看作是极其重要的一环。这种爱意味着相互关系和彼此联结，意味着一者与他者的亲密结合与统一。爱不仅可以作为彼此相似的事物间的结合，也可以是对于彼此相异甚至完全对立者的结合。与之形成对比的是伊斯兰教的教义，后者所倡导的爱是"教胞"之间的彼此联合，如"信士们皆为教胞，故你们应当排解教胞间的纷争"[23]。而对于异己者，尤其是异教徒们，则应当予以征服和消灭。但是在上帝的爱中是没有消极的和否定的力量的，耶稣所讲述的那个著名的"浪子回头"的故事就是这种爱的最好证明。上帝最具吸引力的一个属性就是爱，在某种程度上也可以说他就是爱本身。上帝曾向摩西宣告说："耶和华，是有怜悯、有恩典的神，不轻易发怒，并有丰盛的慈爱和诚实."【出34：6】而他爱的对象就是人类，尤其是那些属他的子民。这种对人之爱主要体现在上帝对人的保护、拯救和恩赐之上。圣经中常常将人（实际上是人的灵魂）比喻为走失的羊，而上帝则是慈爱的牧羊人，他的爱就在其对于羊的寻找和拯救之中集中地彰显出来了。当然，这种"牧羊人"式的爱在耶稣基督身上体现得更为明显，正如耶稣所说的"我是好牧人，好牧人为羊舍命。"【约10：11】耶稣的爱不仅体现在他所宣扬的天父对于世人的爱（包括天父对他的派遣），以及他本人对于对门徒和百姓的恩慈与仁爱，更体现在他的自我牺牲和救赎中。因此，"这种爱在圣子的差遣和他的献身赴死中找到了自己的表达"[24]。

总的来讲，上帝的爱可以分为两大类，即他对自身的爱和他对于世界和人类的爱。从圣经上来看，上帝对于自身的爱，主要体现在圣子对于圣父的忠诚、顺服与爱之上。而在黑格尔看来，爱意味着和解与统一，在上帝之中，爱既是他的本质之一，同时又是他的自我确证性。上帝对于自身的这种爱集

---

23 《古兰经》，马坚译，北京：中国社会科学院出版社2003年，第387页。

24 【德】潘能伯格：《系统神学》（卷一），李秋零译，香港：道风书社，2013年，第560页。

中体现在其三个位格的彼此相爱上：圣父、圣子、圣灵彼此之间是由爱的纽带联系在一起的，三者之间的彼此联结、相互统一就是上帝对于自身的爱。由于上帝是作为绝对主体而存在的，他必须与自身绝对地统一，而这种统一的力量就是他对自身的爱。上帝爱自身，意味着他绝对的无矛盾性、绝对的自我统一性，从这个意义上讲，上帝虽位格为三而其本质为一，就源于他对于自身的这种无差别的爱："只要有爱，那么开端和一切行动都只是对爱的确证"[25]。在上帝自身之中，父、子、灵的区别不过是自身同自身的区别——尽管他们彼此是作为对方的异在存在的，这样，与其说三个位格中存在着差别，不如说他们之间是一种无差别的内在联系。因此，在纯粹思维范畴中的三位一体就是永恒本质对它的自为存在的关系，这种关系或"差别"就是"一种爱的承认，在爱中爱者与被爱者本质上并不是彼此对立的"[26]。这就是三位一体的奥秘所在——爱作为纽带联结和统一着父、子、灵，并且正是因为爱的存在，三个位格才能统一在绝对的一中，而不是独立着的"三神"。潘能伯格也同样认为，父、子、灵三个位格的统一性就集中体现在爱的范畴中："在这里，爱……作为神性的唯一本质，它只是在圣父中、在圣子中和在圣灵中有自己的此在。但是，它是永恒的权能和神性，在圣父、圣子、圣灵中通过它们的相互关系而是有生命的，并构成独一上帝在这三个位格的彼此共联性中的统一性"[27]。

而上帝对于世界和人类的爱，乃是一种对于他者的爱。在旧约圣经中，这种爱主要表现为他对于世界的创造和维护，以及对于人类的保护和拯救。作为"上帝的选民"，以色列民乃是旧约时代中上帝之爱的主要受体。因此上帝总是向他们强调自己是以色列"列祖的神"，他对于以色列民的爱和保守乃是从他们的始祖直到千万代的。在希伯来文中，"爱"一词主要具有三种涵义：1. 人与人以及人与神之间的爱，亦即情感上的爱；2. 上帝的慈悲；3. 上帝对人的恩典、约定、仁慈与怜悯。因此，上帝对于人的爱不仅是仁慈的、丰富的，而且还是信实的、持续的。这种爱实际上就构成了上帝与人之间的一种

---

25 【德】黑格尔：《宗教哲学讲演录Ⅱ》，燕宏远等译，北京：人民出版社，2015年，第177页。

26 【德】黑格尔：《精神现象学》（下），贺麟等译，北京：商务印书馆，2013年，第276页。

27 【德】潘能伯格：《系统神学》（卷一），李秋零译，香港：道风书社，2013年，第566-567页。

契约，即上帝不仅对人施以慈爱，同时他也要求人类对他予以敬爱。在旧约圣经中，上帝与人的关系常常被比喻为新郎与新妇的关系，这种比喻形象地表现了上帝与人乃是由爱的神圣契约所维系的，尽管人类常常背信弃义，不时破坏爱的盟约，"离弃幼年的配偶"【箴2：17】，成为了可耻的"淫妇"。但上帝对于人的爱依旧是不改变的，尽管他偶然会对罪人施以惩罚，但却始终纪念这种爱的约定，永远持守对于人类的永恒之爱，诚如《雅歌》所述："因为爱情如死之坚强，嫉恨如阴间之残忍。所发的电光，是火焰的电光，是耶和华的烈焰。"【歌8：6】这样看来，上帝对人的爱就是爱的永恒的普遍形式，而人的爱则可以说是这种永恒之爱的此在形式。

在新约圣经中，耶稣基督不仅以道成肉身和自我牺牲表明了他对人类的爱，同时也将爱作为一种重要的诫命教导世人："我赐给你们一条新命令，乃是叫你们彼此相爱；我怎样爱你们，你们也要怎样相爱。"【约 13：34】在希腊文中，"爱"主要具有五种涵义：1. 性爱（ερως），即非理性的、激情的爱；2. 亲情之爱（στοργή），即以血缘为基础的爱；3. 主客之爱（ξενία），即主人的殷勤好客之情；4. 友爱（φιλία），即彼此相投的至交之情；5. 圣爱（άγάπη），即纯粹的、无条件的、牺牲的爱。第一种爱在古希腊神话中多有呈现，它表现为一种个体之间（包括神与人之间）的赤裸裸的情欲。而在新约圣经中，主要出现的爱是最后两种，即友爱与圣爱。友爱指的是人与人之间的爱，而圣爱则是爱的最高标准，也就是基督所提倡并实践的爱。圣爱将上帝之爱上升到了一个全新的高度，并且完全重构了上帝与人之间的关系，亦即在圣爱的实践中上帝不再是高高居上的主宰，而是通过道成肉身变为一个完全在下的人，也就是"反倒虚己，取了奴仆的形像，成为人的样式。"【腓 2：7】这种由上至下的转换，就是上帝主动使自我与人类平等，甚至自甘居于人下。此后，耶稣又通过亲自的受苦和殉难真正成全了这种圣爱。保罗在《罗马书》中的这段话集中体现了圣爱的高度："为义人死，是少有的；为仁人死，或者有敢作的；惟有基督在我们还作罪人的时候为我们死，神的爱就在此向我们显明了。"【罗 5：7-8】一方面，耶稣的受刑和被钉完全不是因为他自己的过犯，而是为了甘愿代人类受过；另一方面，又由于他的牺牲和救赎是面向全人类的，并且是面向那些本该走向灭亡的"罪人"的，因此这种圣爱就显得尤为宝贵和伟大。诚如莫尔特曼所言："在十字架上，上帝并不是让自己的不可触及的至美和永恒仅仅外显出来，在十字架上，上帝乃是在对待自己，并

随之自己亲身承受苦难。正是在十字架上，上帝付出了他全部的爱的存在"[28]。道成肉身的耶稣基督担当了人类的罪恶，并以自我的殉难来扬弃罪恶，这样，基督的死就是为罪人的死，亦即用自身的死亡否定罪恶，因此，"充满屈辱的死作为这绝对极端间的非凡联合，在其中同时也是无限的爱。无限的爱就是，上帝将自身设定为其相异者的同一，以便将其杀死"[29]。基督殉难的本质就是爱，是一种自我否定的爱、自我牺牲式的爱——亦即作为爱之极至的圣爱（ἀγάπη）。在一些神学家看来，上帝创造世界是通过对于自身无限性的限制而完成的，而上帝的爱亦体现在其中；而在这里上帝的爱又再一次地通过自我否定的方式显现，因此可以说 ἀγάπη 就是上帝爱的本质，是一种完全属神的爱。总而言之，作为至爱之化身的基督通过道成肉身和牺牲殉难完成了救赎之功，永恒地修复了上帝与人之间的断裂。这样看来，不是别的，正是爱本身完成了神人之间的和解。爱的创造产生了人类，爱的救赎差遣了基督，爱的和解又挽回了人类。

前面曾提到，黑格尔将爱视为和解与统一的精神，而圣子就被他视为这种爱之和解的完成者："此异在存在是永恒的自我设定者、永恒的自我扬弃者，且异在存在的这种自我设定和自我扬弃即是爱、精神"[30]。另一方面，个体的得救则是通过对于基督的信仰，也就是对于这种爱的认同和接受来实现的。当个体在自我的心灵中领受了爱的精神，他就能够真正实现与上帝之间的和解："爱之一般就是放弃把心局限在其特殊之点上的这一做法，而在心中接受上帝之爱，就是接受对他的精神的发挥，这种发挥本身就包含着所有的真正内容，并在这种客体性中耗尽心的特性"[31]。这也就是说，个体对基督之爱的接受，也就是通过爱否定了自我的特殊性，扬弃了自我的异在，进而参与到爱的神圣邀请之中，与作为普遍精神的上帝重新合而为一。这样，爱就作为精神的中介实现了精神的特殊性与普遍性之统一，而爱之所以拥有这种合一

---

28 【德】莫尔特曼：《被钉十字架的上帝》，阮炜译，上海：三联书店，1997年，第250页。

29 【德】黑格尔：《宗教哲学讲演录Ⅱ》，燕宏远等译，北京：人民出版社，2015年，第217页。

30 【德】黑格尔：《宗教哲学讲演录Ⅱ》，燕宏远等译，北京：人民出版社，2015年，第203页。

31 【德】黑格尔：《宗教哲学讲演录Ⅱ》，燕宏远等译，北京：人民出版社，2015年，第279页。

的力量，就是因为它的本质也同为精神。

与绝对精神一样，作为精神之表象的爱也经历了一个三段式的发展过程。首先，爱是作为一种抽象的、广义的爱，即对于一切人的爱，此时的爱乃是作为一种抽象的普遍性存在。黑格尔把这种爱视为对于邻舍的一种道德上的爱，尤其是基督徒之间的弟兄之爱，在这种爱之中个体能够彼此联合。尽管在于其中的个体彼此之间存在着区别，但是在"在挑选、抽象的意义上，爱应是他们生活于其中的核心，应是他们的事务。他们应互爱，仅此而已。因而不应有任何一个特殊目的……这里除了爱以外无任何其他客观目的"[32]。其次，爱进而变成对于具体之人的爱，并取得了它的特殊性，它成为了心灵，即"欲将全人类纳入自身——是一个向单纯表象、向真爱的对立面的空洞展开"[33]。在这里，由于爱的行动被运用到了个体的身上，尤其是基督化身为人来作为爱的实施者（譬如他对行淫时被抓的妇女赦罪），爱就取得了它的殊相和现实性。最后，基督通过自身的殉难和升天扬弃了爱的特殊性，把这种对于特殊个体的爱升华为了普遍性的大爱，亦即对于全人类的救赎之爱。这样，爱就返回到它自身那里，"成为核心的爱最终将变成更高的、神圣的爱本身"[34]。

总之，在黑格尔那里，爱的精神就是上帝最本质的属性，上帝的一切行动都是基于爱而展开的，上帝爱自身，使自我绝对地统一在爱中；上帝爱人类，使自己采取了异化的形式并进而扬弃自身，使得自我与人类统一在爱的精神中。这种爱的属性因而也就成全了上帝的永恒性与公义性。

三、创造论

在黑格尔看来，上帝的创造乃是由他的本质所必然决定的，上帝作为潜在的精神必须要将自我实现出来，也就是在他的创造活动中取得自己的现实性。创造的产物对于上帝而言虽然是一种异化，不过异化依然是属于他自身的一部分，亦即绝对精神走向自我实现的必经之途。通过对于天地万物的创

---

32 【德】黑格尔：《宗教哲学讲演录Ⅱ》，燕宏远等译，北京：人民出版社，2015 年，第 211 页。

33 【德】黑格尔：《宗教哲学讲演录Ⅱ》，燕宏远等译，北京：人民出版社，2015 年，第 211 页。

34 【德】黑格尔：《宗教哲学讲演录Ⅱ》，燕宏远等译，北京：人民出版社，2015 年，第 211 页。

造中，上帝扬弃了自身中的无限，并向着自我的绝对无限性（或者用黑格尔的话来说，是"真的无限性"）迈进。正如汉斯·昆所指出的那样："它（自然）并没有包含有限者的神圣性，但却是有限者的界限，并的确是对于上帝本身中有限性的扬弃，后者是的确存在着的，他在自身中产生一切，并将其从他自身区别开来，同时与它保持同一性。"[35]上帝的创造主要分为两个方面，即世界和人类。前者包括空间、时间、诸物质（无机物）和（除人类之外的）生命体，从创造的顺序上来看，它们是精神走向自我异化的第一步，也是作为逻格斯的圣子取得其现实性的第一步。根据《约翰福音》第一章的叙述，作为逻格斯的圣子在创造中所扮演的是有形世界的根据，也就是上帝藉以创造世界的中介。在托马斯·阿奎那看来，创世活动还是由上帝的三个位格共同进行和完成的，因为一切的被造物都是按照上帝的本体或存有来创造的，而他的三个位格则同属这一本体。不过，在创造过程之中，三个位格则存在着分工上的不同，具体地讲，创世是由圣父所主导、并按照作为理念的基督和作为动机（爱）的圣灵来进行的。他"藉着自己的话或圣言，——亦即自己的圣子，和自己的爱——亦即圣神（圣灵）创造了受造物。准此，天主位格的出发，是产生受造物的理，因为位格的出发点包括本体属性或特征，即知识和意志"[36]。这样，创造的德能，就是圣子由圣父而得，圣灵则从圣父与圣子二者中获得。不过，《约翰福音》作为专门叙述耶稣基督生平的书卷，更强调的乃是圣子在创世中的作用："万物都是藉着他造的，没有一样不是藉着他造的。"【约 1：3】"藉着"一词在阿奎那看来是表示的中间原因或出自源头之源头。因此，圣子不仅作为上帝创造行动的智慧，从无中创造出万有来，同时也拥有着对于万有的管理之职权，并赋予其中一些存在以生命。如果我们把整部圣经的叙述联系起来看，就会发现这种创造并不是一种单纯的从无到有的创造——就像《古巴比伦创世史诗》（Enûma Eliš）[37]中世界和人类从诸神的彼此斗争中产生和完成那样。用莫尔特曼的话来说，圣经中的创造论可以被称之为"弥赛亚式的创造论"，因为从上帝自身来说，他的创造并不是一

---

35 Hans Küng. Incarnation of God: An Introduction to Hegel's Theological Thought as Prolegomena to a Future Christology, trans by J.R.Stephenson, New York: The Crossroad Publishing Company, 1987: p.273.

36 【古罗马】托马斯·阿奎那：《神学大全》（第二册），刘俊余等译，台湾：碧岳书社／中华道明会，2008 年，第 24 页。

37 一部分学者认为这部史诗是旧约圣经文本的来源之一。

种即时性的活动，而是在开始以先就已经立定了万有的开端、过程与终末。由于在上帝那里没有外在于他的未来，因此这种创造对于他自身而言就是一种已经完成的创造，尽管对于有限者而言持续的创造活动都是向未来开放的。因此，在这种"弥赛亚式的创造论"中，所展现的是"创造物及其未来——它为未来而被造，在未来中得以完善……'起初的创造'是开放的创造，它的最终的圆满将成为上帝荣耀的家园和居所"[38]。这样，正如上帝用七天完成创世一样（"七"这个数字在圣经中象征着圆满），整个创造活动实际上在未开始之前就已经宣告完成，并且是圆满地完成。而上帝创造的目的不是别的，正是为了成就他自已的荣耀。用黑格尔的话来说，就是为了真正地、完全地实现他自身。因此，创世纪第一章一节的确切翻译应该是："在开端的时候，上帝把天和地创造了出来。"原文在这里使用的是一种完成状态，亦即上帝在其永恒的旨意中彻底完成了的计划。

1. 从无到有的创造

"从虚无中创造"（creatio ex nihilo）是一个古老的神学命题,它意味着从一种非存在到存在的状态。世界的起源对于人类来说，是一个既有趣又费解的难题。按照柏拉图的观点，存在是由理念生成的，后者乃是作为万物原始、永恒和超越的原型。但是，理念本身也是一种实在，因此从柏拉图那里是无法得出世界是从无中生有的结论的。中国古老的道家哲学亦认为万物始于"道"，"道"依次产生"一"、"二"、"三"乃至万物，并且作为万物的依据，而"道"则以其自身为依据（道法自然）。但是老子无法陈明"道"本身为何物，因为它是不可言说（"非常道"）的。尽管如此，却没有人能够说"道"本身是"无"，也就是说道的存在是不可否认的。佛法对于起源问题的解说也耐人寻味，依照《俱舍论疏》和《瑜伽师地论》等经典的叙述，世界的生成被认为是众生之"业力"所促成的，而众生则依次源于"光音天"、"二禅天"、"初禅天"和"婆娑世界"，但是，"婆娑世界"之众生又是源于"光音天"。这样，佛法在这个问题上就陷入了循环论证。当然，一些人认为这种解说实际上是肯定了世界的"无始"，即并不存在世界的开端这样的东西。现代科学较为普遍接受的观点是"宇宙大爆炸"理论，这个理论是由1927年一位叫做勒梅特的神父所首次提出的，经过数十年不断的完善，"大爆炸"说最终被确

---

38 【德】莫尔特曼：《创造中的上帝》，苏贤贵等译，北京：生活·新知·读书三联书店，2002年，第11页。

定为：宇宙在最起初只存在着一个"奇点"，在其中存在着的是一些最基本的粒子，它们以极大的密度聚集在一起。尽管如此，按照斯蒂芬·霍金的说法，此时的宇宙体积还是应当被看作为零。爆炸的产生使得奇点极速膨胀，释放出大量物质，经过漫长的演化，逐渐变为现在的宇宙。尽管大爆炸理论到目前为止还依然是一种假说，但是很多人却把它当成宇宙起源的科学真理。按照这种理论，宇宙就不是从"无"产生的，奇点必须被看作是实在的和"先在"的——虽然霍金坚持认为它的体积为零，却还是承认它多少具有一定的质量。以上所列举的这些学说实际上都存在着一个问题，那就是最初的存在是如何产生的？无论是"理念"、"道"、"婆娑世界"/"光音天"还是"奇点"，它们的提出者都无法解释这个本原的由来，也就是最初的存有是何以产生的。对于人的理智来说，这个问题或许是最难的，因为"无"与"有"的界限并不是理智所能跨越的。

　　无论如何，似乎所有的解答都暗示着宇宙始终存在着一个本原性的存在，它们的差异只不过在于这个本原究竟为何物。因此，要明白宇宙的起源，我们就必须从本原入手。要成为宇宙的本原，它必须满足以下几个条件：1. 本原必须是永恒的，因为非永恒的"本原"就意味着它必须在更早的源头中去寻找自我的依据；2. 本原必须是自因的，也就是说它不依赖于任何他者而存在的，否则那个被依赖者就成为了新的本原；3. 本原必须是唯一的，因为存在着多个本原便意味着它们是互相依赖的；4. 本原是非物质性的，因为物质既非永恒存在，又不是自因的；5. 本原必须是有理智的，因为非理智的存在不能产生理智的存在，就像蒂利希所指出的那样，宇宙之所以可以为理智所把握，正是因为它是从理智而生的。

　　在亚里士多德看来，宇宙的本原必须满足万有的形式因、质料因、动力因和目的因，因为它必须要为整个宇宙的存在及其运动提供依据和支撑。亚里士多德的这种思想深刻地影响了后来的基督教神学，尤其是教会对于创造论的解读。而基督教的创造论，则基于《创世纪》的文本叙述。《创世纪》一开头就直接切入主题："起初，神创造天地。"【创 1：1】从这一句来看，作者的叙述就直接进入了时间，即"起初"，在古希伯来文中，"起初"并不是指某个时刻，而是意味着肇始的时间[39]。而神（上帝）却是事先存在着的，他对

---

39 参见【美】华尔顿等：《旧约圣经注释》，李永明等译，北京：中央编译出版社，2013 年，第 8 页。

于天地的创造活动宣告了时间的开始。"创造"一词在原文中特指上帝的超自然活动，表示他对天地万物的"塑形"和"制作"，这是与属人的"制造"是完全不同的两个词，前者指的是从无到有的创生，而后者指的是凭借现有材料的"再创造"。这段经文就是"从虚无中创造"的神学来源。创造的计划对于上帝来说并不是一种"新"的计划，亦即上帝是出于突发奇想开始了创造，这个计划乃是永恒地存在于上帝的意旨里的。换言之，因为对于上帝的永恒性而言时间是并不存在的，因此不能设想在创世之前存在着一段时间之流，也不能设想在创世之前上帝在休息或无所事事。确切地讲，设想"创世之前"的状态是荒谬的，或者说是完全不可言说的。因此奥古斯丁指出，上帝在创造世界的瞬间就创造了时间，"在世界之前没有时间"[40]。上帝基于其永恒的计划创造了世界，因此他就是世界的本原和原因。

从这一点来说，"从虚无中创造"这一表达并不是完全确切的，因为上帝本身就是存在，正是因为先在地存在着上帝自身，宇宙的产生才是可能的。这样看来，上帝就是宇宙的形式因、质料因、动力因和目的因，亦是万有存在的支撑者。当我们说上帝从无中创造出有来的时候，实际上是指的上帝并不凭借任何已有的质料或形式，而是完全依靠他自身演化出万物。在这里可能有人会追问道，那么上帝本身又是从何而来的呢？他的原因何在？他又是什么力量创造的？对此阿奎那答道，上帝就是我们追问存在之原因的尽头，是原因的原因，或曰终极之原因。当我们设想在上帝之上或之外还存在着另一个源头时，上帝就不再成其为上帝了。正是因为他是万有之父，并且"他在万有之先，万有也靠他而立。"【西 1：17】因此上帝就是终极的源头。他不仅"是自有永有的"【出 3：14】，"是首先的，也是末后的"【赛 48：12】，更"是阿拉法、我是俄梅戛、我是首先的、我是末后的、我是初、我是终"【启 22：13】。因此，上帝就是自我的原因和根据，是超越于万有之上的永恒存在，他不受到任何外在力量的限制和规定，更不会依赖于任何他者而存在。按照黑格尔的说法，由于上帝自身乃是纯粹是思或精神，他的依据乃是其"按照其永恒自在自为存在的本质而存在"[41]，因此上帝是完全为自身而存在的，从

---

40 【古罗马】奥古斯丁：《上帝之城：驳异教徒》（中卷），吴飞译，上海：上海三联书店，2007 年，第 83 页。

41 【德】黑格尔：《宗教哲学讲演录 II》，燕宏远等译，北京：人民出版社，2015 年，第 166 页。

某种程度上来说，即便上帝不进行创造活动，他自身的存在也丝毫不会受到影响。上帝就是自己的对象和依据，作为精神本身，他乃是"启示的、自我区别的而存在；这是永恒的理念，思维着的精神，在其自由之环节中的精神"[42]。作为这样的自足的绝对存在，上帝才能够成为宇宙的原因和开端，能够完全依靠自身在（他之外的）虚无中进行创造。"上帝区别于世界而存在，在此意义上上帝是不受限制地自足且自我决定的。黑格尔如此建构这个概念：他坚称上帝为绝对存在和绝对精神。"[43]

作为开端的上帝在黑格尔看来乃是纯粹的思，在他那里还未体现出任何的规定性来，因此，这个纯粹是思就是完全抽象的和完全无内容的，这样的上帝在我们的思维看来就只是一个空洞的观念，也就相当于"无"，正如那在漆黑一片的夜晚里的黑牛一般。从这个意义上来说，万有以先的确是"虚无"的，不过这里的虚无并不是真正的无，黑格尔对此作了一番精彩的论述：

> 这个什么还是无，而且它应该变成某物。开端并不是纯无，而是某物要从它那里出来的一个无；所以有便已经包含在开端之中了。所以开端包含有与无两者，是有与无的统一；——或者说，开端是（同时是有的）非有和（同时是非有的）有。[44]

这就是说，由于上帝是作为纯粹的抽象的思，因此他就可以被看作是"无"或"非有"；而又因为他不仅是已然存在着的思，同时还是存在即将出于其中的开端，因此他又是"有"。这样，作为开端的上帝就是有与无的辩证统一，他还没有在自身中将有与无区分开来。因此，作为万有之本原的上帝，并且是还未开始创造的上帝，他实际上就是在自身中与（尚未成型的）万物同一的，他不仅与自身抽象地统一，也与尚未变成有的非有抽象地统一着。因此，"上帝，作为一切实在物中的纯粹实在物，或者作为一切实在的总和，都是同样无规定、无蕴含的东西，那是空洞的绝对，在那个绝对中，万物皆一"[45]。这样，在黑格尔那里，上帝从无到有的创造就被解读为在有与无的辩证统一之中生发出有来，亦即作为纯粹之无或纯粹之有的上帝作出自我规定，以使得纯有变为实在的有，即实有。

42　【德】黑格尔：《宗教哲学讲演录Ⅱ》，燕宏远等译，北京：人民出版社，2015年，第166页。

43　Martin J.De Nys, Hegel and Theology, London: T & T Clark International, 2009, p.169.

44　【德】黑格尔：《逻辑学》（上），杨一之译.北京：商务印书馆，2010年，第59页。

45　【德】黑格尔：《逻辑学》（上），杨一之译.北京：商务印书馆，2010年，第105页。

2. 自然的创造

在上面的论述中我们曾提到过，上帝为了实现自己，为了使自己成为"真的无限"，他就必须通过自然的创造来异化自我，让作为绝对精神的自己成为自身的对象。在黑格尔看来，上帝的启示可分为自然和精神两种，他必须使自己同时充满和呈现在这二者之中才能够完全地体现自我。因为"上帝作为一种抽象物，并不是真正的上帝，相反地，只有作为设定自己的地方、设定世界的活生生的过程，他才是真正的上帝，而他的他方，就其神圣的形式来看，是上帝之子。只有在与自己的他方的统一中，在精神中，上帝才是主体"[46]。精神必须要在自然中生成自我、解放自我，并从作为他者的自然那里返回到自身，它才能够认识道自己在自然内的本质，并从而实现自我，使自己作为主观性和精神而存在。这就是黑格尔对于"上帝为什么要创造世界"的回答。自然不仅是作为绝对精神的上帝在自己的外在中认识自我、发展自我的手段，同时也是人类从其中认识上帝的途径："在这种外在性中只寻找我们自己的明镜，在自然界中看到精神的一种自由反映——这就是要认识上帝，不是在精神的静观中去认识，而是在上帝的这种直接特定存在中去认识"[47]。

在《创世纪》中，天和地是上帝首先创造出来的存在。在希伯来语中，"天"意味着"至高处"，"地"则意味着较低的地区。值得注意的是，"天空"在希伯来语中是少有的双数词之一，在莫尔特曼看来，我们可以用直接意义和象征意义来看待这个词。亦即，天空可以被看作实体的天空，以及上帝和天使的居所两个部分。不过圣经中也屡次出现"诸天"一次，暗示着"天"的多重性，最典型的例子是保罗曾在多林哥后书中提到"三重天"，但这些地方的涵义不甚明确，有一部分学者将"第三重天"解读为乐园。实际上，在实在的天空之外，象征意义上的"天"常被形容为上帝的宝座，尽管上帝并不需要一个真实的空间来使自己居于其中，不过天空这个"至高之处"却能够恰如其分地象征上帝的无比的宏伟和至上的荣耀。另一个值得注意的地方是"天国"（kingdom of heaven）这个概念，它是人类最终得救之后的居所，是一切上帝之儿女的永恒乐园。因此，"天"更多地被赋予了神圣性和彼岸性的内涵。至于"地"在圣经中则常常被形容为上帝的"脚凳"，它是一个与"天"相对

---

46 【德】黑格尔：《自然哲学》，梁志学等译，北京：商务印书馆，1986 年，第 18 页。

47 【德】黑格尔：《自然哲学》，梁志学等译，北京：商务印书馆，1986 年，第 618页。

应的概念，譬如"愿你的旨意行在地上，如同行在天上。"【太 6：10】地作为被造物的居所，相对于天来说是低下的、暂时的，在人类堕落之后，它就成为了一个肉体的流放之域，在这个意义上，毋宁说地就是罪的囚笼。当上帝宣布要对弑兄的该隐作出惩罚时，说的也是"你必流离飘荡在地上"。【4：12】不过，地本身却并非邪恶的，它和天一样都是上帝的创造物："看哪，天和天上的天，地和地上所有的，都属耶和华你的　神。"【申 10：14】因此，无论我们可以用多少种寓意解经法来对天-地这对概念进行解读，却始终不能忽略一个最基本的事实，那就是它们乃是上帝所创造出来的使万物居于其中的空间，也是他为其后的创造所奠定的首要基础。

在历史上的很多创世神话中，天和地都被赋予了两性结合的生殖性涵义，譬如古希腊神话中天空之神乌拉诺斯（男性）和大地之神盖娅（女性）相结合而产生了诸神和世界。不过，在圣经之中天与地本身却并不具有任何神性，更没有任何生殖性的涵义，它们都是普通的被造物，是用来容纳万有的空间。黑格尔把空间看作是物质最基本的规定性，即"其己外存在的抽象普遍性，是这种存在的没有中介的无差别性"[48]。没有空间这种外在规定性，物质就失去了存在的基础。因此，上帝在创造万物之前必须要创造出它们量的规定性，才能够在自我的初步异化的对象之中进一步细分出具体的存在来。而时间和天与地所组成的空间就是这种量的规定性：

> 一般而言，空间是纯粹的量，这种量不再仅仅是逻辑规定，而且是直接的和外在存在的。所以，自然界是从量的东西而不是从质的东西开始的[49]。

天地的创造可以被视为上帝创世的第一个环节，在黑格尔的自然哲学中，这一环节就相当于"力学"的环节，在这里，实在化了的精神还只是抽象地与自身同一，亦即它只具有量的规定而无质的规定。在这些最基本的物质形式中，所有的存在还是处于抽象的统一中，它们之间还未出现任何本质性的区别。因此，在创造了天地之后，上帝又在接下来的数日内依次创造了光明、空气、海洋与陆地，这一阶段可以被视为创世的第二个环节，亦即无机物诞生的环节。按照现代科学的解释，光明（亦即提供适宜温度的恒星）、空气和水都是生物存在的必要条件。因此不言而喻，这些存在都是为着接下来生命

---

48 【德】黑格尔：《自然哲学》，梁志学等译，北京：商务印书馆，1986 年，第 39 页。
49 【德】黑格尔：《自然哲学》，梁志学等译，北京：商务印书馆，1986 年，第 40 页。

体的创生而作预备。这一环节在自然哲学中所对应着的是"物理学"的环节，亦即实在化的精神在这里具有了质的规定性，也就是物质获得了它们的个体性。"物理学"乃是"力学"阶段的特殊化，换言之，在物理学的阶段，诸物质获得了自己的特殊性，成为了实实在在的个体。在此之前，诸物质只是单纯地受到力学的外在规定，现在它们获得了己内的规定，于是就成为了"其自身中具有自为存在，以致自为存在在物质里得到发展，从而物质在其自身中得到规定，就具有个体性"[50]。这样，它们就从之前的抽象地服从于重力的作用变为了完全服从于个体性的力量。

按照《创世纪》的叙述，光是天和地（包括地上的水[51]）出现之后第一个被创造出来的东西。"光"在圣经中是一个极富象征性意味的概念，除了自然意义上的光外，它也被用来象征上帝的国度，从而与黑暗——属于魔鬼与罪恶的国度区分开来。一部分解经家在阐释"神看光是好的，就把光暗分开了"【创 1：4】时，认为这句经文暗示了创世之初上帝与光明的天使同堕落的天使长——撒旦作战并最终胜过对方的故事。无论如何，光明在圣经中都是用来形容那些属于上帝的、美善的存在，譬如上帝之道，或者与上帝同行的人。就如同保罗在《多林哥后书》6 章 14 节所讲的那样："义和不义有什么相交呢？光明和黑暗有什么相通呢？"因此上帝要首先创造出光来，来象征着他赋予给这个世界的美善与和谐。不过在自然哲学中，黑格尔还是将光单纯地视为最初得到质之规定的物质，它是一种"现实存在着的、普遍的自我"[52]。这也就是说，光是自然由力学阶段过渡到物理学阶段的最初的产物，它纯粹地与自身同一，不过在这里它还只是被视为抽象地存在着的一种直接的、纯粹的总体。光是无所不在的，它能够充塞空间，因此在最初的时候它还不具有内在的规定性。这里的光可以被视为上帝在创世的第一日所创造出的普遍性的光明。而到了第四日，上帝创造了许多的"光体"，包括诸星辰、太阳与月亮，以用来"分昼夜，作记号，定节令、日子、年岁。"【创 1：14】阿奎那认为，上帝首先"道出"作为普遍性的光，然后再造出发光的天体，是一个使光从未成形到成形的过程，"在第一天所提及的光，是精神的光；可是现在是形成

---

50 【德】黑格尔：《自然哲学》，梁志学等译，北京：商务印书馆，1986 年，第 113 页。
51 按照圣经的说法，上帝所初创的"地"似乎是一个完全由水覆盖着的星球，直到"天下的水要聚在一处，使旱地露出来"【创 1：9】才出现了大陆。
52 【德】黑格尔：《自然哲学》，梁志学等译，北京：商务印书馆，1986 年，第 116 页。

形体的光……在第一天光的产生，是按照光的普通或共同本性；可是在第四天，却赋予光体特定的能力，以产生特定的效果"[53]。黑格尔的看法与此相似，他认为第一天所创造的光乃是作为抽象的普遍性的光，而第四天所创造的光体则是获得了特殊性的光，亦即作为个体的光，就是众星辰。众星辰之所以能够成为光的殊相，乃是因为光遇到了自己的界限，亦即自我的否定性，并且它也是在自己的界限内获得了其真正的实在性，从而将自身显现为可见的光体。这个否定性就是黑暗，黑暗是光的对立面，正如上帝将光和暗区分开来一样，光也在黑暗那里获得了实在性，因为用黑格尔的话来说，纯粹的光明同纯粹的黑暗是一回事，没有暗面的存在，我们也就无从感知光明。因此黑格尔认为，当黑暗的否定性被引入之后，光就被区分为了月亮和彗星等实在的光体。而当这些殊相返回到最初的共相并与之统一时，就成为了自在自为的光，亦即作为总体性环节的太阳。在黑格尔看来，太阳乃是自我设定的发光体，它能够从其他的行星那里获取自我燃烧的养料以实现自我更新。这就是说，它将一切的多样性都统摄在自身之内，因此，"太阳是整个太阳系的发展过程，这个过程会最终归于这个顶点"[54]。

　　当光明在第一日被创造出来之后，上帝在第二日创造了空气，它的作用在生命产生以前，是为了将包裹着地球的诸水分为上下两个部分。从现代的观点来看，上面的水就是水蒸气和云层，而下面的水就是地表的水流和地下水。在后面上帝用洪水灭世时，大水的来源被形容为"大渊的泉源都裂开了，天上的窗户也敞开了。"【创7：11】这部分内容也印证了上面这点。古希腊哲学家阿那克西美尼认为"气"就是世界的本原，当它受热时就变为火，遇冷时则凝结为水和其他的固体。在黑格尔看来，空气是一种元素，所谓元素就是一些自由的、自为存在的物体，它们作为一种内在的规定性，是构成"个体性物体的普遍的、物理的元素"[55]。元素本身是一种普遍性的存在，但却缺乏独立性和个体性。空气作为元素的一种也是如此。空气作为一种透明的、无形体的存在，并不具有主观性，它只有在于自身中才具有个体性，因而它

53　【古罗马】托马斯·阿奎那：《神学大全》（第二册），刘俊余等译，台湾：碧岳书社／中华道明会，2008年，第305-306页。

54　【德】黑格尔：《自然哲学》，梁志学等译，北京：商务印书馆，1986年，第123页。

55　【德】黑格尔：《自然哲学》，梁志学等译，北京：商务印书馆，1986年，第142页。

的普遍性就是一种消极的普遍性。而它的确定性只能在他者那里获得，比如光。因此，空气这种流体就是"对光消极的、透明的，但在自身中挥发着一切个体，对外具有机械的弹性，渗透到一切东西里"[56]。不过，当光与他者发生作用时，仅仅是能够外在于他者，亦即照亮对方，因此光就只是在观念上设定这他者。而空气则不一样，它能够渗透到他者之中，充满他者，使得自身与他者能够同时为对方而存在，因此它是"对个体绝对能动的东西，是具有积极作用的同一性"[57]。在这里，我们也看到了黑格尔同阿那克西美尼相仿的观点，即空气与火之间存在着本质性的联系。由于黑格尔看到空气在受到极速的压迫时能够产生火花，因此他认为空气是"酣睡"着的火，是火的绝对起源。由于火能够吞噬一切，因此它就被视作是否定性本身。

前面提到过，上帝在创造天地的同时就创造了水，水是与地同生的，在未出现大陆以先，水包裹着整个地球，圣经将这个情景描述为"地是空虚混沌，渊面黑暗；神的灵运行在水面上。"【创 1：2】不过，奥古斯丁认为我们不能说地最初是被水淹没着的，水应该是在与地的汇合之中受造的，在米利都学派创始人泰勒斯的观点中，水是万物的本原，万物生于水，而又复归于水。在苏美尔神话中，最早的神灵是男神阿步苏(Apsu)和女神媞玛特(Tiamat)，前者是淡水（江河）之神，后者是浊水（海洋）之神，诸神是从他们所结合而成的"众水"中而生的。这种传说也传递出了水是万物之原的观点。而在圣经中，水也是一种极具象征意义的存在，它在后来祭祀活动中的洁净仪式（包括新约时代的洗礼）扮演者重要角色。而上帝在创造水之后的接下来的两日内，就是为诸水划立界限，首先是用空气将上下之水分开，然后就是将水聚拢形成海洋，以使陆地出现，为生命的创生作预备。后来上帝在用洪水灭世的时候，又再一次使大水完全覆盖地球，所有的生物几乎消亡殆尽，世界一夜之间几乎回到起初的样式。这里足可以见到水对于生命的重要性。对此阿奎那指出，水的本性就是将大地围绕起来，就好像空气围绕着大地一般，不过为了接下来动植物的受造，水就应当被设立界限。黑格尔也同意水为众生之母的看法，不过他进一步地认为，水是一种中和性的存在，因为它的形

---

56 【德】黑格尔：《自然哲学》，梁志学等译，北京：商务印书馆，1986 年，第 146 页。

57 【德】黑格尔：《自然哲学》，梁志学等译，北京：商务印书馆，1986 年，第 147 页。

态取决于外在的规定性，而在己内则由于没有自我规定能力或内聚性而表现为一种过程的可能性。因此，水就是一种消极的为他存在。不过，相比于空气，水却更多地受到重力的影响，也不像空气那样四散飘逸，并且还能够在本质上与他者产生联系，因此它也更多地具有个体化的倾向。因此，从空气到水的创生，在黑格尔看来就是一段不断地向着个体化发展的物理过程：

> 空气是一切他物的普遍观念性，是与他物相关的普遍东西……火是同样的普遍东西，不过是表现出来的，因此有自为存在的形态，是现实存在着的观念性，是空气的实存本质，是把他物归结为现象的映现活动；第三种元素（水）是消极的被动性。这就是这些元素的必然的思维规定。[58]

3. 生命的创造

在众水被聚为一处成为海洋，旱地露出成为陆地后，上帝又紧接着在地上创造了青草、菜蔬、树木等植物，由此植被成为了大地的第一批有生命的居民。阿奎那对此解释道，上帝在创造地土时就已经赋予了它孕育植物的能力，"在地还没有生出它们（植物）以前，它们已在地内在其原因中受造"[59]。可以注意到的是，陆地的出现和植物的创生都是在第三日内相继完成的，在黑格尔看来，植物的出现就是精神从"物理学"阶段过渡到了"有机物理学"的阶段。"有机物理学"乃是精神将自己上升为了自我的、主观的统一体，它在异在中取得了自己的直接的现实存在，换言之，精神从物理学阶段的潜在状态变为了在有机物理学中的显在状态。"有机物理学"顾名思义，就是采取了生命形态的精神之现实存在，因为唯有在生命里理念才能够获取真正的主观性。"有机物理学"的第一个环节是"地质自然界"，也称为"矿物界"，这个环节可以被视为对应着陆地的创造，在这里生命的形态表现为"生命的普遍的映像，是地质有机体"[60]；而第二个环节就是"植物有机体"，在这里生命体以植物的形态出现，植物乃是生命之特殊形式的主观性。在这里，黑格

58　【德】黑格尔：《自然哲学》，梁志学等译，北京：商务印书馆，1986 年，第 153 页。

59　【古罗马】托马斯·阿奎那：《神学大全》（第二册），刘俊余等译，台湾：碧岳书社/中华道明会，2008 年，第 301 页。

60　【德】黑格尔：《自然哲学》，梁志学等译，北京：商务印书馆，1986 年，第 375 页。

尔的观点与阿奎那非常地接近，即他也把植物的生命同大地看成是一个整体，并且首先是大地被赋予了植物的理念，植物才从其中生出。不过，在"地质自然界"阶段，生命还并不具有真正的现实性，它只是作为自身之外的直接理念，整个大地此时是被看作是生命的普遍性整体，亦即潜在的有机体，"这样的有机体就是作为非生命存在的、机械的和物理的自然界的总体"[61]。

在黑格尔看来，生命乃是一种高级的理念，它作为理念能够主导自己的活动，"由于生命作为理念是它本身的运动，从而它才使自己成为主体"[62]，因此它就具有真正的主观性作为它的规定性，并且因着这种主观性，它能够在自身中分离出自我的异在来，并将其变为客观化的对立面，最后还能够从这个对立面中回到自身。能够从自我的他在那里回归到自身，这是生命独有的性质，也正是这种性质使得生命成其为生命。我们知道，上帝是作为绝对的主体，具有绝对的主观性，因而也具有永恒的生命。当作为生命的绝对精神向着自我的异化发展时，它采取的乃是一种由下至上的发展方式。首先，精神采取了无机的形式，也就是无主观性的低级物质形态。而当这种低级形态"向自然最初具有的观念性的上升……并且作为自身相关的、否定的统一性，本质上已成为自我性的、主观的总体"[63]，就发展为了有机体。在生命愈高级的存在中，其主体性也就愈强，亦即它能够更好地将自我维持在自身之中，作为一种自在自为的存在。

在陆地和海洋的分别为精神取得生命的形式奠定了基础后，生命的理念开始在地质自然界实现出来。首先，在还没有长出植物的大地上，具有主体性的生命尚不存在，整个大地可以被看作是一个生命系统的整体，就像阿奎那所指出的那样，它还只是一个生命的普遍图像。因此，在矿物界的这种普遍生命力就是一种僵死的生命，它的各个部分在形式上还是分散地、独立地存在着，彼此之间没有任何有机的联系，在其中的生命就表现为一种总体性的有机体形态。虽然在这里看不到有什么明显的生命迹象，但上帝却已将生命的理念先在地赋

---

61 【德】黑格尔：《自然哲学》，梁志学等译，北京：商务印书馆，1986 年，第 375 页。

62 【德】黑格尔：《自然哲学》，梁志学等译，北京：商务印书馆，1986 年，第 378-379 页。

63 【德】黑格尔：《自然哲学》，梁志学等译，北京：商务印书馆，1986 年，第 375 页。

予了其间，"生命的概念，即自在的生命——这当然是无所不在的——是一回事……因此，地质有机体不是从个别东西来说，而是从整体来说才是有生命的：只是自在地有生命的，而不是体现在现实存在上"[64]。

在植物被创生之后，地球就开始进入了"植物有机体"阶段。相对于矿物界，植物具有了直接的、形式的自为存在，它能够保存、创造和否定自己，生命力在它之内使其各部分能够连接为一个有机的整体，因此植物就成为了主观的生命点。不过，主观性在植物之中还是尚未完善的，因此它无法与自己之内的诸部分做到完全的主观上的统一——当某些部分被单独地拿出来时，依然可以成为一个独立的个体，这样，即便它能够将自我设定为它自己的他物，这个他物的本质依然是与自己相同的，二者只不过存在着形式上的区别。因此，植物与自我就还是一种表面上的统一，它的生命也还是一种低级的、软弱的生命。因此，精神必须要向着更加高级的形态发展，才能够充分地实现生命的理念。

在接下来的第四日，上帝创造了星体和日月，使昼夜被分别出来，世界从此具有了时序；第五日，上帝在水中和空中分别创造了生存于其间活物，即鱼类、水生物和鸟类；第六日，上帝又创造了地面上的活物，即牲畜、昆虫和野兽，并使这些生物"各从其类"。这样，植物有机体就过渡道了动物有机体阶段。这里值得注意的是，创世纪第一章分别在 20 节"生命的物"和 24 节"活物"两个词来表示动物，在原文中，两个词都是由名词נֶפֶשׁ加上形容词"活的"构成。נֶפֶשׁ在希伯来语中具有"生命"、"灵魂"、"人"等含义，在前面加上形容词"活的"之后，就意味着"存活着的生物"。在古希伯来人的观念中，生命是存在于血液之中的，因此没有血液的植物是不被视为完全的生物的，同时这也是鲜血能够具有祭祀功用的原因。阿奎那在解释这段经文时也指出，植物只是具有"最不完美而隐秘的生命。因此，在叙述它们产生时，丝毫没有提及生命，而只提及生长"，而动物又具有比鱼类和飞鸟更为完善的生命，因为"动物的肢体的明显区分和生育方式的完美"[65]。不过，尽管在这里用来形容动物的"生命"一词也被同样地用在人的身上，但二者的生命还是存在着本质性的区别，这一点我们将会在后面谈到。在黑格尔看来，在动

---

64 【德】黑格尔：《自然哲学》，梁志学等译，北京：商务印书馆，1986 年，第 419 页。

65 【古罗马】托马斯·阿奎那：《神学大全》（第二册），刘俊余等译，台湾：碧岳书社／中华道明会，2008 年，第 318 页。

物那里已经实现了自身的自为性，亦即它能够在与他者的联系之中依然能够保持自我的独立性，使自身能够真正统一在自我的主观性中，这样，动物就是"在自身内得到反应的个别性的自我，是在自身内存在着的主观普遍性"[66]。在动物之中，重力的外在规定性就得到了克服——尽管它还是要受到重力的约束，但由于它能够自由地活动，因此它就不会像植物那样被束缚在重力之中。这样一来，它就不再以他者为中心，而是完全以自我为对象的中心。并且相比于植物，动物还具有感觉，感觉能够使自我与他者发生关联，但又不会丧失掉自己的个体性，就像空气和水等元素那样。因此，感觉就构成动物的主观规定，能够把动物的各个部分都完全地统一在其自身之内，也就是它的躯干之内。这样，动物一方面能够从他者那里得到满足（从植物中摄取能量），另一方面又能够承受住他者所带来的改变，亦即它始终能够把自己保持为完整的自我。于是，精神就在动物有机界那里初步地实现了自己的客观化，在那里形成了一个完整的小宇宙，"是一种业已变得自为的自然界中心，整个无机界都在其中统一起来，变成了理想的"[67]。首先，动物将自身体现为有机物的过程，它表现为在发展中与自身的内在关联，亦即形态；其次，动物能够通过感受和活动对无机界产生关联，将自身表现为有生命者的能动概念，并将无机界在自身内设定为观念的东西，即同化，这是自我与他者的联系；最后，动物作为个体与其类属相关联，个体既独立于类属又从属于类属，这样个体就与其普遍性产生了关联。但是从普遍性的角度来看，作为个体的动物不过是有限的存在，动物自出生伊始就包含有自我的否定性，即死亡在自身之内。这样，它的个体性和普遍性就处于一种抽象的统一中。不过，随着个体的消亡，个别性与普遍性之间的形式上的对立就被扬弃掉了。这样，那在于生命理念之中的主观性就扬弃了自己在现实之中的直接性，而与自身完全地统一在了一起，它由此成为了"自在地就是现实性的绝对己内存在和具体的普遍性"[68]。这个具体的普遍性，就是被设定了的与自身相符的实在性概念，亦即精神。因此，在这里绝对精神的外在性——自然就被完全地扬弃掉

66　【德】黑格尔：《自然哲学》，梁志学等译，北京：商务印书馆，1986 年，第 489 页。

67　【德】黑格尔：《自然哲学》，梁志学等译，北京：商务印书馆，1986 年，第 496 页。

68　【德】黑格尔：《自然哲学》，梁志学等译，北京：商务印书馆，1986 年，第 615 页。

了，它第一次真正地回到了它自身之内，自然哲学的阶段宣告结束，精神哲学的大门被开启了。而精神的主体不是别的，就是人类。因此上帝在完成了天地、植物和动物的创造之后，必然要进入到对人类的创造之中。

第二节　人论：主观精神的发展

在完成了天地万物的创造之后，上帝就开始了他创造工程中最重要的一环——造人。从整体上来看，前五日的所有创造可以说都是为了最后人类的创造，因为人类最初的职分被规定为对于世界的治理和管辖，这也就是说一切低级的被造物都是为着人类服务的。不过，在这里最重要的问题在于，创造人类的目的究竟何在？为何上帝要创造人类这样的代他管理世界的高级存在？世界上所有的创世神话都提到了人类的产生。在苏美尔神话中，众水之神阿步苏和媞玛特先是创造了诸神并指派他们服侍自己，后来，却因为厌烦诸神的喧扰而与其发生战争。战争的结果是由玛杜克率领的诸神军队消灭了阿步苏和媞玛特的联军。战争结束后，玛杜克斩杀了媞玛特所创造的怪物禁古，并用他喉咙中所涌出的鲜血创造了人类。这样，原先由诸神所担负的工作被指派给了人类，神灵则得享安歇。因此在苏美尔的世界观中，人类乃是作为神灵的仆役而被创造的。相比于苏美尔神话，在北欧神话中人类的创造更像是神灵的"恩赐"：奥丁大神在杀死最初的神祇伊米尔后，用它的身体创造了一个美丽的世界。当奥丁和自己的兄弟在欣赏自己的作品时，发现了两条被海水带来的树枝，包括一条梣树枝和一条榆树枝，于是他们便使用它们分别创造了男人和女人，并赐予后者以生命、灵魂、感情和智慧。从此以后，人类就在"世界之树"上最宜居的"中庭"（Midgard）里愉快地生活和繁衍着，而神灵则保护着他们的生存。而在圣经中，人类的创生则被赋予了特别的意义，因为人是按照上帝的"形象和样式"所造的，并且在接下来的内容中，一切的历史事件都是紧密地围绕着上帝和人之间的关系所展开的。整部圣经与其说是在讲述上帝的言语，不如说是更多地在讲述人类的历史和命运，只不过，在这里人类的历史和命运是被放入与上帝的关系中来进行展开的，也就是在上帝的视域中所发生和展现的人类之生存境遇。因此，要认识上帝，必须要清楚地认识到人类本身；而人要真正地认识自身，则必须要在自我与上帝的联系来进行一种超越性向度的审视。这实际上就是黑格尔的观点：一方面，作为绝对精神的上帝在作为主体的精神之中才能够真正地映现和认识

他自身，在其中作为自在自为自知的现实理念而存在；另一方面，人作为精神的主体又必须要将自身的个体性联系在精神的普遍性，也就是上帝之中才能够真正地认识到自我的本质。"上帝的自我揭示是通过创造来进行的，这其中尤以上帝自身与人类的联合为甚。上帝同人类的联结，使得人们能够在一种对神圣生命的参与中来经验个体与社会历史成为了可能。"[69]因此，上帝的现实性不能脱离人类而存在，而人作为精神性的存在主体，其本质也必须要在同上帝的普遍联结之中来实现。这就是上帝创造人类的目的之所在。

从圣经的观点来看，人类的历史可以被分为三个部分：创造史、堕落史与救赎史。创造史就是人类受造的历史，而堕落史与救赎史则可以被看作是同时进行的：亚当夏娃因犯罪而导致整个人类的堕落，堕落的本质就是人与上帝间的分裂，这种分裂的现实性一直会持续到末世的来临。而上帝的救赎则是与堕落几乎同时产生的，在旧约时代，人类通过献祭和遵守律法来维持同上帝的联系，而这些活动则是上帝所直接启示的。在新约时代，救赎则通过基督的道成肉身完成。不过，尽管基督的救赎之功已经一次性地宣告完结，但是人类世界同上帝的分裂还会一直地持续下去，直到基督的第二次来临。因此，人类在此世的历史就贯穿在创造史、堕落史和救赎史之间。而这三个阶段也正好构成了黑格尔神学的主要框架。

一、灵魂论

灵魂的观念在人类历史的早期阶段就已诞生，尽管"灵魂"在不同的文化之中有着不同的涵义，不过大体说来，作为一个存在于全人类社会中的普遍性观念，灵魂在一般意义上指的是与肉体相对应的精神部分，并且也是人类的本质属性。相对于肉体的有限性、可朽性，灵魂是不死的、可脱离肉体而存在的。在古希腊文化中，"灵魂"一词有两个，一个是 ψυχή，其原义为呼吸，这个词在英文中被翻译为 soul；另一个词是 πνεῦμα，意为气体和呼吸，在英文中被翻译为 spirit。而与"肉体"概念相直接对应着的就是 ψυχή 一词，即在肉体死亡后继续存在着的灵魂。古希腊人认为，人在死亡后灵魂会离开身体，下降到冥王哈德斯的地府中永远地生活着。相比于人世间，阴间的生活是极其黑暗、凄凉和痛苦的。当奥德修斯在阴间的旅途中遇到阿喀琉斯时，后者向他埋怨自己的境况甚为悲惨，以至于他宁愿在凡间做一个奴隶，也不

---

69 Martin J. De Nys, Hegel and Theology, London: T & T Clark International, 2009, p.28.

愿在阴间做君王。尽管如此，灵魂在死后下到阴间却是凡人不可摆脱的宿命，这种宿命论也造就了古希腊文化特有的悲剧色彩。不过，柏拉图却不同意阴间是灵魂永久的居所，在他看来，灵魂原本是居于一个永恒的星球上的，当它趋向于肉体的欲望后，就会沉沦到感官世界中，被囚禁在肉体里，以至于不断的轮回。但是，一旦灵魂能够在自己的本性中克服肉体的欲望，它就能够得到"净化"，并再一次地飞升到从前居住的星球上去。亚里士多德也同样认为灵魂是非物质性的、不朽的，由于人类的灵魂具有理性和概念思维能力，因此它要高于其他生物的灵魂。

　　而从圣经上来看，灵魂作为人的本质，其受造、存在和去向都是同上帝紧密地联系在一起的。前面曾提到过，在上帝创世的过程中，人的创造被放在最后的阶段进行，这意味着人乃是万有中最高级、也是最特别的存在。正如《创世纪》所言："我们要照着我们的形像，按着我们的样式造人，使他们管理海里的鱼、空中的鸟、地上的牲畜和全地，并地上所爬的一切昆虫"【创1：26】。在原文中，"形像"和"样式"是同一个词，表示形像上的相似性。但问题是，上帝本身作为"灵"，是"眼不能见"、无可名状的，而有形体的人，又是如何按照上帝的这种无形的"形像"创造的呢？实际上，这里按照形像所创造的，并不是指的人的外形，而是人的灵魂。这一点在创世纪第二章表述得更清楚："耶和华神用地上的尘土造人，将生气吹在它鼻孔里，他就成了有灵的活人，名叫亚当。"【创2：7】这段经文明确地揭示了人的"灵"是来自于上帝的"生气"。在原文中，"生气"一词是由"气息"加上"生命"构成的，前者指的是上帝或人的气息、有气息的生物，以及人的灵。而"有灵的活人"在原文中是由形容词"活的"加上名词"生命"构成。因此这句经文的准确含义就应该是：当带有上帝生命的气息进入人的体内时，人就成为了具有生命的个体。不过，在这里上帝的"生命"同人的"生命"是不一样的两个词，后者还包含有"灵魂"、"心智"等含义。在这一系列的创造中我们可以注意到，上帝在创造植物和动物等有机体时，并没有通过吹入气息的方式来赋予其生命，而是简单地宣告它们要"滋生"而出。尽管动植物的生命和人的生命都是同一个词，不过人却因为上帝所赋予的气息而与前者具有了本质上的不同，在后面的许多经文中我们都可以看到，上帝的"灵"与人的"灵"乃是同一个词。因此，人的身体虽然和动物一样是"尘土"，并且死亡后都要复归于尘土，但人却因为拥有永恒的灵魂而不会陷于真正的消

亡。诚如《传道书》最后所言："尘土仍归于地，灵仍归于赐灵的神。"【传 12：7】这样看来，人与动物的本质性区别就在于灵魂，而人的灵魂在本质上则与上帝的灵相同。在本文第三章第一节中我们曾提到过，希伯来文的רוח一词的原义为风、气息、灵，因此创世纪在叙述上帝造人时特别强调人是从上帝的"气息"而得生，也就是暗示着上帝的灵"传递"为了人的灵魂——上帝将他自己的灵"吹入"了人的鼻孔中。既然人是上帝按照自己的形像和样式所造的，因此人的本质就是灵，亦即与上帝相同的本质。这样，从上帝而来的灵浇灌了人的灵，人类便拥有了与上帝相仿的理智和感情，他不仅具有知性能力，而且还具有自我意识和逻辑思维能力。阿奎那认为，由于人的灵直接来自于上帝，因此它和上帝的灵相似，能够自立存在，拥有智性或理智，因此也是不朽的、永恒的："人的灵魂，即所谓智性的根本，该说是不朽的……凡有智性者，皆自然愿望永远存在。自然愿望不能是徒然的或不兑现的。所以一切智性的本体或自立体是不朽的"[70]这样，因着灵魂的不朽性和永恒性，它就能够在肉身死亡后继续存在，并"归于赐灵的神"。这是出上帝所赋予灵的本性所决定的，而也正是它的这种本性使得人和动物区别了开来，不会陷入像柏拉图主义或印度教中的所谓的"轮回"之中。

概括起来，旧约圣经非常清楚地突出了"灵"这一概念，即灵构成上帝、天使和人类的共同本质，并且使得人与动物之间具有了根本性的区别。上面提到，在新约圣经中，用来表示"灵魂"的有两个词，一个是 ψυχή，意为"生命力"或具有位格性的"魂"，如"因为凡要救自己生命的，（'生命'或作'灵魂'。下同）必丧掉生命；凡为我丧掉生命的，必救了生命。"【路 9：24】，这个词与旧约圣经的一词相近；另一个是 πνεῦμα，意为"风"、"呼吸"、（与肉体相对的）"灵"以及"灵体"或"神的灵"，如"耶稣尝了那醋，就说："成了！"。便低下头，将灵魂交付神了。"【约 19：30】，这个词与旧约圣经的 一词相近。在希伯来书四章 12 节中，这两个词被放在一起作对比："神的道是活泼的，是有功效的，比一切两刃的剑更快，甚至魂与灵、骨节与骨髓，都能刺入、剖开，连心中的思念和主意都能辨明。"这里很清楚地表明了在人之中，生命和灵是紧密地结合在一起的。因此总的说来，圣经所定义的人就是灵与（肉身的）生命相结合的存在。动物和植物有生命而无灵，上帝和天使

---

[70]【古罗马】托马斯·阿奎那：《神学大全》（第三册），刘俊余等译，台湾：碧岳书社／中华道明会，2008 年，第 13-14 页。

都是纯粹的灵，天使是次等的灵，魔鬼也是灵，不过是邪恶的、堕落的灵（即邪灵），人类既有（肉身的）生命也有灵，人未堕落的灵高于天使的灵。这样看来，在圣经中并没有像英文、德文或中文的语境中那样对于"灵"和"魂"详细的区分。英文中的"灵"与"魂"分别是 spirit 和 soul，而德文则分别为 geist 和 seele。而在圣经中"灵魂"则是一个统一的概念，如果非要说有什么区分的话，那么"灵"就指的与上帝同质的灵体，"魂"则是属于肉体的生命力。而在黑格尔的哲学中，geist 和 seele 都是被作为核心概念使用的，前者即黑格尔所谓的精神，在德文中它同时也被用来表示"心智"、"灵体"等，在圣经中所对应的就是 πνεῦμα 一词；而后者即灵魂，在德文中还具有"心灵"、"情感"等含义。在德文圣经中 seele 被用来翻译 ψυχή 一词。在黑格尔看来，精神（Geist）乃是上帝的本质和自然的真理，是在其概念中与自身完全同一的存在，它就是灵本身；而灵魂（seele）则是精神的发展阶段之一，具体地讲，灵魂就是精神扬弃了它在自然中的外在性而向着它本身、亦即精神的观念性的回归的过渡阶段。在这里，精神意识到自然不过是异在的、不真的东西，因此它要彻底扬弃掉这种外在的形式，真正回到己内的存在中。当它开始了这样的运动时，它就首先过渡到了作为抽象的普遍性的精神之观念中，在这里它"预先假定自己不再是这个以形体的个别性在自己外存在着的普遍性，而是在其具体性和总体性中的简单的普遍性，精神在这样的普遍性中是灵魂，还不是精神"[71]。这也就是说，灵魂在最开始的阶段还不能称之为真正的精神，它还不具有任何的自为性，而只不过是"自然精神"或"精神的睡眠"。因此，灵魂必须要摆脱那残留在自己身上的自然性，向着自我的主观性和现实性发展，才能真正地实现自己，并使自己更加趋向于精神。前面在介绍黑格尔哲学体系时我们曾提到过，黑格尔把精神哲学分为"主观精神"、"客观精神"和"绝对精神"三个阶段，而"灵魂"正是属于主观精神的第一个阶段。因此在黑格尔看来，灵魂就是精神本身的环节，或者说是一种"前"精神。这就是说，灵魂作为上帝的特别创造物，乃是上帝按照自己的本质所直接产生的，这正如我们前面所分析的圣经的观点，是（圣灵）赋予人类以（生命/灵魂）。因此灵魂乃是与精神同质，是还未得到充分发展的精神，或者用黑格尔自己的话来说，是直接的精神。

在黑格尔看来，灵魂同样具有三个发展阶段，即"自然灵魂"、"感觉灵

71　【德】黑格尔：《精神哲学》，杨祖陶译，北京：人民出版社，2012 年，第 39 页。

魂"和"现实灵魂"。在最开始的时候，灵魂还不具有任何的内在规定性，它把一切都抽象而无区别地包含在自身之内，作为一种抽象的总体性而存在着。灵魂此时所具有的规定性，不过是外部环境在它身上所激起的反应，亦即自然的质。黑格尔把此时的灵魂比作是一个小型的宇宙，即一个无所不包的抽象存在。由于在这里灵魂还不具有自我规定性，因此自然的质在它身上就表现为自然环境对于灵魂的影响和作用，换言之，支配着灵魂的纯粹是自然的力量。对于动物而言，适应自然的变化是它们的生存之本。而对于早期的人类而言，自然不仅决定了他们的种族，同时也构成了他们生活的一切，这也正是自然崇拜在他们那里表现得尤为普遍的原因。其次，在作为个体的人自身那里，其身体上的自然变化也会引起人意识上的变化，譬如生老病死、两性结合或昼起夜伏，在这些变化中所凸现出来的乃是个体与自然的关系。当灵魂开始区分出睡眠与苏醒两种状态的差异，意识到醒着的灵魂乃是在自身之内，而睡眠不过是自己本性之内的规定性，它就开始具有了感受。所谓感受，就是"精神在其无意识和无理智的个体性中模糊活动的形式"[72]。这样，自然灵魂就过渡到了感觉灵魂的阶段。在这里，灵魂开始获得了主体性，亦即使自己作为自我的中心。感觉就意味着灵魂开始以主体的方式来建立同外界的联系，于是灵魂就开始具有了内在的个体性，并且能够"把它的实体性，即只是自在地存在着的充满，建立为主体性，占有自己，并且自为地成为控制它自己的力量"[73]。不过，这里的感觉所指向的还是感觉活动的自身性，亦即感觉的主体，它还没有把自己同外部对象完全地区分开来，后者还只是它所感知到的作为总体的诸规定性。因此，在这里灵魂实际上还是以一种被动的方式来实现其感觉的。黑格尔把此时灵魂的处境称之为"黑暗阶段"，这也就是说灵魂还并未把感觉发展为意识，并且把自己的诸规定性确立为意识的可理解的对象，主体与客体还抽象地并存于灵魂之中。从现实上来看，这个阶段的灵魂就像是做梦的状态和尚在母腹中的胎儿。在梦境中时，灵魂只是具有零散的感觉，而无法真正地意识到自我是一个完整存在着的总体。作为胎儿，其个体性和自我意识也尚未形成，它还只具有最初步的感觉，其主体性只有在它与母体的联系中才能够显现出来。这就是所谓的"生命的形式上的主体性"，在这种形式中感觉本身作为个体而与主体分离地存在着。感觉灵

---

72 【德】黑格尔：《精神哲学》，杨祖陶译，北京：人民出版社，2012 年，第 97 页。

73 【德】黑格尔：《精神哲学》，杨祖陶译，北京：人民出版社，2012 年，第 123 页。

魂的另一种形式是"感觉灵魂的实在的主体性"，在这里灵魂与其客观世界的关系表现为一种双重性，即一方面是一种无中介的直接联系，另一方面则是一种有中介的联系，这两个方面乃是彼此独立着的。黑格尔把这种状态称之为"病"，因为在这里单纯灵魂突破了精神对于意识的控制，而主宰了原本属于精神的功能。这种状况通常出现于原本正常的人那里，由于疾病、药效、或某种"迷狂"状态而导致。因此，这种病态实际上就是灵魂与精神的相互分离，同时也是精神的一种倒退状态。随着感觉的发展，灵魂开始意识到自身和它的诸般感受之间存在着某种区别，自己乃是相对于一切感觉的可感主体，而诸种感觉则是它的特殊规定性。这样，感觉灵魂的主体性就进一步加强了，它开始逐渐脱离自己的自然性，而将自己提高到了一种抽象的自我。不过，此时灵魂还是沉没在它的特殊规定性，即诸般感觉中的，它还没有意识到自我同感觉之间的本质上的区别。而当特殊的诸感觉被统一为了"习惯"，灵魂就取得了它的直接存在，这也就是说，在习惯中灵魂是自由地与它自己所建立起来的东西直接产生联系，并且是以一种普遍性的方式产生联系。习惯一旦变得熟练起来，灵魂就将身体变为了它的工具，成为了灵魂与客观世界之间的中介，这样身体就被灵魂从己内存在中区分了开来，变成了外在的东西。与此同时，灵魂则上升为了自为的、内在于自身的主体，它在自身中只与自己产生关系。而这个内在于自身的灵魂与外在的身体的统一体，就是现实的灵魂。这样，身体就成为了灵魂外在的符号，并受到灵魂的支配。在这里，灵魂进一步意识到身体实际上从根本上是独立于它的，因为它无法完全地主宰身体的变化，这样，它就把身体视为异在的东西而扬弃掉了，并从而回到了它的自身内。在自身那里，灵魂终于认识到了自己就是作为观念性的主体，是完全独立地自在自我地存在着的，它就因此获得了自己自由的普遍性，从而也就获得了它的本质。这样一来，灵魂就成为了思维和自为的主体或判断的主体，当它在与那个被它排除到己身之外的外部世界再次产生联系时，后者就直接地映现到它自身之内，这样，灵魂就过渡为了意识。

　　接下来的发展正如我们前面所叙述过的那样，灵魂将自我逐渐提升为意识、自我意识和精神，再经由客观精神回归到绝对精神那里。这样看来，在黑格尔的观念中，灵魂就是上帝在精神中向着自身回归的一个关键性环节。具体地讲，就是上帝按照自己的"形象和样式"、也就是基于圣灵的本质创造出人类灵魂，乃是为了将后者作为自我的异在，并且通过这个异在来获得他

的自我意识，并进而实现与自身的绝对统一，使自我实现为绝对精神。从这个意义上来讲，人类灵魂乃是在本质上统一于上帝的精神／灵之中的，前者就是后者的殊相和客观化环节。

二、罪论

在基督教信仰中，罪一直都是一个极其重要的主题，可以说，正是罪的产生决定了人类所有的命运——无论是堕落、流离还是救赎，人类历史中的每一项活动都是与罪密切联系着的。对于罪的产生，神学上一般解释为源于魔鬼的工作。魔鬼在圣经中被称为"撒旦"，它被认为是堕落的天使长。"撒旦"一词在希伯来文中意味"敌对者"。关于撒旦堕落的记载一般被认为是在《以赛亚书》第十四章："明亮之星，早晨之子啊！你何竟从天坠落？你这攻败列国的，何竟被砍倒在地上？你心里曾说：'我要升到天上。我要高举我的宝座在神众星以上；我要坐在聚会的山上，在北方的极处；我要升到高云之上，我要与至上者同等。'然而你必坠落阴间，到坑中极深之处。"【赛 14：12-15】"明亮之星"在原文中意味"闪亮者"，KJV 译本延用拉丁文将这个词译作 Lucifer，即中文圣经中魔鬼的别名"路西法"。弥尔顿据此在《失乐园》一书中详细描述了撒旦堕落的经过：撒旦原是身居高位的天使长，替上帝统领众天使，其地位如同黎明一样闪耀。不过，随着撒旦权欲心的膨胀，它蛊惑了三分之一的天使进行反叛，意图夺取上帝的宝座，不过最终却为上帝及其率领的众天使所击败，撒旦也被扔下了地狱的深处。从高天跌落的撒旦不甘失败，于是便化身为蛇进入伊甸园诱引亚当夏娃偷食禁果，以至于人类也因犯罪堕落。在圣经中，撒旦曾多次作为反面的角色出现，它不仅引诱人类偷食禁果，也曾攻击约伯、试探耶稣，并蛊惑犹大将耶稣出卖。因此耶稣基督称它为"杀人的"、"不守真理"、"说谎之人的父"【约 8：44】。这样看来，世界上一切罪恶的源头和起因都在撒旦那里。尽管魔鬼最后将遭到彻底的失败并被永远地消灭掉，人类却因为自己选择了顺从撒旦的引诱而不得不成为了罪的主体，也要承担罪的后果。在圣经的语境中，"罪"就意味着对于上帝的背叛，以及同上帝的分离。正如白舍客所言："罪就是对天主意志的不听命及对天主的触犯"[74]。保罗明言，罪的代价就是死，亦

---

74 【德】白舍客：《基督宗教伦理学（第一卷）》，上海：华东师范大学出版社，静也等译，2010 年，第 321 页。

即灵魂永远的死亡（即所谓"第二次的死"）。对于人类而言，这样的惩罚无疑是最为严厉和惨重的，同时也是与人最初受造时的天性截然相反的。因此，罪及其后果就为基督教神学留下了一个颇为棘手的难题，即：既然上帝本身是全善的、完全公义的，他的创造也应该是美善而无瑕疵的。那么，如果不是出于上帝的创造，罪恶又是从何而来的呢？而如果罪恶又是源于上帝，那么上帝岂不就是并非完全和至善的了？同样地，上帝创造天使和人类，是为了使他们成为纯洁而良善的存在，并永远生活在美善平和的世界之中，但如今看来，不仅部分天使沦为了魔鬼，人类集体犯罪堕落，世界也随之陷入到罪恶与混乱中。正如保罗所言："罪是从一人入了世界，死又是从罪来的；于是死就临到众人，因为众人都犯了罪"【罗 5：12】。按照我们在上一章所论述的那样，人的灵魂是基于圣灵之本质的创造，那么在全然完善的圣灵之中，是如何能够分化出堕落的灵魂呢？奥古斯丁对这个难题的回答颇具代表性，在他看来，上帝是善且公义的，他绝不可能是恶的制造者。上帝所创造出的宇宙，其本性之中也并不存在恶的成分。作为被造物的人也是一样，亚当最初的本性是不朽的、良善的，也是有能力不去犯罪的。因此，恶并非是上帝赋予被造物的一种特性，而是事物之本性遭到破坏后的产物，亦即善的缺乏，正如明亮星体边缘的阴影一样。而人类在受造时虽然是善的，但是由于他滥用了上帝所赋予的自由意志，背叛了上帝的教导，从而导致了罪恶的产生。亚当的犯罪不仅使得整个人类都陷在罪恶之中，而且也使得世界受到了罪的污染。从此以后，人类的本性被完全破坏，他们只剩下作恶的自由，亦即受到了奴役的自由，每一个人都被原罪所沾染，在罪的汪洋中沉浮。这就是《诗篇》中所描绘的："他们都偏离正路，一同变为污秽；并没有行善的，连一个也没有"【诗 14：3】。因此，人类无法靠着自己的行为和方法来脱离罪的捆绑，即便是旧约时代大祭司向上帝献上赎罪祭也是无法从根本上消除罪恶的。这样，人类就必须要靠着外力的介入和帮助，这个外力就是耶稣基督。上帝通过将自己的独生子道成肉身并在十字架上殉难，来使得自身成为了全人类的赎罪祭，而这样的赎罪祭乃是完全的、无瑕疵的，它一次性地赎清了人类的原罪，以及每个人过去、现在和将来的罪过。这就是上帝为人类所白白赐下的代赎的恩典。当人类接受这样的恩典，亦即通过认信基督和诚心悔改，就能够得着完全的赦免，并且可以靠着恩典得称为义的奴仆，能够不断地战胜罪恶，并真正地脱离罪的捆绑。这实际上就是

"得救"的真义——得救不仅是指灵魂脱离死亡，同时也指的是"罪蒙救赎"，唯有藉着上帝的恩典得蒙罪的救赎，人类才能够脱离罪，并同时脱离罪的工价——死亡，因为没有了罪，也就意味着人与上帝之间不再有分离，并因此能够重获永恒的生命。

奥古斯丁的罪恶观和自由意志论对后世产生了深远的影响，他的自由意志说和"恶是善的缺乏"的著名论断在莱布尼茨那里得到了进一步的发挥。在莱布尼茨看来，恶包括形而上学的恶、道德的恶和形体的恶。形而上学的恶就是源于事物的不完善性，当然，这种不完善性是相对于上帝的绝对完善所言的；道德上的恶就是自由意志的滥用导致的偏离；而形体的恶则是指的由上帝的惩罚所带来的灾祸，不过，这种"恶"并非真正的罪恶，而是一种对于罪恶本身的限制和击打。尽管罪恶与上帝的本性相悖，但是罪恶的存在却使得世界显得更加地丰富和完善，并且这种情形也是包含在上帝那超越性的计划中的。

与莱布尼茨一样，黑格尔也继承和发挥了奥古斯丁的自由意志论。在他看来，对于最初的人类而言，因为他们并不具有任何伦理的知识，因此这样的"单纯的自然人"就和动物一样是无所谓善或者恶的。而当人类吃下了"禁果"——即善恶树上的果实之后，这种原始的单纯状态就被打破了，人类从此丧失了他原本在自然状态下的知足状态。这也就是说，伦理的知识本身打破了原始的平衡，而使得人产生了自觉，这种自觉"使那任性任意、具有无限自由的'自我'，离开了'意志'的、离开了'善'的纯粹内容——'知识'就是取消了'自然'的统一、就是'堕落'"[75]。在黑格尔看来，堕落并非是一件绝对悲惨的事情，因为它是必然发生的，并且也是人类成其为人类的必经之路。在伊甸园时期，人类的生活状态和动物一样，没有任何自觉的精神，而是与上帝的普遍神圣精神单纯地同一。因此，在这里人类就还没有具有真正的主体性，也就是还没有成为独立的精神。但是当人类受到魔鬼的诱惑而吃下善恶树上的果子后，人的眼目就"明亮"了，这种明亮意味着人类开始具有了分辨善恶的能力，也就是获得了伦理的知识。这样，当亚当夏娃看到自己原本是赤身裸体时，就顿时产生了羞耻的感觉，并立刻寻找树叶遮挡——实际上，赤裸的状态不过是一种原始性的、自然的纯朴状态，是在人类无

---

75 【德】黑格尔：《历史哲学》，王造时译，上海：上海书店出版社，2001 年，第 366 页。

自觉时候下的惯常形态，而自觉的产生则打破了这种惯常性，羞耻感从而代替了原本的自然性。在黑格尔看来，羞耻感的产生就标志着人类自觉意识的产生，"这是一个很质朴、很根本的特征。在羞耻中就包含着人与其天然感性存在的分离"[76]，它同时也是伦理的起源。而上帝对于这种状态的反应则是："那人已经与我们相似，能知道善恶。现在恐怕他伸手又摘生命树上的果子吃，就永远活着"【创3：22】。一方面，从上帝的反应中，能够看到这里的认识本身乃是神圣的东西，因为正是通过善恶的认识人类能够更加接近上帝的形象，虽然其代价是永生的失去，但是这里也同时意味着人在自然的方面成为了有限的，但在认识那里却是无限的。另一方面，这里的变得相似相对于前面创造时"形象和样式"上的相似更进了一步，亦即人类已从具有理性的主体过渡到了具有伦理的主体，也就是主体开始上升到了真正的精神层面。因此人与上帝在这里的"相似"就意味着"人类是从'精神'——从'普遍的东西'和'特殊的东西'的认识——而理解上帝本身"[77]，人和上帝一样知晓了善恶，从而也就能够更加深入地理解上帝和他自己。这样，人就从最初与动物相似的天真状态变为了精神的主体，或者说是开始了在自身中的精神的历史。不过如此一来，原本那种与作为普遍神圣之精神的上帝的抽象统一状态就被打破了，人由于获得了精神的独立性而不得不与上帝分离了开来。在前一种状态当中，由于人是与神圣精神相联结的，因此人类就抽象地统一在上帝的至善之中；而在后一种状态下，由于这种联结的破坏而使得人从至善之中堕落，也就是说人类背离了善而选择了恶。这样看来，堕落及罪恶的产生不是别的，正是人获得自身精神之独立性所必然付出的代价。当然，堕落后的人类陷入了一种悲惨的境地，原本在于伊甸园中的淳朴与平和如今已荡然无存，"自由"的报偿就是上帝的诅咒：女人不仅要"增加怀胎的苦楚"，而且还要受到丈夫的辖制；而男人则必须在满是荆棘和蒺藜的土地中"终身劳苦"才能获得食物。而最为悲惨的下场就是必然的死亡，也就是身体"归于尘土"。　而这一切都是源于人类同上帝之间的分裂，前面曾提到过，这种分裂的状态就是罪恶，就像奥古斯丁所指出的那样，人只剩下作恶的自由而无行善的自由。面对着这般的境况，大卫发出了如此的感慨："神啊，求你为

---

76 【德】黑格尔：《小逻辑》，贺麟译，北京：商务印书馆，2009年，第76页。

77 【德】黑格尔：《历史哲学》，王造时译，上海：上海书店出版社，2001年，第367页。

我造清洁的心，使我里面重新有正直的灵"【诗 51：10】，黑格尔在这里把"正直的灵"写作"不变的'新精神'"（按照原文的翻译，这里的经文应当是"重新建造我的灵"），这意味着，人类内心极其渴求脱离分裂的状态，使自我的精神能够回到最初与上帝相联合的时候去。因此，整个人类历史的走向在这里就被决定了——人类必然要经由分裂的状态向着上帝不断地回归，最终能够实现同上帝在精神中的重新合一。正如上帝在降下诅咒的同时所预言的那样："女人的后裔"（即耶稣基督）要踩蛇的头，亦即魔鬼的努力终将遭到失败，它所带来的罪的分裂也将会以和解告终。

虽然恶业已产生，但黑格尔却并不认为它具有真正的独立性，在他看来，作为精神的第一种本质，善是"自在存在的独立的精神力量"[78]，与之相对，恶则是"被动的精神本质或普遍的东西，是虚无的本质"[79]。这也就是说，唯有善才能构成精神的独立的、真正的本质，而恶则只能居于附属的地位。可以看出，黑格尔的这种善恶观是符合多数传统神学家的看法的。

在这里，黑格尔也同时批判了启蒙运动的"人本善"说。在后者看来，人的天性就是善的，并且我们应当坚持这种天性。但实际上，人本恶的原则就暗含在精神的概念里。由于人的精神是自由的，并且据此使自身与外部世界相区分开来，人一切的思维与意志都体现在自己与外界的这种对立之中，他完全是以自身为根据来展开自我的行动。因此，"当人把这类目的推向最高峰，只知道和只希求自己那种排除了普遍东西的特殊性时，人就是恶的，而且这种恶是人的主观性。"[80]人一方面由于其精神性而与自然相区别开来，另一方面由出于其欲求而寓于自然之中，即倾向于自然性的存在，并在自然的倾向中希求自己的个别性。另一方面，人寓于整个社会的共在又呼唤着个体的普遍性联系，要求个体能够超越其个别性。这样，这两种相反的倾向就在人那里造成了分裂，而恶就在这种分裂之中不断地产生出来。与此同时，尽管人在超越自我的努力中也可以表现出某些善的东西，譬如对于他人的友好和同情，不过这些倾向不过是主观的东西，人所固有的私心和偶然性依然是

---

78 【德】黑格尔：《精神现象学》（下），贺麟等译，北京：商务印书馆，2013 年，第 52 页。

79 【德】黑格尔：《精神现象学》（下），贺麟等译，北京：商务印书馆，2013 年，第 52 页。

80 【德】黑格尔：《小逻辑》，贺麟译，北京：商务印书馆，2009 年，第 79 页。

在其中起着支配作用的力量。这样看来，只要我们承认人类是区别于动物的精神性存在，我们就不得不承认恶从一开始就是寓于人性之中的。

当人通过伦理知识的获得而成为真正的主体精神之后，他最初的那种感性意识也随之转化为了思想的意识，这种思想就不复再是单纯的知识，而是"有着对方或异在的自身内的思想，并且因为是有善与恶对立的自身内的思想"[81]。换言之，在意识最初的抽象普遍性之中开始出现了自我的异在，这个异在的实在化就是恶，而恶在出现的同时就与善形成了对立。从本质上来看，意识就只是恶的意识，它与善都是独立存在着的，并且同时被表象为思想的本质。因此，善与恶的对立就始终处于人的己内存在中。就善的方面来讲，它是自我意识的特定存在，要更加接近于神圣精神本身，从神学上来讲，这是残存在人之灵魂深处的"上帝的形象"；而就恶的方面来讲，它是一种"异于、外在于神圣本质的事变；把神圣本质中的恶理解为上帝的愤怒，是那自身挣扎着（以求解除自己的局限性）的表象作用所能作的最高的、最严厉的努力"[82]，不过这种努力却由于无从使自身回到精神的概念中而总是无效的。

因此，分裂一旦开始，它的历史对于作为有限个体的人而言也就显得格外地漫长。在追求和解的道路上，人类所面临的境况正是"路漫漫其修远兮，吾将上下而求索"。在黑格尔看来，这段历史的艰辛在犹太民族那里得到了最具代表性的印证：以色列人在埃及地寄居时得到上帝的拯救，被带领到迦南这块"流奶与蜜之地"为业，只不过是一些极为有限的满足。因此，人们不得不以利未支派作专门的祭司，在圣殿之中为自己的罪恶献上祭物来作有限的和解。而当周遭的外族不断的入侵、整个以色列王国被迫一分为二，巴比伦、波斯和罗马先后带来残酷的征服后，这种和解与满足就遭到了愈来愈多的消解，尤其是在圣殿被罗马人彻底毁灭后。以色列人所有的满足都被剥夺殆尽了。人们逐渐意识到，靠着自身的努力是无论如何都无法克服苦难的存在，并真正实现同上帝之间的和解的，苦恼意识因此便产生了。但从另一方面来讲，这种苦难与分裂依然在冥冥之中呼唤着上帝的回应，期待着上帝在

81 【德】黑格尔：《精神现象学》（下），贺麟等译，北京：商务印书馆，2013 年，第 278 页。

82 【德】黑格尔：《精神现象学》（下），贺麟等译，北京：商务印书馆，2013 年，第 280 页。

这种"缺位"状态下的回归。因此，"这里的苦难、不幸，并不是在一种盲目的命运中的鲁钝，而是渴想的无限力量"[83]。在斯多亚派那里，苦难与痛苦是被极力地否定的；而在犹太民族那里，苦难则是一种现实性的东西，也就是承认自我与上帝之间在现实中存在着无法跨越的鸿沟。然而在这里，人类也同时意识到了自己必须从现实那里退却，而到自我的主观性那里去寻找新的出路，这个出路就是在普遍的人类意志那里去寻求同上帝在主观性上的统一，也就是精神的统一。当人类真正明白了自己与上帝的本质同样都是精神时，人类也就获得了得救的真理。在精神对于精神的求索和观照中，那原本存于现实之中的分离就被扬弃掉了，因为"那原子化的'主观性'专心致志于它自己，所以自己便是'普遍的东西'，便是和自己'同一的东西'。"[84]人同上帝在精神之中的联结和统一，正如圣父与圣子在三位一体之中的联结和统一一样。人就是相对于作为无限精神之上帝的有限精神。这样，罪的克服就是有限精神向着无限精神的回归。

总的说来，黑格尔的罪性观念就是蕴含在这样的一套三段论形式中：首先，人类作为起初的受造物，还并不具有真正的主体性，只是和作为普遍神圣精神的上帝抽象地统一在一起的；其次，人通过伦理知识的获取而催生了自觉意识，并由此获得了自身的主体性和现实性，但这样一来，人的主体精神就同上帝的普遍精神分离了开来，罪也由此产生；最后，当人意识到自我同上帝在精神那里的本质性的同一后，他就通过扬弃自己的特殊性和现实性，回到主观性那里去寻求向着普遍精神的回归，并最终与其再次统一，这样，分裂所带来的罪也就随之被扬弃和克服掉了。因此，罪的克服实际上也就是精神同自身的和解。

通过对于创造、灵魂和罪的论述，黑格尔就完成了他的人论。值得注意的是，当我们在理解这种人论时，是不能把它同黑格尔的上帝论分割开来看待的。因为黑格尔至始至终都在强调上帝与人在精神上的同质性与合一性，这就是所谓的"神人合一论"。对于黑格尔的人论，里德帕斯这样评价道：

像康德一样，黑格尔也认为（1）人的实质是人类想像力；并且（2）人类想像力是积极的、精神的与时间性的意识。按照黑格尔的

---

83 【德】黑格尔：《历史哲学》，王造时译，上海：上海书店出版社，2001 年，第 367 页。

84 【德】黑格尔：《历史哲学》，王造时译，上海：上海书店出版社，2001 年，第 368 页。

观点，作为时间性的意识，我们的永恒想象力是由必要抽象理解与具体理性之间的（辩证性的）冲突之片段而出现的。我们解决这种冲突要通过那居于理解（圣父，信仰）与理性（圣子，希望）之间的、作为和解者的（圣灵，爱）来实现。[85]

---

85 Peter A. Redpath, Masquerade of the dream walkers: Prophetic theology from the Cartesians to Hegel, Amsterdm: Atlanta, GA 1998, p.172.

第五章 黑格尔精神神学演绎（下）

第一节 基督论：具象化了的绝对精神

在三位一体神学中，基督论可以说是最主要的一部分。基督论的核心就是耶稣基督。"耶稣"是希伯来文"约书亚"一词的希腊文翻译，在希伯来原文中，"约书亚"意味"上主是拯救"。而"基督"一词则是希伯来文 משיח 的希腊文翻译（希腊文音译即为"弥赛亚"），这个词在希伯来原文中意味"受膏者"。在旧约时代，膏油是按立君王或祭司的仪式标志，因此，基督就是被上帝所亲自膏立的先知、君王和救世主，亦即旧约《以赛亚书》中所预言的那位将要拯救世界的"全能的神、永在的父、和平的君"。对于耶稣基督的信仰，使得基督教同犹太教和伊斯兰教具有了本质性的区别。犹太教与基督教虽然可以看作是一脉相承的，但犹太人拒绝承认耶稣为那位预言中将要来临的弥赛亚；而伊斯兰教则将耶稣视为古代众多先知中的一位，也就是拒绝承认耶稣的神性，而认为上帝只具有一个位格。然而，正是耶稣基督的出现使得基督教作为一种全新的信仰从犹太教那里独立了出来，并为整个基督教信仰和基督教神学奠定了核心与基础。

由于耶稣基督是作为上帝之子的身份而存在的，因此基督教神学中就出现了最重要的主题之一——三位一体。我们知道，在三位一体中，上帝与基督构成互为父子的关系，上帝因为基督而成为圣父，基督则因为上帝成为圣子。但是，这种父子关系却难以用通常意义上的父与子来进行理解和阐释。

同时，父—子的名义又往往容易给人造成一种错觉，即由于子是从父生的，因此子不仅在等级上要次于父，而且子是受生或受造的，也就是说子是一种非永恒的产物。由于这个问题是如此难以解答，因此它不仅在神学上引起了极大的争议，而且还由此产生了诸多的异端。譬如阿里乌教派主张，由于基督是受生的，因此他并不是自有的，而只不过是受造物之一，且在等级上要次于父而大于灵。此外，由于在基督那里同时集合了神性与人性，因此神学在对于这两种属性的关系认定上也出现了不少的难题。一部分观点认为基督只有神性而无人性，譬如诺斯替主义；另一些观点认为基督只有人性而无神性，譬如亚流主义（Arianism）；此外还有其他的一些人围绕着基督身上的神性和人性何者更大的问题争论不休。这些争论实际上暗含着相当大的危险——一旦基督的位格或属性遭到了损害，那么整个基于基督的信仰也会出现极大的问题。因此，要树立正确的信仰，就必须首先清楚而正确地认识基督本身。在德尔图良看来，基督的人性和神性都同时存在于一个位格之中，它们是彼此独立着的两种本性。耶稣并非是诺斯替主义所认为的那样是一个"幻影"，而是实实在在的人，同时也是真实的上帝。亚塔那修也主张基督既是真实的人又是真实的神，作为人，他能够为我们承受罪所带来的痛苦；作为神，他又能够战胜死亡的权势。因此正是基督的这种双重性、与父同等的非受造性、永恒性，他才能够成为真正的弥赛亚。尽管三位一体的教义在第一次君士坦丁堡公会上已得到确立，不过争论却并未得到一劳永逸的解决，直至今日，依然存在着"耶和华见证人"这样的教派构成对于正统三一教义的异端。无论如何，当我们想要了解一种纯正的基督教时，就有必要采取一种正统的基督论——尽管"正统"一词本身是存在着许多争议的，但至少却能够帮助我们真正厘清神学上的诸多问题。

一、作为圣子的基督

我们知道，在三位一体的结构中，基督乃是作为圣子而呈现的。前面曾提到过，在创世以先，父、子、灵是逻辑上的三位一体，亦即他们是内在地联系在一起的。在《创世纪》中，上帝的言说总是以"我们"作为主语，这种表达方式就暗示了他总是将自我视作三个位格的共同体，其一切的活动都是基于这个共同体而展开的。而在创造活动中，圣子乃是作为万物的理念或逻格斯而存在，他是上帝藉以造物的范型和根据，所以"凡被造的，没有一

样不是藉着他造的"【约 1：3】。创造的历史在黑格尔看来就是上帝为自身取得现实性的环节，也就是圣子的王国，在其中圣子将自己实在化为外在的自然。而这个客观化环节的顶峰就是圣子亲自将自身道成肉身，也就是化身为具有个体性的主体精神，这样，圣子就取得了他在实在化阶段最适宜的形象。在旧约时代，堕落后的人类不能够直面上帝，这不仅是因为"人见我的面不能存活"【出 33：20】，同时也是由于人的肉眼无法感知作为灵/精神的上帝。但是现在，通过基督道成肉身所产生的主体精神的形象，人们就能够直观地感受到上帝。从神学的角度来看，这就是基督显明上帝本身，就如同《约翰福音》所述："从来没有人看见神，只有在父怀里的独生子将他表明出来"【约 1：18】。换句话说，上帝借着基督的道成肉身自我显现，在自己的异在中取得最完善的现实性。同时，耶稣基督又在他的圣言中言说上帝，在他的行径中表明上帝。耶稣之所以将自己作为上帝之子，就是因为他"与父原为一"，子代表父进行言说和行动，子所言所行也就是父所言所行，因为"我没有凭着自己讲，惟有差我来的父已经给我命令，叫我说什么，讲什么"【约 12：49】。从表面上看来，子好像因着凡事顺服父的权柄而低于父，但事实上，子对于父的服从就是对于自己的服从。这样，"我与父原为一"就可以解读为父寓于子，子亦寓于父，父通过子将自我彰显出来，子又因为对于父的承受和彰显将自我表明为子。因此，"无限地超越一切属人的东西和受造的东西的上帝唯有通过圣子才是可认识的……耶稣谈论圣父的方式，是认识圣父、但也是认识圣子的唯一通道；因为唯有藉着圣父，作为圣子的耶稣才被认识"[1]。

　　黑格尔对于耶稣基督最早的论述可以追溯到他的早期神学著作《耶稣传》（或译作《耶稣生平》）。这篇论著是基于新约的四部福音书写成的，它以黑格尔自己的口吻记叙了耶稣从出生到殉难的整个过程。从表面上看来，黑格尔的《耶稣传》与其说是一篇神学论著，不如说是一篇单纯的叙事文。此外值得注意的是，黑格尔在其中完全抽掉了四福音书中原本的那些超自然的内容，包括天使报喜、圣灵感孕、耶稣行的各种神迹，以及死里复活等。在这篇文章的字里行间，我们所看到的并不是一个用神迹奇事来表明自我为上帝之子的耶稣基督，而是一个高举实践理性大旗的道德家，一个身体力行、以

1　【德】潘能伯格：《系统神学》（卷一），李秋零译，香港：道风书社，2013 年，第 407 页。

身作则，苏格拉底一般的甘为德性的实现自我牺牲的伟人。因此，黑格尔实际上是借着《耶稣传》来宣扬实践理性的法则，亦即人们对于理性的服从，也就是对于上帝之诫命的服从。在《耶稣传》的开头，黑格尔就言明，理性就是上帝所制定的法则：

> 那打破一切限制的纯粹理性就是上帝本身。因此世界的规划一般讲来是按照理性制定的。理性的功能在于使人认识他生活的使命和无条件的目的。[2]

在青年时代的黑格尔看来，在这个世界上，没有什么能够比基于实践理性的永恒道德律更为崇高的东西，因为正是它赋予了人类以人格和尊严，促使人能够在自身之内超越于自然，并将人从欲望的主体提升到道德的主体，而后一种状态才是人之为人所应当具有的状态。因此，黑格尔实际上是在这里继承和宣扬了康德的理性伦理，亦即将道德律视为是从上帝的圣言而出的、具有和上帝的诫命同等高度之约束力的律令，正如康德自己在《实践理性批判》中所说的那样：

> 有两样东西，人们越是经常持久地对之凝神思索，它们就越是使内心充满常新而日增的惊奇和敬畏：我头上的星空和我心中的道德律。[3]

因此，在黑格尔的笔下，当耶稣在旷野受到魔鬼的试探时，前者对于诱惑的拒绝乃是基于自己心中的伦理规律，这是由他圣洁的意志所决定的。耶稣对于理性法则的坚信，正如他对于天父的坚信一样。此外，耶稣在同尼哥底姆的谈话中也提到，要想成为天国的子民，他就必须让神圣的力量居于自己的心中，要信仰和听从那来自于天上的声音，也就是上帝的教导。人通过对于上帝的信仰就能够实现他的最高使命。为着这个缘故，上帝赋予了人以理性，遵从理性的人就是行在上帝的光明之中的人。此后，耶稣又在与撒玛利亚妇人的对话中进一步补充道，上帝所喜悦的就是理性的人，而理性所盛开的花朵就是道德律。道德律就是上帝的旨意，它能够在人的精神中产生作用。因此在自我的精神中对于道德律的自觉遵守，也就是对于上帝的顺服。

2　【德】黑格尔：《黑格尔早期神学著作》，贺麟译，上海：上海人民出版社，2012年，第80页。

3　【德】康德：《实践理性批判》，邓晓芒译，北京：人民出版社，2010年，第220页。

而在四福音书中，耶稣曾宣称自己的到来乃是要成全上帝的律法，也就是使自身成为律法的精神。而他最后在十字架上的殉难，恰恰就是对于律法的最终成就。这一点在《耶稣传》里面非常清晰地体现了出来，虽然黑格尔并未提到耶稣最后的死里复活与升天，但是他还是将耶稣的死视为了后者对于道德律的自我成全。因此，在青年黑格尔那里的耶稣基督还只是一个道德律的先行者和成就者，作为圣子的基督就是圣父道德律的代言者。

　　到了成熟时期的黑格尔那里，作为圣子的耶稣基督不复再是一个道德理想的化身——伦理道德只不过是客观精神的环节之一，他以不同的形态出现在精神自我演化的整个过程中。从整体上来看，圣子形态的发展具有三个阶段。首先，上帝是完全在于自身之内的，他表现为纯粹思维要素中的实体，因此它"就是最简单的、自身同一的永恒本质，但这永恒本质并没有本质的这种抽象意义，而是具有绝对精神的意义"[4]。在这里，作为圣子的基督还是圣父最初的规定性，亦即作为那个抽象本质的质的规定性。不过此时三位一体还是内在的、逻辑上的，还没有把自己实现出来。父、子、灵之间的区别只是表现为自己与自己的绝对区别。在这个阶段，圣子是作为圣父的他者而存在的，不过这个他者只是本质的他者或对立面，作为本质的圣父乃是为其对立面存在着的自在存在。反过来讲，圣子就是作为自为存在的环节而存在的，他一方面将自我区分在圣父之外，另一方面这种外化实际上还是纯粹在于精神的概念之内的。黑格尔将这种关系形容为说话者与话语的关系：对于说话者而言，话语一旦被说出就是外在于他的了；但与此同时，话语又被说话者自己所听见，并且这种说与听的整个过程才够得上是话语的存在。因此，跟这种关系一样，父与子之间的区别也是如此——区别在被作出的同时，也就立刻被消除了；而区别被消除之时，它又马上被作出了。这样，父与子的关系就表现为一种不断地回到自身的圆圈式运动。因此，当上帝在行动中说"我们要……"时，表面上好像是父同子及灵之间的"商议"，但实际上却是自身同自身的对话。这样，父、子、灵就不能被看作三个独立存在着的实体，而是统一在思维之中的不同环节，他们的区别就是自身同自身的区别，亦即，"它是直接地只是从它自身区别开，因而它就是那返回到自身的统一性"[5]。

4　【德】黑格尔：《精神现象学》（下），贺麟等译，北京：商务印书馆，2013 年，第274 页。

5　【德】黑格尔：《精神现象学》（下），贺麟等译，北京：商务印书馆，2013 年，第274 页。

因此子对于父而言就是本质关于它自身的知识，这就是所谓的"除了父，没有人知道子；除了子和子所愿意指示的，没有人知道父"【太11：27】的真正涵义。

其次，上帝为了取得自身的现实性将自我外化，也就是把圣子变为了异在于自身的自然。这样，圣子就从先前的抽象简单的他物过渡到了具有现实性的他物，亦即他取得了自己真正的表象。这个阶段可以被看作两个部分，即"道成自然"和"道成肉身"。"道成自然"即圣子在创造活动中被作为万物的理念，即逻格斯，万有藉逻格斯而出。在这里，圣子还是抽象地寓于万有之中，作为后者的本质而存在着，整个物质化的自然就等同于圣子，前者乃是后者的实在性表象。圣子因而就在自然那里取得了自己直接的定在，同时，世界也是"特定存在着的精神，这种精神是具有意识并且把自身同作为他者或者世界的自身区别开来的那种个别的自我"[6]，也就是精神的客观化阶段。因此，自然之中的圣子就是真正的"自然之道"，是一切事物最本原和最始基的质料因、形式因、动力因和目的因。不过，万有本于和基于圣子，却并不等于"万在有灵"，亦即圣子并不是使自身分别地存在于每一个个体之中，因为精神必须要在自为的形式中来实现自身。因此，随着自然的发展，精神的主体——人出现后，圣子就采取了人的形态来表现自身，这就是所谓的"道成肉身"。人是具有自由精神的主体，是自在自为地存在着的，他不仅知道自己，即具有高度的自觉性或自我意识，同时还知道自己是自由的，能够以自我为自己的对象。由于这个缘故，"个人最为个人有无限的价值，因为他是上帝的爱的对象和目的，因而注定对于作为精神的上帝有其绝对的关系，并且有这个精神住在自己之内，就是说，人自在地注定达到最高的自由"[7]。这就是圣子道成肉身的意义之所在——唯有采取了人的形态，精神才能够在自己的对立面那里真正地实现自身，获得它的自由性和自我意识，并实现了主体和实体、思维与存在的统一。同时，作为自为存在着的精神、神性与人性的统一，圣子基督就同时成为了直接的神和直接的人。作为直接的人，他对于自我的知也就是上帝对于人直接的知；而作为直接的神，他对于自我的知就是人对于上帝直接的知，正是在这个意义上，耶稣基督就把上帝和人真正地联系和统一起来了。因此，人们通过对于耶稣基督的知就能够确切地认识到

6　【德】黑格尔：《精神现象学》（下），贺麟等译，北京：商务印书馆，2013年，第278页。

7　【德】黑格尔：《精神哲学》，杨祖陶译，北京：人民出版社，2012年，第311页。

上帝，这种认识乃是一种精神对于精神本身的直观和知。如此，人类在旧约时代那样铸造金牛犊来直观耶和华上帝的错谬就被排除掉了，正如同耶稣对法利赛人的回答那样："你们不认识我，也不认识我的父；若是认识我，也就认识我的父"【约8：19】。并且自然地，相信耶稣基督为神子和救主，也就是对于主耶和华上帝的相信了，这样，基督还在世上的时候就作了人类通向上帝的道路。当耶稣基督向世人传讲天国的福音时，正是要求人类通过他自己这条唯一的道路来回到上帝的怀抱，只要单纯地信靠基督，得救的大门就将向我们敞开。

可以注意到的是，在宣讲福音的过程中，耶稣基督总是以圣父的名义进行的，换言之，耶稣在福音事业上的献身所指向的就是对于圣父及其荣耀，并且他所宣讲之福音的核心，乃是"父的国"的降临，这也就是说，子的行动无时不刻地承载着父的权威。因此，耶稣作为圣子的意义在此就集中体现出来了，"圣子的称号是耶稣关于圣父的福音的反应，是对这个福音内容的反应落实到他自己的位格上"[8]。在这种关系中，耶稣基督一方面是把圣父作为自身之外的他者而区别开来的，这样他就总是在对于父的谈论中使后者高于自身；另一方面，耶稣基督又强调自己与父的同一性，这种同一性集中表现为二者是在同一个意志下展开行动的。因此，作为圣子的基督就在这种关系上将自我保持在自身之中，获得了自己独立的主体性和自为存在性，并且与圣父处在一种他在关系的张力之中。作为活生生的人，耶稣基督能够不断地保持着自己的特殊性，也就是作为精神的个别性而存在。在这里他就是"绝对本质的启示，在他身上作为个别的人，完成了感性存在的运动"[9]。

不过，精神的个别性在这里还不能被看作是真正的精神，而只是特殊的表象，只有当它再次抛弃这种直接的形象返回到精神的本质中去时，才能够重新获得它的普遍性，并且成其为真正的精神。这样，圣子就必须要否定自己的肉身性，来扬弃掉自身的个别性或特殊性，从而能够回归到作为普遍精神的上帝那里。这样的否定就被表象为耶稣基督在十字架上的殉难。通过殉难，圣子就扬弃了他神圣本质的抽象方面，他的特殊性从此消亡在了精神的

---

8 【德】潘能伯格：《系统神学》（卷一），李秋零译，香港：道风书社，2013年，第407页。

9 【德】黑格尔：《精神现象学》（下），贺麟等译，北京：商务印书馆，2013年，第270页。

普遍性中，精神的表象就返回到了自身之中，也就是返回到概念里了。因此，耶稣基督在死亡的第三天后复活升天，回到了天上的国度中，并坐在了圣父右边的宝座上。如此一来，圣子同圣父就完成了和解，这种和解也是特殊精神与普遍精神的和解。通过这种和解，圣子原先那种特殊的自为存在就变为了普遍的自我意识，就再度获得了自身的普遍性，并且也过渡为了真正的精神，即自在自为存在着的精神、自知着的精神。

因此，在天上的国度中，圣子与圣父就重新联结和统一在了精神中，并且这里的精神就是真正的精神，二者的统一就是精神对于精神本身的知与同一、现实性与概念的绝对统一。而这种统一就被表象为父在子的里面，同时子也在父的里面。在圣子复活升天以后，虽然当人们在地上向上帝祷告时，还是被描述为通过圣子向圣父"代求"，不过由于父与子的这种统一性，向着圣子的求告实际上就是向着圣父的直接求告（圣灵的代求也是如此）。同样地，人们对于圣子的相信和敬拜也就是对于圣父的直接相信和敬拜。圣子在此被称为人类与上帝之间的"中保"，即人类得救的中介或道路，这种中介或道路就可以被理解为圣子与圣父的统一性本身，形象地讲，就是上帝伸出他自己的手臂来连接人类。当然，按照预言，在末世的时候基督还会再一次地降临世间并施行最后的审判，但这里的再临并不意味着子与父的第二次分离，因为二者已经永远地统一在了绝对精神之中，作为审判者的子便在这种统一之中获得了父的所有权柄和能力，并且运用这种权柄和能力来施行审判，彻底地击败魔鬼，并建造新天新地。这就是在其位格中圣子再一次显现于他的表象之中。这样，黑格尔就在对于精神的实在化论述中完成了对于"道成肉身"的阐释。后来安德鲁·桑克斯对黑格尔的这番论述进行了高度的评价：黑格尔乃是自安瑟伦以来，第一个对于道成肉身之原因作出独创性解释的神学家。

二、基督的救赎

众所周知，耶稣基督作为弥赛亚道成肉身降临世间，最重要的使命就是拯救沉沦在罪恶之中的人类，修复其与上帝之间的裂痕，并重新建立人类通向上帝道路。正如耶稣自己所言："人子来，为要寻找、拯救失丧的人"【路19：9】。按照奥古斯丁的说法，基督的救赎之功使得人类脱离了罪的辖制，并重新获得了行善称义的自由。在希腊神话中，作为泰坦之神后裔的普罗米修斯为保护人类的利益数次冒犯宙斯，结果为之付出了沉重的代价——被后

者捆绑在高加索山脉的岩石上，日复一日地忍受风吹日晒和鹫鹰叼食肝脏之苦，直至最后为赫拉克勒斯所救。相比之下，耶稣基督的救赎之功要显得更为伟大。因为人类不是被他者剥夺了原本的幸福，他们在罪孽之中的沉沦完全是归咎于自身的，换句话说，无论是什么人，他在世上的漂泊和劳苦、乃至死后坠入地狱，都是理所当然、无可指摘的，因为世上"没有义人，连一个也没有"【罗 3：10】。尽管人类的沉沦是源于上帝的咒诅，但实际上可以说上帝自己也是这场灾难的受害者，因为上帝创造的初衷是美善的，他原本所设计的世界是一个美好、和平、无罪的世界，但人类却因对于自由意志的滥用而违背了上帝的命令，以至于他自身连同整个世界都跌入到混乱与黑暗之中。这样，上帝原本的蓝图就被破坏了，而最重要的是，上帝对人类的爱，以及建立在这种爱之上的契约也就因此而受到了破坏与亏损。那原本按照上帝的形象和样式而受造的人类，却因着沉沦而陷入了彼此争竞、仇杀、偶像崇拜和对于上帝的敌对之中。这样，上帝的荣耀就在人类的罪孽之中受到了亏损，人类的罪孽愈是深重，上帝的荣耀也就遭到愈是厉害的亏损，正如越是脏污的镜面就越难在其上映射出光明一样。然而，尽管人类自己造成了如此巨大的灾难，并且他们对上帝的爱已经大大地失落掉了，但是上帝对于人类的爱依旧没有因此而失去。在旧约时代，上帝的爱一方面集中体现在他对于以色列民的带领和保护中，另一方面也对所有的人施以普遍恩典，无论这些人是否信仰上帝，这种普遍恩典就表现为他对于全人类的维持和供应，即"他叫日头照好人，也照歹人；降雨给义人，也给不义的人"【太 5：45】。不过，即便是这样，人类也无法摆脱由原罪所带来的诅咒，"下到阴间"乃是每个罪人的终局。为着洗涤罪恶，与上帝重归于好，以色列人必须要通过大祭司日复一日地在圣所中向上帝献上各种祭物，来表现他们悔改的心。但是由于没有人能够真正做到完全不犯罪，就连大卫、所罗门这样上帝所拣选的君王也是一样，因此赎罪祭的献上就总是不完全的，它也无法从根源上消解人类始祖所带来的原罪。在整个旧约历史中，我们看到以色列民族就是在这种犯罪—受惩罚—悔改—再犯罪的模式中不断地循环，上帝的选民尚且如此，其他的民族就更加难以想象。因此，人类事实上是无从靠着自己的努力和行为完全克服罪恶的，换言之，我们绝不能靠着自己的方法来修复自身同上帝之间的裂痕。这样，就只剩下一种可能性，亦即上帝主动来到人类这边，用他自己的方式来达成同人类的和解。这种方式就是上帝使自己的独生子道

成肉身来到世间，将自己作为全人类的赎罪祭。这样，被钉死在十字架上的耶稣基督就成为了那代替全人类的过犯而死的羔羊，正如那代替亚伯拉罕之子而被宰的羔羊一样。正是圣子自己的死代替了全人类终极的死亡，圣子以自身无罪的牺牲代替了人类罪孽的结局。他的死"符合处于遗弃的矛盾之中的上帝的本质。如果称被钉死在十字架上的耶稣为不可见的上帝的相似形象，那么，就是说：这就是上帝，上帝就是如此"[10]。这就是圣子基督的救赎之功或救恩，是他对人类之爱（άγάπη）的集中彰显。十字架上的上帝由此成为了救恩的标记。

对于黑格尔而言，基督救恩的核心就是和解。在圣子道成世界和道成肉身之后，他就成为了实在化的对象，亦即绝对精神的现实性的异在。道成肉身的基督成为了一个直接性的表象，但这种表象此时还不能被看作是完全的神圣精神，因为在这里作为直接之主体的圣子还只是一个特殊的东西，他还没有通过抛弃掉这种外在的、直接的形象来返回到自身，而"只有返回到自身的本质才是精神"[11]。另外，神圣的本质同它的对立面——自然（包括人）本应是同一的，因为就其本身而言，它们并不具有绝对的区别，"神圣本质，就它不是本质而言，即是自然；自然，就它的本质而言，也是神圣的"[12]。但是，在精神的环节里，二者就获得了彼此的现实性，神圣本质就将自然设定为扬弃的环节，而在自然那里，由于它做了精神的异在，于是便成为了恶，恶就是对于精神之统一性的反对或否定。这样，神圣本质和自然双方都获得了它们的真理性。而恶作为一种既成的事实，就必须要在精神的环节中被扬弃掉。在作为主体精神的人那里，其己内的善恶对立可以通过个体的死亡而暂时得到实现，消亡的个体精神中就不复再有善或恶的概念。但是，无论是就不断继起的诸个体而言，还是就整个人类而言，恶始终都是作为神圣本质的异在而存在于其现实精神中的，或者说，正是人类的主体精神存在赋予了恶存在的现实性。因此，人无法在自身中克服恶的存在，除非他彻底地否定掉自身，就像佛教中所说的通过涅槃来消灭一切的现实存在，从而完全脱离

---

10 【德】莫尔特曼：《被钉十字架的上帝》，阮炜译，上海：三联书店，1997年，第249页。

11 【德】黑格尔：《精神现象学》（下），贺麟等译，北京：商务印书馆，2013年，第283页。

12 【德】黑格尔：《精神现象学》（下），贺麟等译，北京：商务印书馆，2013年，第284页。

生死轮回之苦。由于人无法实在地做到这一点，因此对于恶的克服就必须依靠外力的介入，亦即基督通过道成肉身来成为真正的主体，一个个别的人或特殊的精神。在道成肉身的基督那里，尽管是没有实在的恶内在于他之中的，但他却同时具有完全的人性和神性，这样，基督在十字架上的殉难就是作为神性的人之死，通过肉身的死亡，他就扬弃了自己在现实中的直接性，亦即扬弃了自身的特殊性，从而返回到了神圣精神的普遍性之中——不同于旧约时代人们用动物所献上的赎罪祭，基督献祭式的死乃是为作为普遍性的人的死，从而呈现为一种神圣的、永恒的历史；而前者只不过是一种个别性的异在存在的扬弃。由于复活与升天，耶稣基督的死实际上就并不是自我意识的消亡，而是"他的特殊性消亡在他的普遍性里，这就是说，消亡在他的知识里，这知识就是那自己与自己和解的本质"[13]，这样，基督就从特殊的自为存在过渡为了普遍的自我意识。在这样的过渡中，代表着人类的圣子基督不仅扬弃了自我的个体性与有限性，同时也扬弃了上帝的异在存在，也就是有限性的极点——恶。换言之，基督肉身的死亡就是人类之有限性的扬弃，而在有限性的扬弃中，罪恶也作为他者被扬弃掉了。这样，回归到圣父那里的圣子不仅实现了自己同前者的和解，同时也就实现了他所代表着的人类同圣父的和解。

对于人而言，每个人都是他自己的道德主体，一旦某人行恶，他就成为了恶者，并且为此承担相应的后果。这一点乃是就有限性的范畴而言的。如果仅仅是在这个范畴之内，基督的救赎之功也只能是对于他自己才是有效的。但是，在道德和宗教的范畴内，由于精神乃是自由的、自为存在着的，因此"在其中及于恶的限度乃是对精神的无限性说来的虚无者：精神可以使已经发生者成为未发生的；行为或许保留在回忆中，但精神则对此去除之。因此，归罪并未达于这一范围"[14]。这就是说，由于圣子与人类都同样是作为精神的主体，而精神本身又是无限的，因此圣子对于有限性的扬弃就等同于人之有限性的被扬弃，通过这一扬弃，基督不仅使自身摆脱了善与恶的对立，同样也使得全人类的恶在自身的死亡中得以消泯。正如在最起初的时候，第一个

---

13 【德】黑格尔：《精神现象学》（下），贺麟等译，北京：商务印书馆，2013 年，第 287 页。

14 【德】黑格尔：《宗教哲学讲演录 II》，燕宏远等译，北京：人民出版社，2015 年，第 219 页。

精神主体（亚当）为获得自身的现实性和独立性而将整个人类一同带入罪恶之中一样。这就是圣子基督在神学上被称为"第二亚当"的涵义所在——当上帝的第一个儿子亚当深入到自身之内，获得精神的独立性之时，堕落与罪恶就产生了，并且被带入了整个人类的命运之中。于是乎，人类的历史就成为了罪人的历史，成为了在"沉重的肉身"中不断寻求赎罪和不断沉沦的历史。然而，上帝却将基督作为自己现实化的儿子来代替亚当的地位，并且通过这一个体的自我否定、亦即在获得了自身的现实性之后再放弃了这种独立存在，来扬弃了那深入人类自身的恶。这就是圣经所说的："因一次的过犯，众人都被定罪；照样，因一次的义行，众人也就被称义得生命了。因一人的悖逆，众人成为罪人；照样，因一人的顺从，众人也成为义了"【罗 5：18-19】。因此，总结起来讲，圣子基督通过受死与复活所达成的同圣父的和解，也就是人类及世界同上帝的和解、神圣本质同罪的和解、以及精神与自身的和解。

因此在黑格尔看来，这种和解或联合就"开始于亚当的堕落。亚当的人类本性是符合上帝形象的，他是上帝之子。这种联合既包括灵魂被涵盖入个体的主观性，也包括亚当向着绝对精神的回归。而道成肉身则宣告了这种回归，这是亚当之目标的一种原则性的、概括性的表现，是一种可能性与无限价值，而并非一种不可能的梦想"[15]。

圣子基督所带来的和解不仅完全弥合了堕落所带来的分裂，赎清了全人类过去、现在以及将来一切的罪孽过犯，而且也为人类历史开启了新的篇章。前面曾提到过，人类历史可大致分为创造史、堕落史与救赎史，而堕落史向着救赎史过渡的标志就是耶稣基督的殉难与复活（一些神学观念亦认为，堕落史和救赎史是同步开始和进行的，在旧约时代，圣子基督以潜在的方式施行着救恩）。对于堕落后的人类而言，因为无法直接触知到神圣的上帝，因此他们往往会在一些错误的他者之中去寻求神圣本质的所在，或者说以自己所设想的中介来替代上帝。这就是我们前面所提到过的"自然宗教"时代和"艺术宗教"时代。在自然宗教的时代，人类将直接的自然形态当作神灵本身，譬如中国传统宗教的"黄天"崇拜；在艺术宗教的时代，人类以个体性的精神形态来代表神灵，亦即人手所创造的人的形象，譬如古希腊和古罗马的多神教。而到了天启宗教的时代——圣子的时代，上帝亲自将自我表现为直接

---

15 Peter A. Redapath, *Masquerade of the dream walkers: Prophetic Theology from the Cartesians to Hegel*, Amsterdam: Altanta, GA, 1998, p.183.

的人，并进而通过肉身的死亡将自我提升为普遍性，这样，人类就从耶稣基督那里感受到上帝活生生的直接性，意识到上帝的确定性，明白上帝并不外在于他们自身，而是与自己在精神中具有同一性。正如詹姆斯·雅克所评价的那样：

> 黑格尔所论述的拿撒勒人耶稣及其所有的事迹，是一种宗教式的中心性典型事件，它与如下两点相关联：1）什么是终极的真理；与2）通过人类意识来揭示人类存在的意义的真理。[16]

耶稣基督的救赎之功完成后，一切中介性的表象都失去了存在的意义，就连旧约时代的圣所也不例外。人们不再需要凭借眼见到自然中去寻找上帝，而是在自我的内心深处，亦即自己的灵那里去聆听上帝，去体悟上帝与自身在精神上的联结和同一。因此，人类相信耶稣基督是神子和弥赛亚，也就是相信自我与上帝的同一性和不可分离性，从而能够努力克服和扬弃自身中的罪恶，亦即像基督那样去克服人性中的有限性，并通过基督实现同上帝的和解。这就是所谓的"因信称义"——因着相信基督，靠着他而战胜罪恶以得称为义人，以及"因信得生"——在相信基督、认识十字架救赎之功的基础上实现同上帝的和解，从而突破自身的有限性，进入基督所开启的永恒历史之所在。"基督教精神的本质体现为十字架，或者说，十字架赋予了生命以意义与可能性，十字架呈现出上帝接受了与升高了的基督。"[17]当然，由于人类依然在此世居住和生活，他的有限性就不可能得到完全的扬弃，每一个成为基督徒的人依然会难免跌倒和犯罪。但是一方面，基督所带来的和解已经释放了罪的捆绑，并且使得一切已有和未有的罪都获得了赦免，因此基督徒不会因为自身的局限性所带来的过犯而失去救恩——此即基督救恩的一次性和完全性；另一方面，人类在救赎史结束后，他们在此世的旅程也将完全终结，并通过最后的审判进入新天新地的永恒所在。彼时作为整体的人类就将完全扬弃自身的有限性，和圣子基督一样与上帝实现完全的、彻底的和解。对于黑格尔的基督论，有人作出了这样的评论：

> 上帝对于历史的介入是以基督教中的基督的角色为核心的。黑格尔的精神神学并未偏离这种基督论，反而提供了一种不同的解读

---

16 James Yerks, The Chritology of Hegel, Missoula: Scholars Press, 1978, p.175.

17 Hans Küng. Incarnation of God:An Introduction to Hegel's Theological Thought as Prolegomena to a Future Christology, trans by J.R.Stephenson, New York: The Crossroad Publishing Company, 1987, p.308.

方式。和解与道成肉身的主题是可以互换的，因为道成肉身意味着神性与人性之统一的实现。[18]

第二节　圣灵论：绝对精神的自我统一

作为三位一体的最后一块拼图，圣灵在圣经之中的描述相对于其他两个位格而言是最少的，但就其本身对于上帝之位格建构而言，却是极其重要而不可或缺的。在圣经中，圣灵在一开始就出现在上帝的创造行动中："起初，神创造天地。地是空虚混沌，渊面黑暗；神的灵运行在水面上"【创 1：1-2】。这意味着，创世活动乃是藉由圣父、圣子与圣灵三个位格的共同协作而进行的。在前面论述圣子时我们曾提到，子在创造活动中所扮演的角色乃是万有的理念或范型，那么，圣灵在其中的工作又是如何的呢？《诗篇》中对此有着这样的描述："诸天藉耶和华的命而造，万象藉他口中的气而成"【诗 33：6】。前面已提到，上帝的"气息"就是指的圣灵。因此按照原文，"万象藉他口中的气而成"的确切翻译就是"整个物质世界都是从上帝口中的气息（灵）而出"。而"耶和华的命"是指的上帝的话语——"道"，亦即圣子。联系起来，这段经文的涵义就是：世界乃是凭借着圣子的道而成、并经由圣灵的"管道"而出。因此，创世活动就是圣灵所参与的第一项重要工作。而圣灵的第二项重要工作则体现在基督的救赎之中。首先，当耶稣基督在世上行动时，圣灵总是为他作见证，显明他是上帝的儿子（如太 1：10）。其次，在《约翰福音》中，圣灵被称为"保惠师"，因此圣父对于圣子的差遣乃是藉着圣灵这个中介来进行的。另外，"上帝的灵通常也被预设为或者明确地称为耶稣与圣父的共联性的媒介和信仰者分享基督的中保"[19]，耶稣的复活也是藉着圣灵的力量而成的（见罗 1：4）。最后，当基督复活之后，圣灵就使圣父和圣子同得荣耀。因此，奥古斯丁把圣灵看作是联系着圣父和圣子之间的纽带，是使得二者得以紧密联系着的爱（caritas）。

对于人而言，圣灵的作用和影响是更为直接和深刻的。保罗常常强调我们要被圣灵充满，因为这种状态乃是我们与上帝最为亲密的时刻。根据《使

---

18 Peter C. Hodgson, Hegel and Christian Theology:A Reading of the Lectures on the Philosophy of Religion, Oxford: Oxford University Press, 2005, p.278.

19 【德】潘能伯格：《系统神学》（卷一），李秋零译，香港：道风书社，2013 年，第 348 页。

徒行传》的记载，在五旬节时，众使徒被圣灵所充满，于是就能够开口说各样的方言。圣灵的充满不仅能够使人获得属天的能力，还会促进信徒属灵生命的成长。此外，圣灵还会用"说不出的叹息"为人类代求，这种代祷作用乃是其"保惠师"身份的集中体现。由此可见，圣灵是与人直接产生接触的位格，他能够让人们能够直接感受到上帝本身，并由此进入一种"超凡"的状态。我们由此也可以把圣灵看作是将人同圣父、圣子相联系起来的中介，但由于圣灵就是上帝本身，因此毋宁说乃是上帝自己在人类和他自身之间进行着联结。实际上，，作为中介或保惠师，圣灵在三位一体中的作用也正是他在人类与上帝之间的作用。因此，正如圣灵是将圣父和圣子联系起来的纽带一样，人类也能够经由圣灵与上帝产生联结，亦即进入同上帝的父子关系之中，成为"神的儿女"。

在前面我们曾详细地探讨过"灵"（精神）的涵义。由于"神是个灵"【约4：24】，因此无论是父、子还是灵都是"同属一灵"，亦即他们都是以灵为其本质的。另一方面，天使也被称为"灵体"，它们是上帝最初的造物，不过却是非物质的存在体。这样看来，天使和上帝一样，都是由灵构成的，并且由于它们是直接从上帝的灵而来，因此天使就具有和上帝相仿的永恒性、圣洁性和超越性。与此相对的是，魔鬼作为堕落的天使，就成了"邪灵"，虽然魔鬼也拥有同天使相似的一些属性和能力，但它却是堕落的、与上帝敌对的，因此尽管它的本质还是灵，却是扭曲和变质了的灵，这样在魔鬼的身上就处处体现出与上帝和天使相反的形象来。而在上帝造人时，是通过将自己的灵"吹入"后者的鼻孔而成，如此，人也成为了以灵为其本质（即灵魂）的存在，但是不同于天使，人乃是以肉体为其形式的。在人类堕落之后，其体内的灵尽管遭到了一定程度的扭曲和污损，但却依然构成人的本质存在。同时，也正是灵的存在保留了他同上帝产生交集的通道，具体地讲，就是上帝的灵通过人的灵而起作用，譬如感动先知说预言，或是使参孙和大卫获得巨大的能力。上面讲到，圣灵能够作为联系圣父和圣子的纽带，是因为此三者的本质都同为灵；同样地，圣灵之所以能够成为上帝和人之间的保惠师，也是因为上帝和人类在灵之中的交集和同一。正因为如此，黑格尔才将圣灵看作是统一的力量，也是回到自身之中的普遍精神。在此基础上，黑格尔展开了他的圣灵论。

一、灵的自我发展

在最初的时候，上帝还是内在于自身的三一体，亦即父、子、灵都抽象地统一在精神的概念之中。在这里，精神被表象为"在纯粹思维要素中的实体，因而它就直接是简单的、自身同一的永恒本质"[20]。换言之，此时父、子和灵都是抽象地同一的，如果说此三者存在着什么差异的话，他们之间的区别就是自己同自己的绝对区别。因此，在这里不仅圣灵被称为灵（精神），圣父与圣子也同样可以被称为灵。随后，在思维的表象之中，父与子的关系被凸现出来了，他们的神圣统一则显现为爱，而圣灵在这种关系中则被表象为真，亦即联结前两者的爱之真理。如果说父是"深渊"——即抽象的普遍者或无限者，而子是父的初始规定性、亦即无限的特殊性的话，那么灵就是"作为总体之普遍者"，亦即回返到自身中的个体性，将子和父再次统摄起来的力量。换言之，自身内的三位一体就表现为不断地返回到自身——从圣父过渡到圣子、圣子过渡到圣灵、圣灵又返回到圣父中的周而复始的运动。因此，在三位一体中圣灵虽然是三位的，但是他也同样也可以被看作第一位。这就是在"圣父的王国"中的三位一体，也是处于纯粹逻辑思维阶段的三位一体。

在上一个阶段，父、子、灵都在思维中将自身表象为精神（灵），但这种精神还仅仅只是内在于他们的本质，存在于三者之间的差别即同一，同一即差别，因为精神（灵）还没有将自身真正表现出来。因此，上帝通过创世来使自身外化，将自我下降为历史中的定在，就是要将内在之三一的差异性凸现出来，使其中每一位都获得自己的表象和独立性。换句话说，虽然在创造活动中，首先获得实在性的乃是圣子，但当圣子以自然和人的方式表象出自身之后，圣父和圣灵也通过他而获得了可知性和独立性——亦即同圣子一样，使自身介入到历史的具体临在之中。首先，如上面所述，在创世之时，圣灵成为了将上帝之道——圣子输送到历史的实在性之中，使其通过道成自然而获得异在的表象。在这里，圣灵实际上就已经将自身"延伸"到了世界之中。其次，当上帝通过向亚当"吹气"而赋予后者以生命时，前者的"气息"——即圣灵就从先前在思维中的表象变成了实在化的灵，亦即人类的灵魂。这样，圣灵就同样获得了他在异在中的特殊性和实在性。（一些神学观点认为，圣灵在人类堕落之后还承担起了维护世界的使命，使得整个人间不至于完全

---

20 【德】黑格尔：《精神现象学》（下），贺麟等译，北京：商务印书馆，2013 年，第 274 页。

落入到罪恶的黑暗权势之中。同时，圣灵还向人间播撒上帝的普遍恩典，使得选民和非选民都同样获得各种恩赐和能力。这样，在基督道成肉身施行救恩之前，圣灵就成为了维系上帝和世界之间的桥梁，尽管此时他还没有在人类那里获得自己的可知性。）最后，通过道成肉身的圣子，人们能够认识和明白圣父；而为了使耶稣基督被见证为上帝的独生子，圣灵就"仿佛鸽子，降在他身上。又有声音从天上来，说：'你是我的爱子，我喜悦你'"【太 1：10-11】，如此一来，圣灵也就获得了同圣子一样的直观性和表象性。从这些过程中可以看到，为了成就圣子的实在化，并协助基督在世上的工作，圣灵实际上就作了圣父与圣子间的"中保"，亦即同圣子一起延伸到历史的具在中，作为父与子之间的通道，向圣子传达圣父的旨意，并向他传递属天的能力。因此，圣灵在先前的内在三一中的作用——将圣子重新带入到圣父的普遍性中，将自身表象为二者间联结关系的真理性，在这里也就被实在化了——为了使圣子基督不至被孤立于世，为了使基督成其为圣子，圣灵就必须在世上担负起沟通圣父与圣子联系的使命，或者说，在上帝的救恩之中，圣灵就是这种使命本身。由于该使命在世上的实现——亦即圣灵的实在化，圣子才得以完成其全部的救恩工作。同时，圣灵透过基督的实在化也使得自身在人类那里获得了可知性，也就是说人类通过道成肉身的耶稣基督意识到了自身的精神性（灵魂性），并且意识到自己的精神不是别的，正是与圣子同质的精神。这样，认信基督为神子的人就不仅是对于圣父本身的认信，他也在这种认信之中明白了精神（灵）就是上帝的本质，意识到了在精神（灵）上的同质性是维系着圣父与圣子之间的永恒纽带。这样，圣灵也就在认信之中得以可知。此外在圣经中，圣灵的实在化还被表象为圣子对于圣父的顺服和爱、以及圣父对于圣子的带领和爱。因此当人们顺服和效法基督，明白基督对自己的爱并进而对基督以爱时，他也就是对于圣灵的领受和顺服了。这样，在基督的救恩史中，亦即在圣子的王国中，实在化和特殊化了的圣灵就是于介于天地之间的成全救恩之功的赫尔墨斯。因此，圣子王国的发展历程就表现出这样的意义："正如精神所理解它那样，过程的表现本身即人、精神所是者的表现：自在的上帝和死亡——除去人性者所借助的中介，另一面，自在存在者返回自身且由此才是精神"[21]。

---

21 【德】黑格尔：《宗教哲学讲演录Ⅱ》，燕宏远等译，北京：人民出版社，2015年，第 220 页。

由于圣子基督通过自身的殉难来扬弃了自我的特殊性，两种形态的和解就在此得以实现了，第一种和解是圣子与圣父的和解，第二种和解是人类同上帝的和解。在第一种和解中，圣子基督通过对于自身特殊性扬弃来否定了精神的异在，这样，他就从外在的特殊性中返回到了精神的普遍性之中，与圣父在精神（灵）之中得以和解与统一，也就是说，扬弃了外在形态的圣子与圣父重新统一在了圣灵之中，这样父、子、灵三者都同时成为了绝对精神，亦即返回到自身的精神，自在自为存在着的、自知着的灵："面对该区别，异在存在的扬弃，这种复返，这种爱，就是圣灵"[22]。在第二种和解中，人类通过基督意识到了自身的本质是与上帝相同的灵，而罪恶则是对于后者的异在与分裂。因此，人就首先通过信靠基督和悔改否定罪的存在，来克服这种精神的异在性，从而将自身呈现为神圣的个别性，亦即使自我的灵同圣灵实现了观念上的统一，这就是个体在自身内同上帝的和解。因此保罗总是强调，"乃要被圣灵充满"【弗 5：18】，被圣灵充满的意思就是主体精神同作为普遍精神之圣灵的结合。通过这一和解，个体就变成了基督徒，这是个体精神发展的第一步。在此基础上，主体就进一步意识到自身并非孤立存在着的个体，而是与其他的诸个体在精神上同质的，正如他们每个人都与上帝在精神上同质一样。因此，个体就要通过扬弃自己的特殊性来进入到精神的普遍性之中，也就是宗教的社团——教会里。唯有在社团或教会中，个体才能够进一步地实现自己的普遍性，社团就是诸个体精神的集合，也就是其主观性的统一。这样，"精神就被设定在第三种要素、普遍的自我意识中了；精神就是它自己的宗教社团"[23]这就是精神（灵）的第三个阶段——圣灵的王国。在社团中，个体的特殊性不仅消亡在他的普遍性——即与自身和解的知识之中，同时也消亡在了作为总体的人类精神之中。这样，通过社团，所有的个体意识都消融在了普遍意识之中，这个普遍意识就是精神的自我意识（或曰自知着的精神），它同时也是圣灵本身的自我意识——意识到自身为普遍精神的人类精神。在此基础上，圣灵对于社团精神的知和接纳就实现了自己同后者在爱中的和解与

---

22 【德】黑格尔：《宗教哲学讲演录Ⅱ》，燕宏远等译，北京：人民出版社，2015 年，第 220 页。

23 【德】黑格尔：《精神现象学》（下），贺麟等译，北京：商务印书馆，2013 年，第 284 页。

统一。不过，此时社团还没有意识到自身的真正性质，它还没有把自身作为自己的对象，而是停留在信仰知识的表象那里。亦即它还把信仰的内容——属神的真道、教义等看作是外在于自身的内容，还"没有在自我的行动本身内找到这实体的本质"[24]。这样，社团的普遍精神就还没有真正同神圣本质实现完全的和解与统一，而是把对方看作是一个远在彼岸的东西，一个潜在的、还无法立刻实现的目标——和解对于社团而言，还完全停留在自身之内的。这也就是说，由于得救对于此世的人来说乃是一种永恒的应许，同时也是一种尚未实现的应许——按照基督的教导，和解的完全实现要等到基督的第二次来临才会成真。正是基于此原因，耶稣基督才告诫说，"唯有忍耐到底的，必然得救"【太 24：13】。因此，社团中的和解就还只是停留在它内心中的和解，作为自知着的精神，社团并没有直观到得救的现实，而只能凭信心去思想和感受。它所面临着的现实，依旧是一个沉沦着的、逐渐走向灭亡的世界，得救就因此还是一种潜在的现实。因此，即便是在圣灵的王国中，圣灵也还没有能够实现大一统的和解，而只是达成了他同神圣普遍精神的和解与统一。不过相对于前两个阶段，即圣父的王国和圣子的王国而言，在这里精神（灵）已经获得了自身表象性的真理性。

由于基督通过道成肉身和受死复活将自己启示为神圣精神，人类就不再到自然或艺术中去寻求精神的真理性，而是直接以精神自身的形态来认识精神。这样，在天启宗教那里，精神（灵）就达到了自己的真实形态，亦即以纯粹表象的形式认识和呈现自身，不过为了完全返回到自身之中，获得同自我的绝对统一，它就必须进一步扬弃这种外在的表象，也就是从自己的异在中彻底地走出来。在这里神圣精神在它的自我意识中，终于明白它在自己的异在那里就是它自身，而那些作为对象的异在之所以被看作是精神性的存在，不是因为别的，而是它自身所赋予它们的规定性，它把所有的规定性都理解成了自我。这样，神圣精神要实现同自身的完全和解，亦即在自身中的大一统，就将它的定在重新收回到了自身之中，也就是说，先前精神发展过程中的所有环节都被收回和结合到了神圣精神本身中。如此一来，神圣精神就完全回到了它自己的概念之中，即绝对精神。作为概念的绝对精神此时已不再

24　【德】黑格尔：《精神现象学》（下），贺麟等译，北京：商务印书馆，2013 年，第 290 页。

等同于最初那个抽象的普遍精神——后者只是在自身中抽象地与自身同一，还只是表象为纯粹思维的简单精神；而前者则是通过自身的主动异化之后再复返到自身中的精神，这个精神就是完全地知道着自身的精神，是主体与客体、本质与存在完全统一着的精神，亦即以扬弃了一切对立的、以概念的方式知道着自己的精神，正是绝对精神的这种完全的自我统一才真正实现了一切的和解。如果说在其中还存在着什么对立的话，那就是纯粹个别之自我的知识和普遍知识的"对立"，也就是说绝对精神知道它自己既是定在，又同时是普在；既是本质又是存在；既是一又是多……简言之，就是纯粹自身对于纯粹自身、关于自我的知识同自我之知识的对立，即空洞的对立。这样，绝对精神的对于自我的知就是纯粹的、普遍的自我之知识，也就是"我＝我"。这就是上帝在何烈山上向摩西所启示的自我："我是自有永有的"【出 3：14】，ESV 翻译作"I AM WHO I AM"（希伯来原文可直译为"我就是我所是"）。作为绝对精神的上帝因此就"不仅知道它自在地或按其绝对的内容说是怎样的，也不仅知道它自为地按其无内容的形式说或从自我意识方面看是怎样的，而且知道它自在和自为地是怎样的"[25]。

因此，绝对精神作为回到自身中的精神，与自身完全和解与统一了的神圣精神，就是达到了概念式地理解着自身的三一体。在这里，如同那扬弃了自身的定在并回到自身之概念中的圣子一样，圣灵也完全扬弃了他在世界中的定在而复返到了自身之中，并与圣父、圣子彼此间都实现了完全的和解，从而完全地统一在了三位一体的概念之中。这样，圣灵作为联合圣父和圣子的力量，就将自身体现为了和解的概念——在内在的三一体中，圣灵是作为总体的普遍者，是还没有将自己表现出来的联结者；而在世界之中，圣灵是与圣子一同介入到历史之中，参与着救赎的力量，也就是作为取得了现实性的联结者；最后，那回到绝对精神中的圣灵就成为了克服了所有分裂力量的和解者，是将联合与和解的一切环节收回到自身中的统一者，也是与圣父、圣子完全统一的精神的概念，或者说是以概念的方式理解着这种统一的精神。在这里，无论是圣父、圣子还是圣灵，他们中的每一个都直接地是绝对精神，并与其他两者在绝对精神中合一，因此圣灵本身就成为了作为绝对精神的最终统一性，他因而成其为了一种绝对和解的力量之概念。

---

25 【德】黑格尔：《精神现象学》（下），贺麟等译，北京：商务印书馆，2013 年，第 297 页。

二、圣灵与教会

在本章中，我们将把教会论作为圣灵论的第二部分来论述。尽管按照传统系统神学的做法，教会论同上帝论、基督论和圣灵论一样，是作为独立的环节来展开的，但一方面来说，在基督复活升天以后，上帝对于教会运行的带领主要是通过圣灵运行的；另一方面，黑格尔在论及教会时，也主要是把教会作为宗教社团放在"圣灵的王国"中来进行的。因此，本章在论述黑格尔的教会论时，将主要将教会同圣灵论联系在一起来展开。

《使徒行传》记载，在耶稣升天以后，他的门徒们聚集在耶路撒冷城中，继续奉基督的名聚会。在五旬节的那一天，圣灵降临在门徒中间，使各人被圣灵充满，并开口说预言。一些观点认为，圣灵降临的五旬节可以被看作是教会真正建立起来的标志——虽然教会是从耶稣于世上传道的时候就诞生了的，不过这一次的事件代表着一个新时代的开始，"因为在这一天宣扬了福音，门徒们获得了基督与他们同在的信念。至此以后，皈依这一新信仰者与日俱增"[26]。

"教会"一词最早出现在新约圣经中的《马太福音》，耶稣在教训彼得时说道："你是彼得，我要把我的教会建造在这磐石上，阴间的权柄不能胜过他"【太 16：18】。在希腊文中，"教会"一词的原义为"会众、聚集"，其字源还有"呼召"、"召出"等意。在一般意义上，"教会"既可以用来指那些具体的基督教团体或派别，譬如罗马教会、长老会等，也可以用来指代作为总体的教会，即无形的教会，一切有形的教会都是这个无形教会的现实性存在。在圣经中，教会被称作基督的身体，就是指的这个总体性的教会。在二世纪末期，教会开始称自己为"大公教会"，"大公"一词即 Catholic，表示相对于殊相的普遍者。所有具体的教会都隶属于大公教会。大公教会的产生标志着众教会从一种彼此分散、相对独立的状态逐渐结合为一个具有严密组织的整体。在最初的时候，"凡接受洗礼和圣灵，称耶稣为主的都是教会成员"[27]，不过到了后来，随着各种异端的产生，教会内部关于教义的纷争四起，以至于只有那些承认信经和主教权威，并且认信新约正典的人和团体才能被接纳为大

---

26 【美】威利斯顿·沃尔克：《基督教会史》，孙善玲，段琦，朱代强译，北京：中国社会科学出版社，1991 年，第 24-25 页。

27 【美】威利斯顿·沃尔克：《基督教会史》，孙善玲，段琦，朱代强译，北京：中国社会科学出版社，1991 年，第 70 页。

公教会的成员。如此一来，罗马教会的权威逐渐增长，并最终成为集权性质的教会之首，这也就是说，罗马教会就直接等同于大公教会的代名词。不过，随着罗马帝国在公元五世纪的分裂，再加之东西方教会在教义观上的争论，以君士坦丁堡为核心的西罗马不再承认罗马教会的独一权威性，而是自视为"正教"。而马丁路德在十六世纪的宗教改革又促成了新教教会的产生。这样，今天的教会并不能看作为一个统一体，而是被区分为彼此独立的三大派别，即天主教、东正教和新教，在每一派的内部又存在着各种各样的宗派。但无论它们自身的组织和传统如何，它们彼此之间相互承认与否，只要教会认可基于使徒信经的基本教义，从神学的角度来看它们都是真正的教会，亦即都隶属于那个由基督亲自设立的、以基督为其元首的大公教会或无形的教会。

1. 教会批判与理想教会

在早期的《基督教的权威性》一文中，黑格尔第一次论及了自己对于教会的观点。在他看来，耶稣基督并不是以一个权威宗教之教主的身份来到世间的，他也从来没有想到要建立一种新的权威性宗教，而只是为了唤起民众对于（旧约）圣经的道德意识，将彼岸的幸福建基在道德的成全上。那么，耶稣的宗教又是如何变成一种权威的宗教，使得后来的教会成为一个集权式的组织的呢？青年黑格尔认为，今天的基督教信仰体系并不是一蹴而就的，而是在漫长的历史过程中由许多的力量逐渐促成的。一些人在接受基督教信仰时，并不是以一种单纯热爱真理和良善的心，而是掺杂了某些私欲或迷信的成分；同样地，在确定正统性教义的教父们那里，也不都是完全受到真理和理性的指引。另一方面，由于耶稣基督的教训在某种程度上也带有权威性的色彩，这样在人们接受教义时，就把任何与耶稣之教训有关的东西都当作是神圣意志本身，这种认同后来甚至扩大到了教会的牧者那里。在这些因素的作用下，基督的教训就逐渐变为了一个宗派的权威信仰，而教会也随之变成一种权威性的组织。黑格尔认为，这样的后果是不幸的，因为它使得信仰"脱离了我们在开始时所谈到的任何真正宗教的本质……以其纯洁性确立人的义务和实现义务的内在动机的目的，脱离了运用上帝的观念来表示至善的可能性目的"[28]。这样，原本那些由耶稣基督所建立起来的道德原则，如财产

---

28 【德】黑格尔：《黑格尔早期神学著作》，贺麟译，上海：上海人民出版社，2012，
　　第 185 页。

公有、人格平等等就在教会中逐渐失掉了其原有的意义。更为严重的是，由于教会的不断扩张，整个国家都成为了教会所掌控的对象，这就是在君士坦丁大帝那里所实现的政教合一。如此一来，原本隶属于教会小团体的道德原则和规章制度被上升为国家法律，个人在信仰上的义务被上升为了普遍公民的义务。在这种情形下，教会就与国家政体之间相互勾结起来，原本互不相容的政治原则和道德原则此时被混杂了起来。同时，在这种是似而非的联合之中又包含了许多的矛盾，这就使得教会与国家之间不断地产生冲突，譬如财产权上的斗争和教育权上的对立。因此政教合一的局面不仅未能实现教会与国家的双赢，反而使得国家愈来不像国家，教会愈来不像教会，正是这个原因导致了"黑暗的中世纪"的产生。黑格尔认为，教会的权利是建立在契约之上的，为了达到保护信仰的目的，教会的成员就依照共同的公众意志订立了契约，这个契约"第一是为了组织和安排一般制定法规的集会，第二为了保护这些信仰法规"[29]。然而到了后来，教会的教法会议被赋予了最高权力，它有权解释和决定大众的信仰。这样就出现了一种危险，即个体信徒的意志被置于公共意志之下——就世俗法律的层面来说，这是应当的；然而在这样的基础上来构建教会的契约，则是完全不恰当的，因为个体的信仰不应当被他者所支配和取代。教会的领袖们就由此蜕变为了纯粹的官僚，尤其是当教皇出现后，他就成为了上帝在人间的代言人，信仰的统治者和裁判者。这就是罗马天主教会变质的根本原因所在。相比之下，马丁·路德在新教教会中的改革取消了前者的那种契约，而承认每个人决定自我信仰的权力，亦即个体的信仰就必定是他自己的信仰而非等同于教会的信仰，他自愿地加入到教会之中，而教会的信仰却是他的信仰，更进一步地讲，教会是其所有成员信仰的总和，这就是个体信徒与教会之间所保持的自由团契之关系，它是建立在诸个体的自由意志之上的。而信众与国家之间的契约则被保持为另一种形式，在后一种契约中，信众就是以公民的身份来参与的。实际上，这种形式就是青年黑格尔理想之中的教会形式：从教会内部来讲，教会的信仰体系依道德律令而构建，组成教会的信众由基于自由意志而参与的个体所组成，教会的信仰是由诸个体的个别信仰所升华了的信仰之普遍性，教会不得将其规定性强加于信徒，除了上帝之外，没有任何人的地位能够高于其他的个体；

29 【德】黑格尔：《黑格尔早期神学著作》，贺麟译，上海：上海人民出版社，2012，第 217 页。

从教会外部来讲，教会应当同国家保持政教分离的原则，后者的社会契约原则不容渗透到前者之中进行支配。可以看出，青年黑格尔是极其认可和赞同马丁·路德和约翰·加尔文等改教家所提出的改革原则和精神的，尤其是政教分离的原则，正如黑格尔所预想的那样，成为了当时乃至日后时代发展的不可逆转的大趋势。

2. 教会理念的发展

前面在论及圣灵的发展历程时曾提到，个体通过扬弃自己的特殊性来进入到精神的普遍性之后，教会或社团就形成了。对于个体自身而言，信仰不过是他主观性之内的事情；但由于个体同神圣精神的和解是通过与圣灵的连接而最终实现的，因此主体精神就上升到普遍性的层面，也就是在圣灵的普遍性中消融了原有的个体性。这样，社团就是圣灵在地上的王国，是实在化为普遍之现实的精神，也是精神的个体性同普遍性之和解在现实之中的实现。当然，作为实体的社团或教会的真正形成是通过诸信仰个体的聚集而实现的，信徒在接受信仰之后进入到教会之中，在其中与其他的信徒相结合。这样，教会就成为了信徒共同进行信仰活动和生活团契的场所。对于信徒而言，教会是不可或缺的，他一切的信仰活动都要藉由教会而展开。正是因为教会是圣灵在现实中的王国，唯有在教会这个已经实现了的精神的普遍性之中，个体精神才能够实现与自身及神圣精神的和解。因此保罗告诫信徒，"你们不可停止聚会,好像那些停止惯了的人"【希 10：25】，只有在聚会之中，个体才能够实现与神圣精神的持续和解与联合。不过，这里的教会并不能等同于任何具体的教会，而是指的那个无形的教会，即由基督所亲自建立起来的，以基督为其元首的普遍性的教会。因此，中世纪时罗马教会所提出的"教会之外无救恩"就犯下了这种概念上的错误，因为它把教会直接等同于自身。从这个意义上来讲，除了上帝之外，任何个人或组织都是不能"开除"信徒的教籍的，因为个体一旦通过认信基督，并进入到与神圣精神的和解之中后，他的信仰身份就被固定了，除非他主动离开这种联合。这就是为什么在今天，无论是天主教、东正教还是新教都要宣信《使徒信经》的缘故——当人们在承认自己"相信大而公之教会（即大公教会）"时，他也就是在承认自己（当然也包括其他信徒）同神圣精神的联合了。

从历史上看，教会是由耶稣基督在世上时所亲自建立的，不过当基督复活升天之后，他就从直接的领导者转变为了精神的普遍性真理，或者说，圣

灵在教会中的临在替代了从前基督亲自的同在。通过圣灵的帮助，主体精神接受了精神的真理性，亦即由耶稣基督所启示出来的神性与人性在精神中的统一。这样，人们对于基督所启示之真理的确定性就从历史实在的表象过渡到了精神本身之上，也就是说作为普遍精神的圣灵取代了从前耶稣基督在实在历史中的临在和显现，成为了其真理的见证者和确定者，于是"圣灵与我们的心同证我们是神的儿女"【罗 8：16】。通过圣灵的浇灌或"流注"，信徒与其他信徒就作为精神的主体联结在了一起，这就是教会或社团的开端。当耶稣基督在世时，他本人是其众门徒的"牧羊人"和统一性；而在基督升天后的社团中，圣灵就成为了新的统一性，众信徒乃是靠着圣灵的力量合一的。这也正是圣灵在五旬节的降临被看作是教会真正开端的原因。

　　在社团形成后，那启示的神圣真理就首先在信徒那里呈现为直接的意识，这是个体在他的主观意识内对于真理的接受和内化。通过这一环节，个体就在社团之中被接纳为普遍精神的一部分。同样地，社团也将自身呈现为普遍真理的共在者，同时也是普遍性本身，在其中真理已不再是作为前提，而是取得了现实性的真理——信仰不能仅仅停留于个别性之上，因为它不只是个体的独特体验，同时也应当成为一种共同的、普遍的真理性。因此，为了使这种真理能够保持和传扬下去，它就被作为一种客观性的真理内容，亦即社团的学说或教义来加以传播。如此一来，信仰就从纯粹的主观性存在变为了被意识者和被承认者，亦即取得了客观性的真理。这一过渡实际上也是出于信仰获取自身规定性的必要。在教会诞生初期，由于新约正典尚未完全确定，各种思想潮流风行一时，以至于许多相互矛盾的学说和教义在教会中鱼龙混杂。因此诸教会就必须要通过大公会议的举行来确立正典和正统教义，驳斥和驱逐异端，以使信仰得以纯化和坚立。这样，"它（教义）首先作为直观、感觉，作为被感觉的闪电般的精神存在……信仰之教义本质上首先产生于教会中，然后是思、有教养的意识也在其中维护其权利"[30]。在真理尚未获得客观性的确证时，它就还是感性的真，也就是说还并不能被视作真正的真理，唯有在它成为为客观知识之后，信仰的真理才能够成其为完备的真理，亦即具有权威性的真理。值得注意的是，黑格尔在这里再一次提到了"权威性"一词，不过同他在《基督教的权威性》一文中对于教义之权威性的论述，这

30　【德】黑格尔：《宗教哲学讲演录Ⅱ》，燕宏远等译，北京：人民出版社，2015 年，第 237 页。

里的态度发生了完全的转变。彼时那种被称为权威的信仰和教义在青年黑格尔看来，乃是一种外在的、被所谓的"公共意志"所强加在个人意志之上的东西，这是同信仰的自由精神相违背的。而在这里，黑格尔则认为信仰的真理应当取得它客观的权威性，这种权威乃是"一个起作用者被我们发现"[31]，它是通过真理性的教育而对信徒施以正确的引导，从而促使信徒从纯粹个体性的内在体验上升到社团的普遍真理的接受。因此保罗教导，在属灵的操练上不要停留在吃奶的婴孩阶段，乃要通过学习成长为吃干粮的成人（参加来 5：12-14）。正是通过对于权威性信仰真理的接受，个体才能够进一步地扬弃自己的特殊性，而这个由权威性真理所联结起来的众信徒所组成的教会，就成为了普遍精神——圣灵的初步实现。

在这里，精神的和解已经作为内在者在教会中得以实现，这是心灵自在的和解，但是，和解此时还是抽象的，因为它还完全内在于普遍心灵之中，还未将自身实现出来。精神就因而把一切世俗的东西当作它的对立面，当作是被排斥和被弃绝的东西。这就是使徒约翰所教导的："不要爱世界和世界上的事。人若爱世界，爱父的心就不在他里面了"【约壹 2：15】。与之相对的是，那些教会之外的人，也就是"世上的人"，仍旧是以世俗为其生活的王国。因此，教会与（世俗）世界此时就处在一种相互外在的关系中，精神只集注于在它自身内的发展与和解。但是，在自身的发展中，教会逐渐意识到了这种绝对对立不可能持续下去，若自己不能胜过世界，世界就会反过来胜过自身，从而使得和解不复存在。于是教会就走出自身，让信仰的神圣本原凌驾于非和解的世俗的本原之上，以使自身成为后者的主导者并压倒对方。从历史上来看，这就是初期的教会在罗马帝国经过长期的斗争后终于取得了胜利，不仅使自己获得了政府的承认，还转而被确立为了独一无二的国教。这样教会就从圣灵的王国中延伸而出，成为了世俗世界的元首。但是，在教会的神圣本原征服世界的同时，世界的内涵也渗透到了教会之中，它的"一切嗜好、一切激情、一切无精神的世俗通过该统治本身显现于教会中"[32]。由于世界的这种非和解的本质进入了教会之中，它就反过来对教会原本的和解产生了破

31　【德】黑格尔：《宗教哲学讲演录 II》，燕宏远等译，北京：人民出版社，2015 年，第 238 页。

32　【德】黑格尔：《宗教哲学讲演录 II》，燕宏远等译，北京：人民出版社，2015 年，第 244 页。

坏。精神的和解于是就遭到了极大的倒退和分裂，并导致教会走向了腐朽和衰颓。这就是中世纪罗马天主教会在取得了教权与政权的合一，其威望与势力达到了顶峰之后，它原本的虔敬与纯净反而遭到了破坏与倾覆的根本原因所在。从前那种存在于自我意识中的主奴辩证关系在这里得到了淋漓尽致的展现。这样，当精神在自身中产生绝对矛盾之后，它就必须进入到另一个世界来获取解决之道，这个新世界就是伦理的世界。

　　所谓伦理的世界，就是神圣精神进入国家制度与市民社会之中，使自身成为国家立法和世俗生活的基础，于是"世俗事物自在自为是合理的；因为现实的基础是神圣意志、权利法则和自由法则"[33]这就是说，在经历了世界之非和解本质的反制之后，教会的神圣原则又再一次反过来渗透到了世界之中，变成了后者伦理生活的制度。由于伦理规则建立在这种神圣性之上，因此它本身也成为了神圣的、虔诚的规则。同教会之中的诸神圣原则相比，伦理规则更具有自由的精神。前者是与世俗生活完全对立着的原则，譬如独身主义、甘守贫穷和顺服精神；而后者则是神圣精神与自由意志相结合着的原则，亦即它既不违背上帝教导的神圣法则，同时又能够满足和适应世俗生活的精神。换言之，伦理规则一方面弃绝了那些在教会中人为设定的极端的敬虔主义，或曰厌世情绪，另一方面又吸收了世俗的自由原则。这样，主体对于伦理规则的服从，就不再像是从前在教会中对于权威性的被动服从，而是基于自由的、理性的意志的服从。如此一来，宗教的神圣本原就同世俗的本原在伦理的世界中完成了统一与和解，这种和解乃是现实中的和解。黑格尔在这里所描述的实际上就是宗教改革后的市民社会。在马丁·路德进行改教之前，基督教信仰在罗马天主教会的经营下已经走入了一种自我分裂的状态：一方面，教权阶层拥有至高无上的权力，从教皇到红衣主教都过着一种穷奢极欲的生活；而另一方面，教会又向信众强调禁欲主义和苦修主义，以至于各种隐修院盛行一时。这就造成了教会中的两个极端，即极端的享乐主义和极端的禁欲主义。因此路德的改革实际上就是要把信仰拉回到正常的轨道上来，以使基督教信仰成为一种既符合神圣法则，又适应世俗生活的信仰。这样的信仰也是成熟时期的黑格尔理想中的信仰——既植根于天国，又开放在人间。尽管在黑格尔的时代，这种伦理世界尚未完全成型，不过从整个近现代历史来

---

33 【德】黑格尔：《宗教哲学讲演录Ⅱ》，燕宏远等译，北京：人民出版社，2015年，第244页。

看，后来进入繁荣期的资本主义社会正是在这种伦理精神的指导下成长起来的，这一点在马克斯·韦伯的《新教伦理与资本主义》一书中得到了非常详尽的阐述。可以看到，在教会与世界的关系走向上，黑格尔是非常具有远见卓识的。

教会与世界在伦理世界中的和解是属于现实中的和解，而精神自身内的和解此时尚未得到完成。后一种和解乃是纯粹内在于思维中的和解，在这种和解之中，"正是内在者知自身存在于自身处，在己处存在，在与己和睦中的存在，然而是在完全抽象的、未发展的与己和睦之中"[34]。因此，在这里神圣精神实际上是通过从它的外在——教会或社团那里退回到自身之中，来谋求真正的与自身的和解。为了实现这种向着自身的回归，它就通过摧毁自身的外在性，亦即采取了否定的思想方式来进行。这种否定性的思维首先将自己呈现为抽象的普遍者，并将一切具体的东西视为自己的对立面，甚至将教会中那些实在化的教条和教义也包含其中，譬如上帝的恩典、上帝与人的关系，等等，因为它们都是具体了的内涵，是与抽象思维及其同一律不相容的。在思维的抽象性中，一切的规定性、具体的知皆遭到了消解，这样一来，上帝就变成了不可认识的彼岸存在。黑格尔在这里所描述的实际上就是启蒙运动，在启蒙运动的一些思想家那里，上帝本身是不容规定、不可言说、不可知晓的，而这种做法实际上就间接否定了上帝的存在。与这种否定性的思维相对的是虔敬主义和伊斯兰教。在前者那里，一切客观的东西，如教义、信仰真理、宗教内涵等都是被否定的，而认为只有在个体的纯粹主观性之内才能够正确地认识到上帝，换言之，虔敬主义者的上帝乃是纯粹感觉或内在知觉内的上帝。这样一来，上帝就成为了主体意识内的上帝，他依赖于个人的感觉和想象而存在，一切客观的、理性的、普遍的东西都被刨除掉了。于是，上帝的真正内涵也就被抛弃掉了，他不再具有任何确定性的内容。因此"主体性就是任意本身以及其对其绝对力量之知，即它产生客体性、善，并赋予善以内容"[35]，也就是说上帝或信仰的内涵都变成了由个人的主观性所随意填充的。而在伊斯兰教那里，上帝（真主）被设定为绝对的独一性——原先在基

---

[34] 【德】黑格尔：《宗教哲学讲演录Ⅱ》，燕宏远等译，北京：人民出版社，2015年，第245页。

[35] 【德】黑格尔：《宗教哲学讲演录Ⅱ》，燕宏远等译，北京：人民出版社，2015年，第246-247页。

督教那里的三位一体属性被完全地否定掉了，而他与人的关联则被设定为纯粹的、抽象的自我意识，"对此（真主），人不为自身保留任何目的、个别性、特性"[36]，人类一切的自由性和独立性都被抽掉了，他在世上唯一的目的就是顺应真主的绝对意志，正如《古兰经》所指出的："你们当畏惧我，以便我成全我所施于你们的恩典，以便你们遵循正道"（卷二，150）[37]。因此伊斯兰教所信奉的上帝也是一个无内涵、无规定性和非具体性的上帝。这样，伊斯兰教同启蒙运动实际上就走向了同一个极端：

> 当这种无限独立性完全放弃一切特殊者、享受、地位、自己的
> 知识、一切虚荣时，伊斯兰教的直观在无限制性的苍天中自我洗净。
> 与此相反，知性启蒙的观点，因此在此情况下，对这种启蒙来说，
> 上帝在彼岸，且与主体无肯定的关系，这种启蒙把人称为是抽象自
> 为的，于是人只承认肯定的普遍者，这是就它在人之中而言的，但
> 人仅仅抽象地在自身中拥有它，所以，对它的满足只是从偶然性和
> 任意中推断出来。[38]

因此，从虔敬主义的方面来看，精神尽管处于一种绝对的自由之中，亦即在排除了一切规定性的自由之中，但它本身却成为了不自由的、被奴役的；而从启蒙运动和伊斯兰教的方面来看，精神本身的内涵又被掏空掉了，这样在于其中的主体性就只能是一种抽象的主体性，其中的自由是一种毫无内容性的主观自由，也就是伪自由。因此，为了获得真正意义上的、具有内容的主观性之自由，精神就必须要按照必然性从自身中发展出内容来，并进而知道和承认它自己的内容，把它看成是客观的、必然的和自在自为存在着的。这就是说，真正自由的精神乃是具有绝对主观性的精神，并且是知道自身的内容、把自己真正当作精神来认识的精神。在这样的精神中，其内容是与概念绝对一致的东西，它不是被生产出来的，而是一种获得了概念承认的真理，并且是自在自为存在着的真理。精神之所以发展到这一步，乃是思在宗教中起作用的缘故——当作为宗教意识的精神开始对自身进行反思时，它就开始

---

36 【德】黑格尔：《宗教哲学讲演录Ⅱ》，燕宏远等译，北京：人民出版社，2015年，第247页。

37 《古兰经》，马坚译，北京：中国社会科学院出版社2003年，第16页。

38 【德】黑格尔：《宗教哲学讲演录Ⅱ》，燕宏远等译，北京：人民出版社，2015年，第248页。

把一切具体的、表象性的东西看作是自己的对立面，当成是要扬弃掉的东西。虽然宗教就是绝对精神自身的表象，但当精神认知道自己的本质为精神时，它就不再满足于停留在这种表象上，并把所有具体的东西从自我中倒空，它"贯彻自身，使情感、上天和认识着的精神变得空洞，而宗教的内容随后则逃进概念中"[39]。尽管从表面上看来，在这里精神对内容所采取的是否定的态度，但这种否定却与启蒙运动的否定存在着本质性的区别，后者的否定乃是一种完全不承认具体者的否定，而这里的反思的否定却是一种扬弃式的否定，亦即它一方面承认自己的内容是真实的、客观存在着的，另一方面又要通过对于内容的扬弃来实现与自身在绝对主观中的和解，亦即概念中的和解。如此一来，精神就从宗教过渡到了哲学之中。在黑格尔的语境中，哲学乃是这样一种存在：一方面它虽然不再像宗教那样流连于精神的表象上，同时却也承认后者那种表象形式的必然性；另一方面，它也反对启蒙式的极端否定，而将上帝视为有生命力的绝对精神，是主体与客体、内容与形式相统一的绝对普遍性。这样，哲学就是过渡为理性的宗教意识，或者说是以理性的方式揭示和认识着信仰的精神。宗教的不足因而在哲学这里得到了弥补——前者是以感觉和表象的方式来获取真理的内容，而后者则代之以理性的或思维的方式，因此，以后一种方式所获取的真理就是以思为其内容的真理，且是能够被思所证明其真理性的真理。黑格尔很清楚地知道，他的这一番论述极有可能会引出这样的结论，即哲学高于宗教和信仰，哲学的权威性高于基督教本身的权威性。因此紧接着，黑格尔宣称这种结论并非事实，因为哲学和宗教的内容是一致的，都是作为真理的绝对精神本身，只不过哲学"将内容赋予思之形式中；因此，它只是将自身置于信仰的形式之上，内容就是信仰"[40]。哲学不仅承认宗教之内容为真，而且也不排除宗教中的感性因素，亦即它不会认为个人在基督教信仰中所经历到的上帝是不真的，而是要求人们运用理性来维护信仰的真理性。这样看来，黑格尔就并非像某些学者所认为的那样，要试图以哲学来取代和否定宗教，而是要将信仰置于理性的光照中，使它一方面能够触及和认识到上帝，另一方面又能够保持这种认识的真理性。简言

---

39 【德】黑格尔：《宗教哲学讲演录Ⅱ》，燕宏远等译，北京：人民出版社，2015 年，第 249 页。

40 【德】黑格尔：《宗教哲学讲演录Ⅱ》，燕宏远等译，北京：人民出版社，2015 年，第 250 页。

之，以哲学为其形式的信仰才是能够通往绝对真理之上帝那里的信仰。因此，"哲学的宗教"就是成熟时期的黑格尔所理性的基督教。

在哲学中，对立的因素依然存在着，同精神的其他阶段一样，这里的对立还是思维与存在、普遍者与特殊者的对立。不过，哲学本身就是这些对立面的和解，因为在这里思维与存在、普遍与特殊都已经成为达到了同一，在哲学中精神已成为了从内容返回到自身中的存在，是把内容当作与概念完全符合的存在。从这个意义上来讲，哲学就是神学："它表现上帝与自身以及与自然的和解，即自然、异在存在自在地是神圣的，且有限的精神部分地在自身处将自身提升至和解，部分地在世界历史中达到该和解"[41]。由于哲学已经成为了和解中的和解，亦即最后的和解，因此它就是圣灵之王国的最高和最终的阶段。回顾前面的内容我们可以看到，第一个阶段是圣灵作为直接的和抽象普遍的真理存在于教会中的阶段，这个阶段可以被看作是圣灵王国的意识阶段；第二个阶段是圣灵在教会中获得了规定性或客观性的阶段，也就是圣灵王国的知性阶段或自我意识阶段；最后是圣灵回到自身的阶段，亦即圣灵王国的理性阶段。在最后一个阶段中，由于圣灵要否定一切外在的实在性来回到自身，因此教会本身也是要被扬弃掉的，这样哲学的阶段就可以被看作教会的消亡阶段。但是，这里的消亡不不能够被看作是教会本身的"灭亡"，只要人类还生存于世界上，他们还通过信仰使自身连接于上帝，那么圣灵就会永恒地与他们同在，与教会同在，正如上帝所应许的那样："我总不撇下你，也不丢弃你"【来 13：5】。这样，我们就看到两种似乎对立着的局面：从绝对精神方面来讲，圣灵已经返回到了自身中，返回到了"天上的宝座"上，亦即实现了与圣父、圣子，也就是与自我的完全合一；而从世界的方面来讲，由于教会依然存在着，"上帝的王国已永恒地建立起来，圣灵本身永存于其社团中，且地狱之门将战胜不了教会"[42]，那么世界和教会就还是作为实在化的东西外在于绝对精神。换言之，内在者和外在者在现实中的完全和解就是无法实现的，可以说这就是现实世界本身的某种缺陷。在黑格尔看来，正是这种缺陷，这种无法和解的因素导致了教会的一再衰落——自罗马帝国开始，

41　【德】黑格尔：《宗教哲学讲演录Ⅱ》，燕宏远等译，北京：人民出版社，2015 年，第 251 页。

42　【德】黑格尔：《宗教哲学讲演录Ⅱ》，燕宏远等译，北京：人民出版社，2015 年，第 251 页。

教会内部的平衡已遭到破坏，人们要么逃到极端的虔敬主义中追求自我的满足，要么则在世俗享乐中去自我放纵。对于那些从理性上认识到并践行到上帝之真理的人而言，他们尚且可以得着救恩之乐；但对于生活在世俗之中的大茫茫大众而言，他们依然只能从表象之中去认识真理，这对于他们心灵的满足而言，是无从实现的。因此，除非每个人都从信仰上进入到哲学的阶段，否则世界将会始终停留在宗教的局部和解之中。这样，哲学似乎就成为了形而上的国度，一个从世俗世界之中分离出去的国度，而同时世俗世界依然会继续地存在下去，一切不和谐的因素都被留在了其中。这种情形正像《启示录》中所预言的世界末景——所有得救的选民被上帝提到空中，得以置身于一切的灾难之外，而那些属魔鬼的人类和国度则被遗留在世界之上，陷入令人恐惧的战争、灾难与死亡之中。那么，既然哲学并不能把世界统一在自身之中，那么世界同上帝最后的、完全的和解是否就永无实现的可能了呢？黑格尔似乎并未作出明确的回答。不过，他的答案实际上就包含在《精神哲学》的最后一章——"哲学"之中，而这个答案不是别的，正是黑格尔隐喻式的末世论。

第三节　末世论：绝对精神发展的顶峰

"末世论"（Eschatologie）是基督教神学中一个不可或缺的主题。一如其名，"末世论"所指向的乃是世界终末的事情。换言之，在基督教的语境中，有形的人类世界并不是会一直持存下去，而是有其发展的终点的。旧约的《传道书》就表达了这样的观点，即万物都处于上帝的命定之中，有始就会有终："凡事都有定期，天下万务都有定时。生有时，死有时；栽种有时，拔出所栽种的也有时"【传3：1-2】。除了上帝本身是永恒以外，其他的诸存在都要接受上帝所安排给它们的命运，走向属于它们的结局。从个体上来讲，人类的寿数都是有限的，到了生命的结尾，就要被死亡吞灭，因为"你本是尘土，仍要归于尘土"【创 3：19】；从整体上来讲，作为肉身的人类也不会永远地繁衍生息下去，而是会随着物质世界的消亡而消亡，因为"天地要废去"【太24：35】。因此，人类和世界将要走向终末的命运，从一开始就已经为上帝所注定。

这样看来，人类和世界的历史进程就是单向的、不可逆的。与此同时，基督教的末世论却是一种蕴含着开始的结束。在圣经的预言中，世界的终末

并不意味着万有的彻底结束和消泯，所谓的结束乃是对于当前的世界而言的。在上帝的永恒意志里，人类眼下所生存于其中的世界只是一个逐渐走向灭亡的"旧世界"，是一个短暂的、过渡性的存在。当基督第二次降临世界并展开审判时，这个世界的历史就将宣告结束。一方面，那些属神的子民都将会获得永恒的新生命；另一方面，被挡在救恩大门之外的人类将会遭受"第二次的死"，亦即在地狱中与上帝永远地隔绝，同时魔鬼也会遭到彻底的失败，被抛在火湖里焚烧殆尽。而这个有形的世界及其间的一切都要遭到扬弃，"那日，天必大有响声废去，有形质的都要被烈火销化，地和其上的物都要烧尽了"【彼后 3：10】。这样看来，所谓的末世就不能够被看作是万有的终末，而是一个新世界的开始。对于人类而言，末世就不再是一种不可逃避的悲惨命运，而是希望与永恒之所在，末世所结束的不过是尘世的沉重和苦难，而它所开启的则是永恒福乐的大门。并且，正是末世论让上帝的历史得以完全——末世的到来宣告了堕落世界的结束，也就是人类世界同上帝之分裂的结束，末世之"末"意味着一切与上帝属性相悖的存在，如罪恶、魔鬼、黑暗和混沌等遭到彻底的扬弃，上帝之国的秩序和纯全藉此得到了完全的恢复。

前面曾提到过，天启宗教虽然能够给人类带来从上帝而来的和解，但是这种和解并不是真正完全的，因为一方面，教会始终都处于同世俗世界的张力之中，另一方面世界也始终外在于上帝。基于这样的对立，大和解的实现就是遥遥无期的。然而，当我们回顾整个黑格尔哲学时就会发现，精神的命运就是从自身开始，从最初无规定性的"有"开始，逐渐走出自身、异化自身，并最终从自己的异化那里回到自身中，与自身实现完全的统一的。在最后的统一里，精神乃是要将它先前所发展出的一切环节和一切规定性都统统收回到自身之内，使自我成为无所不包的大一统。因此，如果有人说此时还有什么东西仍然外在于精神的话，那么这种大一统就是没有真正实现的。在经历了漫长的发展历程之后，回到自身的精神已经成为了自在自为的绝对精神，是与自身绝对同一的精神，因此它是绝不会容忍还有任何东西"遗漏"在自身之外的，否则它就不能成其为真正的绝对精神。正如丹尼尔·贝斯德·邦德所指出的："如果未来被看作是以知识和存在之发展历程的开放式结尾，它（精神）的完全性就永远无从实现，沦为一种未实现的理念，同时那

知晓一切的绝对知识本身则会成为一个不可认知的体系"[43]。这样看来，精神回到自身之中过渡为绝对精神的过程，就绝不是圣子扬弃自己的外在性那么简单——这里的扬弃只是把自然和肉身"丢弃"在自身之后，虽然圣子已经作为纯粹的精神返回到了天上，但是世界和其上的一切都依然还留存在原处，人类也还是在有死的肉身内生活着。从这个意义上来讲，基督的救赎之功就应当被看作两个层面的和解：第一个层面的和解是父、子、灵在绝对精神中的和解，这一和解在基督复活升天之时便已宣告完成。因为从上帝的永恒角度来看，基督的救赎在发生之时就已经成就，一切的异在在基督救恩发出的那一刻就已经完全地扬弃掉了，无论是此在着的世界和人类，还是魔鬼与罪恶。这就是耶稣基督在世上的宣告："但你们可以放心，我已经胜过了世界"【约 16：33】。而第二个层面则是应许中的和解，亦即人们在世上通过基督的救恩同上帝之间的和解。这一和解是主体在灵魂中同神圣精神的和解，但同时又是在肉体中实现的。这样，此时的和解就是一种表象性的和解——它是大和解的开始，亦是尚未完全取得现实性的和解，要实现和解的完全，就必须要否定肉体的外在性，正如保罗所言："你们若顺从肉体活着，必要死；若靠着圣灵治死身体的恶行，必要活着"【罗 8：13】。这样看来，第一层面的和解就是第二层面和解的预表，是第二层面和解将要达到的目标。而基督在升天之前所预言的在末世的第二次降临，正是这两个层面之和解的统一。所谓的末世，实际上就是所有对立和分裂的结束，是上帝将万有重新收回到自身之中的实现。在末世时，基督通过审判甄选出得救之人和受罚之人，后者将连同魔鬼和旧世界一起遭到彻底的扬弃，而前者则在扬弃旧的肉身的基础上回到上帝那里，在天上的新国度中开始永恒的生活。只有在这个时候，我们才能够说绝对精神真正扬弃了一切的外在性，一切异在于它的东西都遭到了彻底的否定，此时那些永恒地存在着的东西，无论是得救后的人，是天使，还是"新天新地"，都是内在于绝对精神自身的。正是在此意义上，绝对精神才真正实现了完全的与自身的和解和统一。

另一方面，黑格尔实际上也把他自己所处的时代视作末世的一部分，卡尔·洛维斯指出，黑格尔将其时代及其文化视作"基督逻格斯的最后之历史"，

---

43 Daniel Berthold-Bond, Hegel's Eschatological Vision: Does History Have a Future?, History and Theroy, Vol.27, No.1（Feb., 1988）, p.4.

这实际上就造成了一种"对于基督教的巨大转向（或偏离）与破坏"，"并开启了一个新（后基督的）纪元"[44]。但是，正如我们前面所指出的那样，在基督升天之后，余下的历史就是始终向着末世开放的，这是一种终末性的历史思维，并且也是很多神学家（尤其是莫尔特曼）那里的普遍性思维。因此，黑格尔的末世论也必然要基于他自己的时代来展开，并且把当下视作终末之一部分，这是无可厚非的。

对于黑格尔而言，精神最后的环节就是哲学或绝对知识，因此他的末世论（如果他真的提出过的话）就一定隐含在这最后的环节中。哲学乃是艺术与宗教两个环节的统一，亦即它"确定自己为关于绝对表象的内容的必然性的认识和关于两种形式的必然性的认识"[45]。哲学扬弃了先前两个环节的直观形式和表象形式，而以绝对的形式实现了与自身的内容同一，这样，哲学就是以概念的方式认识和统一着自我的精神，而精神对自己的这种概念式的知就是绝对知识。在精神与自我的关系中，精神完全扬弃了一切外在的东西，或者说扬弃了一切藉以认识自我的中介，而把自己本身——亦即具有自我确定性的精神之形态——作为认识自我的途径，而它的对象或内容也就是纯粹的自我，正是在这个意义上，精神与自身绝对地统一了起来，这正是绝对精神的本质。这样一来，一方面在绝对精神中就不再有任何的他在，绝对精神之所知、所爱、所把握，完全都是完全的自我；另一方面，尽管绝对精神已经实现了完全的合一，但它并不就此陷入完全的静止与沉寂之中，在绝对精神中依然表现出一种生生不息的运动——纯粹的自我不断地深入自身的运动。在其中，一方面绝对精神的特定存在不断地和必然地向着它的概念上升，另一方面它的概念又不断地下降到它的特定存在、下降到它的简单实体之中。这种运动跟之前精神在纯粹逻辑内的运动和在其异在中的运动并没有什么差异，都是过渡到自己的他在，再返回到自身中的过程。但是在这里，绝对精神的他在已经变成了它自己，因此这种运动就是一种"我=我"的运动，即在其外化和回返中都始终保持着自身同一的运动。为了实现这种绝对的与自身同一，它的那些实在化的异

44　参看 Daniel Berthold-Bond, Hegel's Eschatological Vision: Does History Have a Future?, History and Theroy, Vol.27, No.1（Feb., 1988）, p.26, 以及 Karl Löwith, From Hegel to Nietzsche, New York: Columbia University Press, 1964, p.38-39.

45　【德】黑格尔：《精神哲学》，杨祖陶译，北京：人民出版社，2012年，第383页。

在形式——人类、自然就被永远地扬弃掉了，上帝通过最后的审判亲自扬弃掉了这些异在，结束了所有的分裂，由于恶就是"这种分裂为二是变成自为的过程"[46]，因此恶就在其中被一并地扬弃掉了。通过这一过程，那些"直接的自然东西的外在性和暂时性，和经验的、世俗的精神东西的外在性和暂时性一样，都被排出和吸收了"[47]。上帝的自我统一或自我满足到这里就得到了完全的实现，这种实现本质上是精神在自身中的圆满，是精神与自身真正的绝对统一。这就是约翰福音 1 章 16 节所描述的："因为从他的丰盛里，我们所有人都领受了，甚至恩典接着恩典"，[48]这里的"丰盛"（πληρωμα）一词原义就表达了"完满的"、"完全的"之意。

总的说来，哲学就是上帝自我思维着的方式，或者说是他藉以自我思维的理念。同时，哲学作为这种思维的理念乃是逻辑的东西，亦即实现了的、以概念的方式得到确定性的逻辑的东西，它的普遍性已经在先前的现实性中——亦即实在化的自然那里得到了证明。这样，哲学这个最后的环节就和精神最初的环节——逻辑学相联系起来了。换句话说，哲学作为逻辑的东西回到了最初的自身，并且将自身把握为绝对精神，也就是把握住了它自己的概念。当绝对精神回顾自己发展的整个历程时，发现这段历史可以用三种推论来加以看待。第一个推论是以逻辑本身为起点，以自然为中项，逻辑通过自然发展为精神，自然在这里并不是外在于理念的，它本身就是自在存在着的理念，这是从理念的角度来看的；第二个推论则是把精神看作发展过程的中项，自然是它所"假定"出来的，精神就在设定自然的基础上将自身同逻辑的东西联系起来了，这是从精神的主观角度来看的；第三个推论是把绝对普遍者或自知着的理性看作中项，自然和精神是它从自身中所分裂出来的两端，前者是理念客观存在的过程，是普遍的极端，后者则是理念的主观活动，这是从哲学的角度来看的。因此，自然和精神这两种现象正是哲学理念的自我分割或自我分化所产生出来的，它们都是自知着的理性之自我显示。这样，"正是事情的本性，即概念自己在向前运动着和发展着，而这个运动同样是认识的活动，即永恒的自在自为地存在着的理念永恒地作为绝对精神实现着

---

46 【德】黑格尔：《精神现象学》（下），贺麟等译，北京：商务印书馆，2013 年，第 299 页。
47 【德】黑格尔：《精神哲学》，杨祖陶译，北京：人民出版社，2012 年，第 391 页。
48 和合本为"从他丰满的恩典里，我们都领受了，而且恩上加恩"。

自己、产生着自己和享受着自己。"[49]如此看来，在作为绝对精神的上帝里面，先在地就蕴含了自我分化和自我产生的动力，或者说精神的运动和发展就是上帝的本性。无论是产生出自我的异在，还是把这种异在收回自身之内，都是出于上帝自我认识、自我统一的需要。这样从哲学的角度来看，没有任何东西或事情是真正外在于上帝自身的，上帝的一系列行动：创世、造人、容忍世界堕落、救赎、审判，都无不指向上帝自我认识和统一之目的。而上帝在最后的环节中——亦即末世——把一切收归于他自身之内，正是这一目的的完成和实现。这就是上帝的历史，也是"精神的游戏"，一切自然的历史和人类的历史都被囊括在上帝的历史之内，或者说是后者诸现象的展现。末世的到来结束了一切外在的历史，或者说是结束了时间本身，上帝在他自己的国度中，与那些在绝对精神中同质的存在——得救的人类、天使，以及"新天新地"一起永恒地统一在了一起，在其中共同地实现和荣耀着绝对精神，沐浴着绝对精神的永恒光照。从此"不再有黑夜，他们也不用灯光、日光，因为主神要光照他们，他们要作王，直到永永远远"【启 22：5】。

黑格尔的这种末世论对于后来莫尔特曼的终末论神学产生了巨大的影响，后者因而将末世的到来也视为上帝在永恒丰盛中的自我实现，在这种丰盛中上帝的荣耀得到了最高的展现。基于黑格尔的思想，莫尔特曼对上帝在末世的状态作了这样一番精彩的描述：

> 上帝的丰满是神性生命满溢的丰盛……上帝的荣耀不是展现在自我荣耀的尊严中，而是在他生命丰盛的充分展现中。上帝的荣耀也不在于透过虚己而艰辛达到的自我实现中，而在于之后复活的永恒之日中。[50]

---

49 【德】黑格尔：《精神哲学》，杨祖陶译，北京：人民出版社，2012 年，第 399 页。

50 【德】莫尔特曼：《来临中的上帝——基督教的终末论》，曾念粤译，上海：上海三联书店，2006 年，第 314 页。

第六章　黑格尔神学的继承与批判

　　在黑格尔的时代，一方面罗马天主教会不断地走向衰败和僵化（尽管宗教改革也使得新教教会走向了一种新的发展道路）；另一方面，启蒙运动所带来的极端的理性主义与激进的怀疑论又对传统基督教神学造成了极大的挑战。尽管彼时启蒙运动已基本走向末路，但在其冲击下的神学也再也不复中世纪时代的辉煌，而逐渐沦为其时代主流思想的附庸，神学与哲学的"主奴关系"发生了倒转。因此在18世纪，神学剩下的选择就是要么停留于圣经和教会本身，集中关注罪与救赎的主题，要么服从于个人理性的要求，即将自身的评判权交现代的怀疑理性主义。在这样的危机之中，为神学的发展寻找新的出路，就成为了其时神学家们最重要的使命。在19世纪重建神学的过程中，先后涌现出三位伟大的哲学家，即康德、黑格尔和施莱尔马赫，他们对后来的神学构建产生了极大的影响。而这三人的共同点，就是都试图在人类生活的版图中开辟一个特定的领域，来作为基督教信仰的立足之地。其中康德选择了道德领域，黑格尔选择了知性领域，而施莱尔马赫则选择了直觉领域。此三人的思想在经历了一系列漫长的碰撞与摩擦之后，终于融合为了19世纪新教的自由派神学，并最终在利奇尔（Albert Ritschl）那里集得大成。[1]

　　正如我们前面所论述过的那样，在康德那里，信仰的合理性被限制在了伦理的层面，同时他为理性所划定的界限则成为了人们认识上帝的一道天堑。康德的思想对于几乎同时代的黑格尔产生了全面而深刻的影响，但不同于前

1　【美】葛伦斯.奥尔森：《二十世纪神学评介》，刘良淑等译，上海：上海三联书店，2014年，第17-18页。

者的是，黑格尔大胆地突破了理性的界限，要求在知性的层面去寻求超越的意识。他采取神学与哲学相结合的方式，来为信仰和神学开辟新的出路。而这种结合的结果，就是黑格尔的精神神学。可以肯定的是，黑格尔的整个哲学体系就可以被视为对于基督教思想的一种再演绎，一种哲学式的解读，甚至可以被"解释为一种道成肉身之比喻的伟大寓言"[2]。因此黑格尔的精神神学思想为当时日渐式微的基督教神学开辟了一条崭新的道路，当启蒙运动试图以理性的武器来质疑甚至否定上帝时，黑格尔的学说予以了前者响亮的一击。黑格尔的体系在正统性上的最大贡献就在于，他重建了认识上帝的可能性条件，并以此对抗关于上帝不可知的现代思想。

黑格尔的这种贡献不能不说是十分巨大的，虽然我们很难将他称作是一位"护教家"，但是从时代的巨幕前看去，黑格尔就是那一位思想界的十字军战士，坚定地捍卫着信仰的尊严与权威性，将真理的大旗高举在基督教的圣殿前。对此葛伦斯评论道：

> （黑格尔的学说）为启蒙运动所造成的传统信仰与激进的怀疑论彼此对立的僵局提供了一条出路。他将基督教提升到唯一的启示性宗教的地位，因为基督教在表征的形式中，陈述出关于神人合一的哲学终极真理。[3]

利奇森（Lichtheim）将黑格尔的神学思想称为"临在主义学说"，亦即作为绝对精神的上帝在历史中的临在。尽管利奇森对此持批判的态度，然而这种临在主义却是黑格尔遗留给现代神学最重要而深远的贡献，尤其是他的神人合一论、神的历史与世界历史的统一论为后世神学提供了重要的启发，尤其是后来的"万有在神论"更是完全承袭了黑格尔的思想。在十九世纪末乃至二十世纪的许多哲学家和神学家那里，都可以看到黑格尔神学思想的影子。

黑格尔思想的影响无疑是巨大而深远的，他不仅亲手缔造了一个庞大而完整的古典哲学体系，同时也终结了古典哲学的发展。在黑格尔于 1826 年创办了"科学批判协会"之后，他的身边就很快聚集了一批追随者，这些追随者多是他自己的学生，他们创办了《科学批判年鉴》，并展开了一系列的学术活动，

2　【美】葛伦斯.奥尔森：《二十世纪神学评介》，刘良淑等译，上海：上海三联书店，2014 年，第 32 页。

3　【美】葛伦斯.奥尔森：《二十世纪神学评介》，刘良淑等译，上海：上海三联书店，2014 年，第 35 页。

这批人就是我们后来所熟知的"黑格尔学派"。但令黑格尔本人没有想到的是，在他于 1831 年罹患霍乱去世之后，黑格尔学派却很快分裂成了两派，后世将这两个派别称为老年黑格尔派和青年黑格尔派。众所周知，前者又称为黑格尔右派，他们恪守并继承了黑格尔思想的核心本质，这一派以罗森克朗茨、加布勒、甘斯、亨利希和辛里克斯等人为代表；而后者又称为黑格尔左派，他们或多或少地抛弃了黑格尔哲学的某些核心观念，并因此成为了黑格尔的"掘墓人"，相比于前者，青年黑格尔派的代表则更为抢眼，包括鲍威尔、费尔巴哈、施特劳斯和马克思等。不过，值得注意的是，这种"左"、"右"的划分并不是十分严谨的，因为这是从学者本人的政治立场上去看待的，但黑格尔学派的关注对象却远远超越了政治领域。因此，"总起来说，老年黑格尔派注重传播和发展老师的学术思想，而青年黑格尔派更以批判黑格尔哲学为己任"[4]。

　　黑格尔学派分裂的原因是多种多样的，首先，黑格尔宗教哲学的展开与神学思想的建构，是以基督的历史实在性为基础的，而当这个基础遭到质疑时，问题也就随之产生了。尽管"这个历史批判主义比黑格尔生活的时期早得多。自从英国的自然神论运动、十八世纪的理性主义和超自然主义的斗争以来，历史批判主义就存在了。但是，现在由黑格尔引入了一些新的因素"[5]。那些提出质疑和批判的人，正是从批判基督的历史真实性入手来批判基督教，并进而对黑格尔哲学提出批判，这就是青年黑格尔派的主要作风，而老年黑格尔派依然站在老师的立场上对其学说进行继承和发展。其次，黑格尔哲学本身的复杂性及其语言的晦涩性、模棱两可性，都很容易在读者那里产生形态各异的"视域融合"。诚如汉拉第所言：

　　　　在"黑格尔右派"看来，这个系统似乎是西方神学传统的一个划时代贡献。而"黑格尔左派"则断言，这个体系的真正意义在于它对基督宗教最根本教义的毁灭性批判，以及无神论人本主义方案的开始，即把人类从由信仰一个超越的创造者或上帝而导致的异化中解放出来。[6]

4　叶秀山主编：《西方哲学史（学术版）》（第六卷），北京：人民出版社，2011 年，第 614 页。

5　【德】保罗·蒂利希：《基督教思想史》，尹大贻译，香港：道风书社，2004 年，第 548 页。

6　【爱尔兰】杰拉德·汉拉第：《灵知派与神秘主义》，张湛译，上海：华东师范大学出版社，2012 年，第 88 页。

再次，黑格尔学派的分裂主要产生于左右两派对于政治革命的分歧，由于黑格尔的政治思想、亦即他的法哲学是同他的宗教哲学紧密联系在一起的，同时彼时的德国社会又还是一个政教合一的社会，因此左右两派对于政治问题的分歧也就往往涉及到在宗教神学观念上的分歧。在老年黑格尔派看来，黑格尔所提出的社会理念已经在现实中得到了实现，因此眼前的这个国家就像黑格尔的名言所形容的那样：凡是现存的都是合理的。一切的改变或革命就因此是不具有合理性的。另外，老年黑格尔派也把黑格尔思想当作了真正的神学思想，有神论在他们那里得到了继承和发扬。"他们试图保留和提升宗教在哲学中的地位，在理性上思辩地说明基督教信仰的真理，使之成为能接受、可理解的真理"[7]。然而，青年黑格尔派却走到了他们的对立面，在后者看来，理念与现实的统一尚未实现，必须要通过对当前社会制度的改革来推动二者的相符合。因此，几乎所有的青年黑格尔派都成为了社会革命的支持者。而更为重要的是，尽管青年黑格尔派继承了黑格尔哲学的诸理念和方法论，但是黑格尔的神学观念在他们那里却被当作了要予以"扬弃"的东西，因为富有革命精神的青年黑格尔派正是要通过对于黑格尔宗教哲学的批判，来进展到对于当前这个政教合一的德国社会的批判和改造上。这其中成就最大的，当数施特劳斯、鲍威尔、费尔巴哈和马克思四人。

对于黑格尔本人而言，这样的分裂很难说是值得庆幸还是不幸的，但具有讽刺意味的是，这种分裂正与黑格尔思想的辩证精神不谋而合——在黑格尔的视域中，一切的存在的发展都要通过自我分裂实现，而这个理论却恰恰正好应验在了他自己的身上。

第一节　青年黑格尔派的批判之路

在弗里德里希·施特劳斯看来，基督教信仰的合理性是建基于新约圣经的历史合理性之上，因此，摧毁该信仰的秘诀就在于推翻福音书中所记载的历史之真实性。在 1835 年，施特劳斯出版了《耶稣传》一书，在书中他对福音书的真实性展开了激烈的攻击。首先，施特劳斯认为四部福音书的记载不仅彼此矛盾，而且与真实的历史事实是难以吻合的；其次，施特劳斯声称四福音的作者身份是存疑的，它们很有可能并非出自耶稣的门徒之手，而是源

7　王志军：《论马克思的宗教批判》北京：中国社会科学出版社，2007 年，第 210 页。

于后世的伪作；最后，福音书中所记载的神迹奇事是超自然的、与理性相冲突的，正是它们的存在混淆了福音书本该具有的真实性。因此，施特劳斯得出结论说，福音书乃是一部基督教所炮制出来的"神话"，而神话乃是一种非理性的叙事方式，是作者的一种无意识的虚构。因此福音书的"虚构"正是源于彼时犹太民族的一种"普遍信念"的表达，亦即源于他们对于救主弥赛亚的盼望，而耶稣基督就是这个普遍信念的化身。而耶稣的神性及其所带来的神迹奇事不是别的，正是由犹太民族的这种盼望情感所演化出来的。在其神性被否定之后，耶稣就被还原为了一位单纯的道德训导者，"他做的主要事情就是劝导群众通过提高道德素养和加强内心与上帝的联系回到对上帝的真正信仰上来"[8]。

在这里，施特劳斯实际上采用了黑格尔在早期神学著作中相似的方式，即在脱离超自然因素的情景下将耶稣塑造成一个道德家，来达成对于当前基督教的某种批判。但是与黑格尔不同的是，即便在早期神学著作中，黑格尔也从来都没有想过要真正地否定耶稣的神性，而从整体上看来，黑格尔不外乎是在自己的理性神学语境中对耶稣和三位一体进行阐述，亦即他乃是试图通过这种方式来赋予基督教在哲学中的合理性。而施特劳斯则从一开始就是在否定基督教的道路上行进的，他试图通过对于"历史真实性"与超自然性的剥离，来取消基督教作为一种信仰的真理性。尽管施特劳斯声称他的目的乃是想要把基督教变成一种符合人性的宗教，而不是要真正否定上帝或基督教本身，但是圣经的真实性和耶稣的神性一旦被取消，那么基督教的真正内核也就随之消泯了，换言之，这种经由施特劳斯"改造"后的基督教已不复再是一种真正的宗教信仰。实际上，施特劳斯的"普遍信念"还原论正是沿袭自黑格尔的方法论，他所谓的普遍信念就是黑格尔的实体，亦即宗教现象背后的那个实体。黑格尔的实体是神秘的、形而上的，但施特劳斯的普遍信念却是历史性的、现实性的。尽管施特劳斯的学说一经发表便引起了极大的争议，但他所开创的宗教批判却很快影响了整个青年黑格尔派。

青年黑格尔派的另一位代表是黑格尔的学生鲍威尔。鲍威尔不认同施特劳斯的观点，他认为所谓的普遍信念也不过是施特劳斯自己的一种虚构，因为它无法得到实证主义的支持。基督教的信念基础不在于什么集体无意识，

8　【德】大卫·弗里德里希·施特劳斯：《耶稣传》（第一卷），吴永泉译，北京：商务印书馆，1981 年，第 223 页。

而是源于一种特定历史处境下的"苦恼意识"，正是这种苦恼意识构成了弥赛亚的历史原型。此外，鲍威尔还改造了黑格尔的"自我意识"论，并将其作为宗教批判的基石。在鲍威尔看来，只有能够为主体的自我意识所把握的实体才是真正的实体，自我意识乃是一种自因的东西，在最初的时候，它只是属于个体的东西，但由于它的这种自因性，它就能够推动自身的不断发展，通过扬弃一切的有限性和个别性来使自己成其为一种完整的、普遍的、与自身绝对统一的自我意识。当然，自我意识也必须借助于外在的现实事物、也就是其外在形式来实现自己，由于自我意识是不断向前发展的，因此它的一切外在形式——国家、法律、宗教等都要作为过渡性的环节在这个发展过程中被扬弃掉。这样看来，鲍威尔的"自我意识"实际上实际上就是黑格尔"精神"的一种变装。鲍威尔进而指出，基督教的福音书乃是出自早期基督教领袖们自我意识的产物，换言之，福音书的内容不是根据历史事实，而是根据宗教意义的需要被"创作"出来的，它们都是宗教世界中的表象。鲍威尔进而认为福音书中的矛盾性也是由创作者的自我意识造成的，因为在创作福音书时，各位作者的自我意识尚处在彼此分离的状态之中，还没有真正地走向统一，因此他们所创作出来的内容也就自然地充满了矛盾与分裂。不仅如此，鲍威尔还激进地否定了耶稣的存在，认为他不过是被虚构出来的形象罢了。

在这个基础上，鲍威尔得出结论说，基督教作为一种宗教乃是自我意识在自我发展中的一个外在的环节，它的诞生标志着自我意识的一种进步，但随着自我意识的不断发展，它就不再适应前者的需要，并反过来成为了其发展的阻碍。在现在这个时代，基督教与自我意识之间的矛盾已经达到了顶点，因此应当予以全盘的否定和扬弃。如此一来，鲍威尔就在他自我意识哲学的构建中完成了对于基督教的"末日审判"。

如果说鲍威尔的宗教批判还大致沿袭黑格尔的基本方法论的话，那么费尔巴哈的批判则可以说是对于黑格尔哲学的一种"离经叛道"。费尔巴哈毫不讳言："我的宗教哲学只是产生于同黑格尔宗教哲学的对立，只有从这种对立才能理解它和评论它"[9]。费尔巴哈否认黑格尔的神人同性论，而认为一切存在都必须从人本身出发来探讨，人的本质才是第一性的，而黑格尔将人性与神性混同为精神的做法乃是对于人本身的一种背离和颠倒。人之本质是诸个

---

9 李毓章：《人：宗教的太阳——费尔巴哈宗教哲学研究》，台北：远洋出版事业股份有限公司，1995年，第398页。

体本质的整合或概括，它是无限的，包括理性、意志和心力。当这三种内涵达到它们的最高状态时，就分别变成了"全知"、"全能"和"全善"，而当我们把这些最高状态想象为人格化的存在时，上帝就被产生出来了。因此，费尔巴哈就把上帝的本质看作是人本质的一种异化或倒装，上帝所具有的一切属性不是别的，正是人之属性的一种延伸。费尔巴哈进而认为，宗教的产生并非源于人类的理性，而是出自非理性的想象或幻想，具体地讲，就是早期人类在面对自然界的强力与不可抗拒性时所产生出来的依赖感所导致的，出于这种依赖感，人类需要为自己炮制一个超自然的人格性的力量，这就是神灵。此后，人类对于社会力量的依赖感又促使其宗教观念由多神教过渡到了一神教，亦即犹太教和基督教。

　　在基督教中，人类所崇拜的上帝实质上就是人自己的精神，也就是说，人类所崇拜的对象不是别的，正是人类自身。这个秘密在耶稣基督的身上体现得最为明显：作为现实的人，基督乃是与人们亲身相识的上帝，是在此岸与人类同栖的存在者，"在这样的意义上，人们完全有权力称基督教为绝对宗教，成为完善的宗教。宗教之目的，就在于使上帝——而上帝自在地不外就是人之本质——作为人之本质而被实现，使上帝作为人而成为意识之对象"。[10]上帝的人格化在基督身上完全地体现了出来，上帝的神性亦在基督那里启示了出来。黑格尔在此基础上把基督教视作绝对宗教，是因为上帝的绝对真理在通过基督实现了完全的彰显；但是费尔巴哈在这里把基督教称为绝对宗教或完善的宗教，却是因为他认为基督教的秘密在基督这里得到了最深刻的展现——作为现实之人的基督拥有着完善的人性，从而成其为人类崇奉的上帝，因此人类在宗教崇拜中所向往的并不是超验的神性，而是人性本身，是人自身的本质。这样，上帝的本质就是人本质的一种异化，上帝的本性就是人之本性的一种绝对化，"属神的本质之一切规定，都是属人的本质之规定……人使他自己的本质对象化，然后，又使自己成为这个对象化了的、转化成为主体、人格的本质对象。这就是宗教的秘密"[11]。在黑格尔那里，作为绝对精神的上帝通过异化自身产生了人类，使人之精神成为他在其异在之中的实现；

10　【德】费尔巴哈：《基督教的本质》，荣震华译，北京：商务印书馆，1984年，第200页。

11　【德】费尔巴哈：《基督教的本质》，荣震华译，北京：商务印书馆，1984年，第127页。

而费尔巴哈则把这种关系彻底颠倒了过来，把上帝看作是人的异化表现。但是这样一来，上帝的神性和实在性就被彻底取消掉了。

不过，费尔巴哈也承认，基督教能够在某种程度上满足人类精神的需要和道德实践上的需要，尤其是人的有限性必须要到上帝的无限性那里去寻得满足，这就是基督教存在的唯一合理性。同时，费尔巴哈又认为基督教所宣扬的许多价值观实际上是与现实世界脱节的，它已经跟不上理性时代发展的需要，因此必须要加以批判和改造，将其中一切非理性的成分与异化的东西予以祛除，使其变成一个理性的宗教。但是经过这样的"改造"，基督教实际上就不复再是一种宗教信仰，而成为了一种人本主义的哲学。因此，虽然费尔巴哈声称他对于基督教的态度并不是否定而是批判，但这种所谓的"批判"、"还原"或"改造"实际上就是一种完全的否定，在其中基督教的信仰价值已经荡然无存。费尔巴哈的这些观点也在很大程度上影响了后来的马克思。

第二节　十九世纪黑格尔神学思想的继承

当青年黑格尔派在宗教批判的道路上与他们的宗师渐行渐远时，另一些人却走向了相反的道路，在他们那里，黑格尔的理念被真正地运用在了神学的道路上，当中包括了十九世纪后期的彼得曼、克尔德兄弟和利奇尔等人。"黑格尔右派企图说明，在黑格尔的前提下可能有一种站得住脚的和可以被证明的基督教神学"[12]。可以说，黑格尔的神学精神在这些人那里才得到了真正的继承和传扬。

A.E.比德曼被利文斯顿称作是"德国黑格尔主义神学最后的重要代表之一"，他所作出的重要贡献之一，就是在继承黑格尔思想的基础上，力图把黑格尔主义同教义传统相结合起来。对于激进的青年黑格尔派，比德曼提出了质疑与批判，认为他们对于基督教的批判只是停留在概念形式的层面上。比德曼还在黑格尔的"绝对精神"说上对上帝的人格性展开了探讨，在他看来，"人格"这一概念所传递出来的是一种有限精神的涵义，这与上帝的本质相矛盾。但是，由于我们对上帝的观照是在表象中展开的，因此尽管上帝并非人格，但是一方面我们只能通过有限的表象形式——亦即人格性来表现上帝，另一方面作为有限精神的人类同作为无限精神的上帝之间要进行交

---

12 【德】保罗·蒂利希：《基督教思想史》，尹大贻译，香港：道风书社，2004年，第552页。

流，也只能通过有限精神的形式来进行。此外，比德曼还认为耶稣基督是神性与人性在有限精神中统一的真正实现，他同时还是是神圣本质在历史中的实现，亦是内在于神学的原理之中的。并且基督揭示了神人相遇的奥秘，就是"人的自我达到了它作为人即作为有限精神的真正存在的实现，那么上帝的存在，绝对精神的存在，也就在其中显示了出来"[13]。比德曼进一步认为，绝对精神只有在三位一体的形式中才能得到最高和最神圣的的表象，当三位一体的理念进入历史之时，作为绝对精神的上帝就能够将自身启示在人类历史之中。最后，比德曼否定了黑格尔关于宗教将被哲学所扬弃的学说，而认为哲学只能够辅助宗教，而不能真正地替代它。

比德曼之后，苏格兰的克尔德兄弟将新黑格尔主义在神学领域推向了高潮。爱德华·克尔德运用黑格尔的辩证法来探讨宗教意识的发展。爱德华认为，人类有一种与生俱来的宗教意识，这种意识是由主客体的对立所产生的。一方面，人作为主体是有限的，他与作为客体的外界处于对立之中，主体为了生存，必须要把自己同他的客体区分开来。而当主体在寻求同客体的统一时，就意识到另一个至高原则存在，在这个至高原则那里蕴含了主体与客体的绝对统一，这就是上帝。因此，只要人类同时具有意识和自我意识，他就能够认识到上帝。当然，人类的宗教意识并非一蹴而就的，而是渐进地发展成熟的，这段发展的历史可以分为三个阶段，即客观的阶段、主观的阶段和统一的阶段。在客观的阶段，人从外在的世界中观照上帝，并把上帝表象为诸客体之一；在主观的阶段，人从自己的内心观照上帝，在主体精神中去寻求上帝的存在；第三个阶段是前两个阶段的合题阶段，在其中上帝"在真正的上帝观念的形势下得到了认识"[14]，这里被正确认识到的上帝就是基督教的上帝，他是作为认识与存在、主体与客体内在统一的最终根据而存在的。在这里，爱德华·克尔德实际上按照黑格尔宗教哲学的发展逻辑来对基督教成其为最高宗教作了重新的阐释。爱德华的兄长约翰·克尔德也继续基于黑格尔主义对基督教的真理性进行了辩护。在他看来，无论是泛神论还是自然神论都无法正确地表述上帝同世界

---

13 【美】詹姆斯·C.利文斯顿：《现代基督教思想》（上卷），何光沪译，成都：四川人民出版社，1999 年，第 320 页。

14 【美】詹姆斯·C.利文斯顿：《现代基督教思想》（上卷），何光沪译，四川人民出版社，1999 年，第 329 页。

的关系。而在基督教神学中，上帝被视为无限的、自我启示着的精神，正是上帝的这种本质属性构成了有限世界产生、存在和发展的基底，并赋予了自然和人类以其个体性与独立性。作为无限者的上帝必然要在有限的世界中自我显现，正是在上帝这种自我启示的观念中，自然和人类才能够被得以理解；同样地，我们对于上帝的理解也是必须要通过他所创造出来的自然和人类来进行的。上帝的本性是在世界历史之中得到完成的，这种本性在人类精神——亦即上帝精神的"形象"——中表现得最为完美，尽管人类本身是不完美的。在基督论上，约翰认为耶稣基督所代表的观念是最重要的，他是最高生命永恒的原则，基督与教会的结合是完满的、相互依赖的，基督的生命体现在信徒的个体生命和教会的共同生命之中。这要求我们放弃自我的私欲，使自身服从于基督的最高意志。

总的来说，无论是青年黑格尔派的"反叛"，还是比德曼等人的承续，对于黑格尔神学本身来说都是一种继承或再生——其区别只不过在于继承的方向罢了。尽管到了后来，黑格尔的体系基本上遭到了普遍的摒弃，但他在神学上的许多深刻的洞见，如神人合一论、临在主义论等，还是对后世的神学产生了许多直接或间接的影响。当今天的神学史撰写者在回顾十九世纪以来、尤其是启蒙运动之后的神学发展时，黑格尔始终都是一个不容忽视的人物。

第三节　现当代西方学界对于黑格尔神学思想的回应

作为十九世纪的思想巨人，黑格尔对于德国古典哲学的贡献是毋庸置疑的，他的神学思想是划时代的，亦是空前的，没有任何一位哲学家或神学家能像黑格尔那样，能够在自己独特的哲学语境中将整个基督教神学体系阐述得如此全面而淋漓尽致，也没有任何一个人能够像他那样能够将理性与信仰结合到如此相契的高度。不过，黑格尔的神学思想看上去更像是一种"隐学"，因为这些思想是蕴含在他的哲学体系之中的，如果说黑格尔哲学是现实的"世界"的话，那么他的神学思想就是支撑着这个世界存在的精神，前者乃是后者的表象。也正是因为如此，很少有人会将黑格尔当作一位神学家来看待，或者是把他的哲学体系放在神学视域内来看待。早在 1952 年，卡尔·巴特就对从前黑格尔在神学界的"缺位"发出了这样的呼声："为何黑格尔没有在新教神学界成为标志性人物，就像托马斯·阿奎那在天主教神学界那样？"

[15]。不过，这种情形在二十世纪中叶以后开始发生了转变，黑格尔的神学思想又逐渐开始受到西方学界的重视。"在黑格尔诞辰两百年之际，黑格尔较之从前变得更加地'现代了'"[16]。巴特指出，黑格尔思想之所以能够在当代神学研究中获得一种新的、重要的声望，正因为它呈现出一种问题和应许。[17]因此，越来越多的学者开始将黑格尔哲学真正地作为神学思想来进行查考，并对后者进行了各种各样的解读、评价和发挥。这其中最具代表性的，当数汉斯·昆。

　　在序言中我们曾经介绍过，汉斯·昆曾在他的《上帝的道成肉身》一书，它的副标题为"对于黑格尔神学思想的介绍——作为一种未来基督论的序言"，在其中，他系统而深入地分析介绍了黑格尔的基督论。实际上，汉斯·昆的神学思想在很大程度上也受到了黑格尔的影响，他的很多学说都"主要是在与黑格尔进行批判式对话时整理出来的"[18]。汉斯·昆对黑格尔的精神神学表现出极大的认同感，他也同样认为上帝同人和世界乃是辩证地统一着的。在他看来，当我们把黑格尔的神学思想同一些传统的神学观念进行比较时，就会发现前者具有更强的动态性和更大的包容性，有利于人们更好地理解道成肉身的本质。汉斯·昆指出，黑格尔神学思想的闪光之处主要体现在三个方面，即基督的受难观、上帝的内在三一论，以及上帝对于历史之介入。在基督的受难观上，黑格尔是基于神的内在辩证性进行诠释的：由于神在自身之中已经先在地包含了自我的对立面，他的受难乃是一个必然的过程。因此汉斯·昆指出，神受难的依据就在于他的这种内在辩证性，促使他必然同时又是自主地选择了受难，以扬弃自我的对立面并实现最终的自我统一。这样一来，那种关于基督受难的上帝无痛说（apathetic）和完全凄惨说（pathetic）就不攻自破了。在内在三一论上，黑格尔的诠释有利于人们从更加动态的角度来理解上帝，从这个角度所呈现出来的上帝能够表现出鲜活的生命力和真正的无限性。并且正是上帝在内在三一中的这种辩证性的自我统一，决定了他能够成为道成肉身的本质。汉斯·昆指出：

15　Karl Barth, Protestant Thought: From Rousseau to Ritschl, trans. Brian Cozens, London: SCM Press, 1959, p.268.

16　Michael Theunissen, Hegels Lehre vom absoluten Geist as theologischpolitischer Traktat, Berlin:Walter de Gruyter, 1970, p.vii.

17　参见 Martin J. De Nys, Hegel and Theology, London: T & T Clark International, 2009, p.132.

18　【美】葛伦斯.奥尔森：《二十世纪神学评介》，刘良淑等译，上海：上海三联书店，2014 年，第 365 页。

> 神不受强迫，但他能够做他在世上所做的事，行这些事的能力根植在他的本性内。这为真活神的本性，乃是能够自我降卑的本性，虽然没有什么可以勉强他这样做，但这本性却意味着，他有能力在恩典中将自我贬抑。[19]

在上帝对历史之介入上，黑格尔认为这是上帝要在自己的异在中实现自我的必经之路。汉斯·昆一方面认为这是黑格尔思想的闪光之所在，另一方面又认为黑格尔对这种必然性的强调削弱了上帝的恩典性，因为如此一来，就会让人产生上帝介入历史是缘于自身某种缺乏性的感觉。

与此同时，汉斯·昆也对黑格尔的一些观点进行了批判，他指出，黑格尔似乎从来没有谈论过上帝的恩典性，这可以说是黑格尔神学最大的缺陷。在基督教信仰中，离开了恩典来谈上帝是不可想象的。因此，"一位有恩典的神，所要承担的，是活在世界里面，在世界但却不为世界局限，既临在又超越……亲近世界的同时，又与世界不相同。"[20]

总的来说，汉斯·昆对于黑格尔的态度是十分赞许的，尽管他也指出并批判了黑格尔思想中的一些问题。正是基于黑格尔的神学思想，汉斯·昆才建立了他所谓的"后黑格尔式"上帝观。作为二十世纪影响最大的天主教神学家之一，汉斯·昆对黑格尔的推崇足以彰显出黑格尔对于现当代神学界的影响力。

进入二十一世纪后，西方学界对于黑格尔神学思想的重视有增无减，在当下更有愈演愈烈之势。可以说，今天黑格尔研究最重要的突破之一，就是人们重新发现了作为神学家的黑格尔。今天的神学界也有许多人把黑格尔视为他们思想的泉源，譬如著名的"黑格尔主义神学家"罗万·威廉、约翰·米尔班克和安德鲁·桑克斯等[21]。当然，在一些人看来，黑格尔对当代神学界产生的重要影响不仅是神学性的，也是政治性的。但是这并不妨碍黑格尔对于现当代神学的毋庸置疑的推动性，可以预见到，在今后的历史中，黑格尔在神学上的创见将会持续地发挥它的影响力，并在哲学界和神学界都能占据一席之地。

---

19 Hans Küng, Thelology for the Third Millennium, An Ecumencial View, trans. Peter Heinegg. New York and London; Doubleday, 1988, p.445-446.

20 Hans Küng, Thelology for the Third Millennium, An Ecumencial View, trans. Peter Heinegg.New York and London; Doubleday, 1988, p.288.

21 这三人都是著名的英国公教神学家。

　　从现当代学界对于黑格尔神学回应上，我们大体可以总结出三种类型的评价：第一类是肯定性的，即认为黑格尔思想与正统神学基本相符，这类评价基本源于神学界；第二类是否定性的，即认为黑格尔的思想本质上就是"无神论"的，即只是对于基督教神学的一种普罗克拉斯提斯[22]（Procrustes）式"改造"，来使后者服务于自己的哲学体系；第三类则是"中间性"的，即认为尽管黑格尔的确全面论述了基督教神学，不过他的解读却要么是"异端性"的，要么是泛神论或自然神论的。初看上去，这些彼此矛盾的评价是不可思议的，正如当初黑格尔学派的分裂一样。但无论他人的评价如何，黑格尔却自始始终坚信自己的信徒身份，并宣称自己就是一位真正的神学家，正如文森特·麦卡锡所指出的那样：

　　　　黑格尔并未将自己看作是一个神秘主义者或传统意义上的一神论者，但他的确把自己评价为一位神学家，一位追求并获取有关上帝知识的神学家。[23]

　　作为一名路德宗的虔信者，黑格尔从始至终都是在基督教神学的严格范畴内展开他的言说的，尽管他并没有想要像传统神学家那样建立起一个完整的系统神学。因此，有不少人都把黑格尔思想看作是符合正统的神学思想。尽管黑格尔还在活着的时候，就已经听到了许多的质疑之声，但他自己似乎却并不十分在意，且坚信自己的学说是与基督教教义并行不悖的：

　　　　黑格尔本人并未因自己学说的"正统性"问题所困扰，因为他相信真理是不会改变的。他声称自己是基于圣经和基督教教义的：他模仿正统的做派，但却从未真正地拥抱过正统。黑格尔，这位自我承认了的基督徒……更多地像爱利亚学派，而不甚接近犹太教。[24]

　　然而，在另一些观点看来，黑格尔的思想则被解读为是无神论的，甚至于黑格尔本人是否算得上一个真正的基督徒都应当存疑：

　　　　如果说在我们的时代黑格尔很难成为基督徒，但他至少相信上

22　据希腊神话，普罗克拉斯提斯是一个生性残暴的强盗，凡是经过其地盘的路人都要被他放在一张特别的铁床上，个子短于床的要被拉长，而个子长过床的则要被削去脚。

23　Vincent A. McCarthy, *Quest For A Philosophical of Jesus*, Macon, Georgia: Mercer University Press, 1984, p.115.

24　Peter C. Hodgson, Hegel and Christian Theology: A Reading of the Lectures on the Philosophy of Religion, Oxford: Oxford University Press, 2005, p.262.

帝……黑格尔是基督徒吗？这个答案我们只能部分地知晓。因为我们的知识和预言都是不完全的。[25]

另一些观点则认为黑格尔思想从本质上来看乃是一种泛神论或万在有神论：

他（黑格尔）把道成肉身和自然解释为逻格斯的肉身化，如精神，等等，是无限的基督。他是一个现代的诺斯替式约阿希姆：世界历史是逻格斯使其肉身在理性状态与人类权力的故事。[26]

还有一些观点则把黑格尔的学说看作是对于正统神学的某种"偏离"或"僭越"：

认为黑格尔关于基督教的学说充其量只能算得上是一种"扬弃"了的基督教教义，亦即一种既有保守成分的、同时却也是删改和扭曲了的"基督教"[27]

更有甚者认为黑格尔的思想是应当被斥之为"异端"的。对此，文森特总结道：

对于神学家们而言，黑格尔在对于基督教以及基督的诠释上既有诸多的洞见，也存在着（对于正统神学的）某些挑战甚至是挑衅，因此在他们那里，既有赞叹之声，也有愤怒的质疑。[28]

此外，黑格尔对待基督教本身的态度，也存在着极大的争议：

将宗教与感受或想象的形式予以区别，并从而将宗教提高到概念的形式，这些手段，黑格尔既用来完成他为基督教所作的积极的论证，同时又用来进行他对于基督教的批判……教会正统宣称，黑格尔的"翻译"是非基督教的，因为它破坏了信仰的实定内容；另一方面，黑格尔保留了教条的基督教，虽则是以他的概念的形式保留的，这又使得青年黑格尔派很不舒服。[29]

---

25 New Perspectives on Hegel's Philosophy of Religion, edited by David Kolb, New York: State University of New York Press, 1992, p.105.

26 New Perspectives on Hegel's Philosophy of Religion, edited by David Kolb, New York: State University of New York Press, 1992, p.138.

27 参看 David Kolb, eds., *New Perspectives on Hegel's Philosophy of Reilgion*, New York: State University of New York Press, 1992, p.105.

28 Vincent A. McCarthy, *Quest For A Philosophical of Jesus*, Macon, Georgia: Mercer University Press, 1984, p.155.

29 Karl Löwith, From Hegel to Nietzsche, New York: Columbia University Press, 1964, p.333.

　　在对于黑格尔的解读上，竟然存在着如此巨大的反差，这估计是黑格尔自己很难想到的。就其著作本身而言，究竟应当视之为"正统"还是"异端"，是万在有神论还是无神论，是路德宗还是灵知派，一百多年来人们都没有能够达成共识，在未来也估计很难实现。或许这些问题应当归咎于文本本身的神秘化或模棱两可性，或者用诠释学的观点来看，对于文本的解读始终都是一种"视域融合"（Horizontverschmefzung）的过程，而文本理解的过程就构成了一种"效果历史"（Wirkungsgeschichte）。[30]因此，解读的过程总是开放性的，是难以用某一种声音来涵盖一切的，一种理解只有在某种特定的时空中才是有效的。这样看来，我们对于黑格尔学说所作的神学式解读，在不违背黑格尔精神的前提下，也应当置于某种神学范式的构建中才是合法有效的。必须要承认的是，这篇论著的主要工作实际上是试图将黑格尔学说放入传统神学的主体框架内来进行审视和阐释，也就是说，在神学的母题下对黑格尔学说进行分割和重新罗列，这是一种大胆的尝试，虽然之前也有人在神学框架内阐述黑格尔，不过他们都没有本文作者那样大的野心，亦即把整个黑格尔体系进行全面的神学式再解读——当然这种解读还是力求符合于黑格尔思想的本原精神的。或许这就是神学范畴内的一种新的效果历史之生成。

30　"视域融合"和"效果历史"都是由德国诠释学家汉斯·伽达默尔所提出的概念，前者指的是读者在阅读文本时不可避免地带入了自己的"前理解"，从而导致最后的解读成为了"前理解"和文本理解相混合的产物；后者指的是在文本的理解中所体现出来的历史之实在性，理解的本质就是效果史。

结　论

对于黑格尔神学思想的阐述，到了这里终于要告一段落了。让我们再次回到一开始在导论中所提出的问题，即：黑格尔是否真正地站在信仰的立场上，以自己的哲学话语为武器，为基督教信仰进行辨析和维护，并由此可以被称得上是一位神学家的。回顾前文，我们可以看到黑格尔准确地把握住了"精神"这一关键词，将其作为上帝、自然和人类的共同本质，并以精神自我演化的过程来诠释基督教的信仰主题。作为精神或灵的上帝，在自身内以纯粹精神概念的方式维持着自身的统一，并且这种统一是动态的，是循环往复着的。而三位一体的最初概念，就体现在精神的这种内部统一和演化之中。通过这种辩证式的诠释，人们就可以在一定程度上观照和理解上帝在自身内的存在，而无需再将后者作为一种绝对超越性的状态而"悬置"起来。出于精神自我实现的需要，上帝就必然地要创造世界，亦即他的异在或对立面。这种必然性，实际上并不是限制了上帝的自由，就像汉斯·昆所指出的那样，而是上帝的本质所决定的，他的作为精神的本质——或者说就是他自身——要求自己必然地走出自我，而以实在的形式来呈现自己，这乃是一种历史必然性和事实必然性。而精神为了在其异在中更好地观照和实现自己，就必须要不断地向着更高级的形式发展，这样一来，上帝创世的行动和顺序都得到了合理的解释。

作为精神在其异在中的最高体现，人类拥有着与上帝相似的灵魂，人类的灵魂就是作为上帝之本质的灵在其异在中的投射。借着人，上帝能够更好地观照自身；而借着上帝，人也能够真正地认识自己。但是，为了真正地认

识上帝并与上帝联结，人就必须要打破灵魂最初的抽象普遍状态来获得自身的特殊性，亦即发展出自我的对立面——恶，也就是通过犯罪堕落与上帝疏离开来。这样一来，罪与堕落就得到了合理化的解释。接下来，为了结束人与上帝之间的分离，上帝就必须使自我直接进入其异在之中成为真正的主体，也就是成为救赎主基督。而基督的救赎方式不是别的，就是通过否定自我的特殊性——让作为个体之人的耶稣殉难——来将整个人类重新带回到普遍性之中。如此一来，基督就不仅实现了自身同上帝的和解，也实现了作为整体之人类同上帝的和解。这样，道成肉身和复活升天的必然性和合理性就被呈现了出来。最后，由于人类同上帝的这种和解还是在心灵之中的，精神就必须要继续向前发展，在这个过程之中，由于它的异在依然存在，神圣与世俗、和解与分离的斗争就会始终此消彼长，这样，在教会之中产生各种各样的问题，也就得到了合理化的解释。不过，精神不会一直容忍自我的分离，到了最后，它必然要将所有的外在统统纳入自身，从而实现永远的大统一和大和解，这就是完全实现了自身的绝对精神。这样，末世的预言就在这里得到了理性式的呈现。

这就是黑格尔在自己的哲学体系中始终致力着的所在，从黑格尔的这些努力中，我们可以很清楚地看到，他的目的就是为了使基督教的信仰内容和主题得到辩证式的理性解读，来应对启蒙运动的攻击和质疑，从而捍卫基督教信仰的合理性和真理性。这乃是一种"以理性之道还治理性之身"的做法。

不可否认的是，黑格尔的这种做法在神学上还是存在着一些或大或小的问题。譬如他对于内在三一的辩证式解读，容易让理性在超越性的领域产生"僭越"的可能，因为后者本身实际上是神秘的，在圣经中没有进行过明确的启示的前提下，黑格尔的做法有着陷入灵知主义的潜在风险[1]；再譬如前面所提到的汉斯·昆所指出的那样，黑格尔过于强调精神的自我演化作用，将上帝的创造和救赎之功看作源于他自身的必然性，这样就会导致上帝的恩典性被削弱和忽略，这对于信仰而言是不健康的，甚至是危险的，同时这也可能会对上帝的绝对意志及他的绝对自由性产生限制；还有他从精神发展的立场上对于社会历史的展开，显得并不那么全面，甚至有一点牵强，对于世界终末的叙述也是含糊其辞。而最大的问题在于，黑格尔对于理性能力的过分

1　当然，上帝本身的属性、或者说他的超越性在一定程度上是可以被理性认识的，但是这种认识仅限于上帝所亲自启示出来的那一部分。

倚重，对于强调个体体验的信仰来说未免有失偏颇[2]，因此后来的施莱尔马赫对此提出了批判，并专门在感性经验的领域中来展开信仰的讨论。这些都是黑格尔神学所存在的问题，也正因为如此，他的思想才会引起后来如此大的激烈争论。

那么，我们应当在什么样的层面上来看待黑格尔的神学思想呢？我们把黑格尔称为是神学家是否是合宜的呢？这里首先要解决的黑格尔神学的"正统性"。通过前面的解析可以看到，在黑格尔的哲学思想中，凡是与基督教有关的，都无非是基督教神学的经典主题，换言之，他并没有试图为基督教"增添"什么新的东西（虽然他的确也"回避"了一些东西），因此至少从选题这一方面来看，黑格尔还是"循规蹈矩"的。那么，黑格尔在某些神学主题的解读上，是否真的如某些批评者所指出的那样，是具有"异端"倾向的呢？这个问题很难解答，因为所谓的"正统性"并不是一种一成不变的标准：对于天主教而言，梵蒂冈教会的解释是最终的、权威的解释，但从历史上来看，梵蒂冈的解释也是处于不断的修正和变化之中的；而对于新教而言，这种"正统性"的标准就显得更为泛化一些，具体地讲，就是只要某种说法没有违背信仰的一些最基本的原则，那么它的"谬误性"就不是绝对的，是可以商榷的。以黑格尔的路德宗信仰背景来看，他关于基督教的学说显然是没有违背这些原则的。最后，黑格尔对基督教神学的再解读和再阐释，是否真正做到了尽善尽美呢？一方面，黑格尔最大的问题在于他过分强调神学与哲学的结合，认为神学的真理必须要通过哲学的阐释才能得到真正的维护和贯彻，这样神学的地位就有遭到贬低的危险——尽管黑格尔的本意是用哲学的方式来构建和推动神学，这也是他遭到许多神学家所诟病的原因所在；另一方面，黑格尔的某些做法的确带有某种普罗克拉斯提斯式的色彩，亦即他在对神学进行阐释的时候，往往是首先把这些对象塞进自己的哲学框架中，然后再以自己的方法论进行论述。这样一来，某些时候他就不得不忽略掉一些重要的神学问题，比如恩典论——正如汉斯·昆所批评的那样。尽管如此，我们依然可以看到黑格尔的动机还是出于对基督教的维护的——他试图以自己的独

2　当代美国宗教学家威廉·詹姆斯指出，宗教信仰的重点不在于简单的理性认知，而是在于个体在面对神圣对象时所产生的情感和体验，这一点正是宗教信仰价值的体现所在。详见【美】威廉·詹姆斯：《宗教经验之种种》，蔡怡佳等译，广西师范大学出版社 2008 年版。

到方式来维护基督教的合法性。虽然他做得并不完美，也没能保证自己学说的绝对正确性。

这里我们就回到了在绪论中所提出的论点：什么才能算得上是真正的神学？我们曾提到，神学的意义乃在于为基督教信仰的原则进行维护，对信仰的真理性进行辩明，而它的目的则在于对信徒的属灵生命起到推动和造就的作用。正如海德格尔所指出的那样，真正的神学就是信仰的科学，"神学乃是信仰根据自身来进行说明和维护的科学"[3]。实际上，黑格尔的做法同托马斯·阿奎纳、卡尔·巴特等神学家的做法并无二致（其实就连保罗都不例外），他们都是以理性主义为工具，来对自身的信仰进行辩明和维护。黑格尔的整个精神哲学，都可以看作是对于基督教信仰的理性化解读和阐释，且是对于后者真理性的"去蔽"、澄明和维护。因此，虽然在后世的许多人看来，黑格尔哲学的价值乃是在于他对于传统形而上学的总结，他的客观唯心主义论和辩证法的提出，但实际上通过本文的分析我们不难看出，黑格尔哲学的真正价值就在于它本质上是一种完完全全的神学。

这样看来，尽管黑格尔并没有对基督教神学进行直接的、系统的论述，他也没有能完美地解决理性主义与信仰的冲突，从而让基督教批判者和神学家双双满意而归，但在十九世纪的那种特殊情形下，黑格尔的确做到了他能做的一切，他也的确在理性的层面上极大地维护了基督教信仰的合法性。因此，虽然黑格尔的思想看起来并不是直接的神学思想，黑格尔最终也没有以一位伟大的神学家的身份在历史上留下深刻的印记，但他学说的本质的确是实实在在的神学思想，他也的的确确可以被我们看作是一位神学家——尽管在很多人看来也许是一位不那么成功的神学家。

因此总的说来，黑格尔不仅是一位百科全书式的思想家，同时也是一位真正意义上的神学家。当然，从上面所引述的那些争议来看，黑格尔的论点是否与基督教教义的基本精神或一些基本原则相冲突，这是应当从多方面加以考量的。但无论如何，黑格尔所讨论的始终都是传统神学的基本主题，并且他的意图也是很明显的，那就是促使这些主题在理性的范畴内获得其合法性。这样，我们就看到了三位一体、创世、堕落、救赎和末世这一系列原本带有更多神秘主义色彩的事件在黑格尔的精神哲学中得到了一以贯之的梳

3　【德】海德格尔，奥托等：《海德格尔与神学》，刘小枫选编，孙周兴等译，香港：道风书社，1998年，第12页。

理、解读和展开，并且是一种有体系的、完整的展开。因此我们常常会惊奇地发现，黑格尔的解读在某种程度上甚至更加明晰和完善了这些古老的主题，这使得我们能够用一种具有开放性的视野来对神学加以观照，同时也可以对其进行更富有逻辑性的理解。从这一点来看，黑格尔对于精神神学的建构是十分成功的。当然，黑格尔毕竟不是先知，更不是"人子"，他的思想不可避免地会受到其立场与时代的诸多局限，这也使得他的一些学说——正如许多人所诟病的那样——在某种程度上显得牵强附会，或者是带有一些灵知主义的色彩。但总的来看，黑格尔的神学思想还是瑕不掩瑜的，虽然究其本质而言，黑格尔并不能算得上是一位完全的护教家，不过从客观上来看，他的确是在基督教的立场上为传统神学开辟了一条新的出路，并且在很大程度上调解了传统信仰与激进怀疑论的对立，即便是在今天，神学家们也依然可以运用黑格尔的理论和方法论作为捍卫信仰的武器，并且在黑格尔思想中去寻找新的启示和亮光，这一点或许就是黑格尔留给现代神学最宝贵的财富。

參考文獻

1. Alan M.Olson,Hegel And The Spirit:Philosophy as Pueumatology, Princeton University Press, 1992.

2. Cyril O'Regan, The Heterodox Hegel, State University of New York Press, 1994.

3. Daniel Berthold-Bond, Hegel's Eschatological Vision: Does History Have a Future?, History and Theroy, Vol.27, No.1（Feb., 1988）.

4.George J. Seidel, Activity and ground Fichte, Schelling, and Hegel, New York: Georg Olms Verlag Hildesheim, 1976.

5. Hans Küng, Thelology for the Third Millennium, An Ecumencial View, trans by Peter Heinegg. Doubleday, 1987.

6. Hans Küng. Incarnation of God: An Introduction to Hegel's Theological Thought as Prolegomena to a Future Christology, trans by J.R.Stephenson, The Crossroad Publishing Company, 1987.

7. James Yerks, The Chritology of Hegel, Scholars Press, 1978.

8. Karl Löwith, From Hegel to Nietzsche, Columbia University Press, 1964.

9. Martin J. De Nys, Hegel and Theology, T & T Clark International, 2009.

10. Michael Theunissen, Hegels Lehre vom absoluten Geist as theologischpolitischer Traktat, Walter de Gruyter, 1970.

11. New Perspectives on Hegel's Philosophy of Religion,edited by David Kolb, State University of New York Press, 1992.

12. Peter A. Redpath, Masquerade of the dream walkers: Prophetic theology from the Cartesians to Hegel, Atlanta GA, 1998.

13. Peter C.Hodgson, Hegel and Christian Theology:A Reading of the Lectures on the Philosophy of Religion, Oxford University Press, 2005.

14. The Cambridge Companion to Hegel. edited by Frederick C. Beiser, Cambridge University Press, 1999.

15. Vincent A.McCarthy, *Quest For A Philosophical of Jesus*, Macon, Mercer University Press, 1984.

16. W·C·史密斯:《宗教的意义与终结》,董江阳译,中国人民大学出版社 2009 年版。

17. Zizek,Slavoj, Hegel and the Infinite: Religion, Politics, and Dialectic, Columbia University Press, 2011.

18. 艾伯林:《神学研究——一种百科全书式的定位》,李秋零译,中国人民大学出版社 2009 年版。

19. 奥古斯丁:《论三位一体》,周伟驰译,上海人民出版社,2005 年版。

20. 奥古斯丁:《论自由意志:奥古斯丁对话录二篇》,成官泯译,上海人民出版社,2010 年版。

21. 奥古斯丁:《上帝之城:驳异教徒》(上中下三卷),吴飞译,上海三联书店 2007 年版。

22. 艾伦·伍德:《康德的理性神学》,邱文元译,商务印书馆 2014 年版。

23. 白舍客:《基督宗教伦理学》(第一卷),静也等译,华东师范大学出版社 2010 年版。

24. 大卫·弗里德里希·施特劳斯:《耶稣传》(第一卷),吴永泉译,商务印书馆 1981 年版。

25. 费尔巴哈:《基督教的本质》,荣震华译,商务印书馆 1984 年版。

25. 费希特:《全部知识学的基础》,王玖兴译,商务印书馆 1986 年版。

26. 冈察雷斯,《基督教思想史》(1-3 册),陈泽民等译,译林出版社 2010 年版。

27. 葛伦斯,奥尔森:《二十世纪神学评介》,刘良淑,任孝琦译,上海三联书店 2014 年版。

28.《古兰经》,马坚译,中国社会科学院出版社 2003 年版。

29. 海德格尔:《存在与时间》,陈嘉映译,生活·读书·新知三联书 2009 年版。

30. 华尔顿等:《旧约圣经注释》,李永明等译,中央编译出版社,2013 年版。

31. 黑格尔:《法哲学原理》,范扬,张企泰译,商务印书馆 2014 年版。

32. 黑格尔:《黑格尔早期神学著作》,贺麟译,上海人民出版社 2012 年版。

33. 黑格尔:《精神现象学》(上下卷),贺麟,王玖兴译,商务印书馆 2013 年版。

34. 黑格尔:《精神哲学》,杨祖陶译,人民出版 2006 年版。

35. 黑格尔：《逻辑学》（上下卷），杨一之译，商务印书馆 2010 年版。

36. 黑格尔：《历史哲学》，王造时译，上海书店出版社 2001 年版。

37. 黑格尔：《美学》（1-3 卷），朱光潜译，商务印书馆 2009 年版。

38. 黑格尔:《小逻辑》，贺麟译，商务印书馆 2009 年版。

39. 黑格尔:《宗教哲学讲演录》（I、II），燕宏远，张国良译，人民出版社 2015 年版。

40. 黑格尔:《自然哲学》，梁志学译，商务印书馆 1986 年版。

41. 黑格尔:《哲学史讲演录》（1-4）卷，贺麟，王太庆等译，上海人民出版社 2013 年版。

42. 杰拉德·汉拉第:《灵知派与神秘主义》，张湛译，华东师范大学 2012 年版。

43. 康德：《纯粹理性批判》，邓晓芒译，人民出版社 2009 年版。

44. 康德：《实践理性批判》，邓晓芒译，人民出版社 2010 年版。

45. 康德：《单纯理性限度内的宗教》，李秋零译，中国人民大学出版社 2003 年版。

46. 克雷格·S. 季纳:《新约圣经注释》，刘良淑译，中央编译出版社，2013 年版。

47. 卡尔·拉纳:《圣言的倾听者——论一种宗教哲学的基础》，J.B.默茨修订，朱雁冰，林克，赵勇译，生活·读书·新知三联书店 2003 年版。

48. 李毓章:《人：宗教的太阳——费尔巴哈宗教哲学研究》，远洋出版事业股份有限公司 1995 年版。

49. 卢卡契，《理性的毁灭：非理性主义的道路——从谢林到希特勒》，王玖兴等译，山东人民出版社 1987 年版。

50. 马丁·路德：《马丁·路德文选》，马丁·路德翻译小组译，中国社会科学出版社 2003 年版。

51. 莫尔特曼：《被钉十字架的上帝》，阮炜译，上海三联书店 1997 年版。

52. 莫尔特曼：《创造中的上帝》，苏贤贵等译，生活·新知·读书三联书店 2002 年版。

53. 莫尔特曼：《来临中的上帝——基督教的终末论》，曾念粤译，上海三联书店 2006 年版。

54. 保罗·蒂利希:《基督教思想史》，尹大贻译，道风书社 2004 年版。

55. 潘能伯格：《神学与哲学——从它们共同的历史看它们的关系》，李秋零译，商务印书馆 2014 年版。

56. 潘能伯格：《系统神学》（卷一），李秋零译，道风书社 2013 年版。

57. 《圣经（和合本／ESV）》，中国基督教两会 2008 年版。

58. 施莱尔马赫：《论宗教》，邓安庆译，人民出版社 2011 年版。

59. 叔贵峰，《青年黑格尔派宗教批判的逻辑演进》，人民出版社 2014 年版。

60. 梯利：《西方哲学史》，葛力译，商务印书馆 2009 年版。

61. 托马斯·阿奎那：《神学大全》（1-3 卷），刘俊余等译，碧岳书社／中华道明会 2008 年版。

62. 王志军：《论马克思的宗教批判》，中国社会科学出版社 2007 年版。

63. 谢林：《先验唯心论体系》，石泉译，商务印书馆 1983 年版。

64. 威利斯顿·沃尔克：《基督教会史》，孙善玲，段琦，朱代强译，中国社会科学出版社 1991 年版。

65. 亚里士多德：《形而上学》，吴寿彭译，商务印书馆 1995 年版。

66. 叶秀山主编：《西方哲学史（学术版）》（第六卷），人民出版社 2011 年版。

67. 约翰·加尔文：《基督教要义》（上中下三册），钱曜诚等译，生活·读书·新知三联书店 2010 年版。

68. 詹姆斯·C·利文斯顿：《现代基督教思想》（上下卷），何光沪译，四川人民出版社 1999 年版。

69. 张世英：《自我实现的历程》，山东人民出版社 2001 年版。

70. 赵林：《黑格尔的宗教哲学》，武汉大学出版社 2006 年版。

致　谢

　　从大学时代起，笔者就对黑格尔哲学产生了浓厚的兴趣，并开始阅读他的相关的著作。在研究生时期，由于笔者的专业为美学，因此黑格尔再一次成为了自己最为关注的对象之一。在这些年间，笔者阅读和研究了黑格尔的绝大部分著作（当然是中译本）。这为本文的写作打下了坚实的基础。

　　由于笔者本人的基督教信仰，我对于黑格尔的思想有着一种别样的情感，实际上，正是黑格尔哲学使得我逐渐深化了对于基督教信仰的理解，并最终献身其中。因此在构思本文时，我所阐述的就是这些年来自己基于黑格尔哲学对于信仰的理解。

　　在本文的预备和写作过程中，有几件事是不得不提的。首先是笔者本科时代的王忠勇教授，正是他深入浅出的阐述使得我能够顺利地进入黑格尔哲学的大门。其次是我硕士时代的导师董志强教授，他的敦敦教导帮助我的哲学功底进一步地得到了深化。在博士二年级，我有幸获得了前往香港道风山汉语基督教文化研究所交流访问的机会，正是在该所（尤其是所长杨熙楠先生）的帮助下，我得以在香港信义宗神学院和香港中文大学搜集了大量论文所需的中英文资料。另外，在我的博士生导师林庆华教授的指导下，论文的选题、定型和修改才得以顺利地完成。最后，在论文的写作过程中，四川大学宗教所的查常平教授也对我进行了许多的教导和帮助，在此也一并献上感谢。

　　时光匆匆，转眼间，学生生涯的十多年已走到了尽头。而笔者昔日的许多同窗，大多早已工作多年，已然成家立业，结婚生子。幸而我有天父的护

佑，不仅带领我一路平安地走过，且为我预备了一位珍贵的未婚妻——Naomi，她同样也是一位宗教学研究者，同时也是我灵魂和精神的伴侣。在未来的道路上，我们将一同携手前行，共同侍主。眼下，虽然已近而立之年，家业尚未成就，但自觉所获颇丰，'精神'的财富所积累累，不枉多年寒窗，独守青灯。然而，学生生涯的结束，并不意味着求学之涯的尽头，相反，这正是一段全新旅程的开始，是另一段求学之路的起点。在这条'通往智慧的途中'，我会竭自己所能，在学术之城的建构中更上一层楼，生命不息，奋斗不止。同时，我亦深知，认识耶和华才是智慧的开端，在信仰的道路上，我会更加勤勉地追随主，在世间行使祂所赋予的大使命，直到生命的尽头。